Esoterik

Herausgegeben von Gerhard Riemann

Charlotte Joko Beck ist die Autorin von »Zen im Alltag« (Knaur TB 4236). Sie lebt und arbeitet im Zen-Center in San Diego, Kalifornien.

Von Charlotte Joko Beck ist außerdem erschienen:

Zen im Alltag (Band 4236)

Dieses Buch wurde auf chlor- und säurefreiem Papier gedruckt.

Deutsche Erstausgabe Februar 1995

Titel der amerikanischen Originalausgabe: »Nothing Special«

Originalverlag: Harper San Francisco
Umschlaggestaltung: Peter F. Strauss
Satz: Ventura Publisher im Verlag
Druck und Bindung: Ebner Ulm
Printed in Germany
ISBN 3-426-86070-8

4 5 3

Charlotte Joko Beck

EINFACH ZEN

Aus dem Amerikanischen
von Bettine Braun

Knaur

Zen ist keine irgendwie besondere oder verfeinerte Lebenskunst. Unsere Lehre heißt: einfach leben, immer in der Realität, in deren genauem Sinn.

SHUNRYU SUZUKI: ZEN-GEIST – ANFÄNGER-GEIST

Inhalt

IV. VERÄNDERUNG

V. BEWUSSTSEIN

VI. FREIHEIT

VII. WUNDER

VIII. EINFACH ZEN

ANHANG

Vorwort

Zen ist nichts Besonderes. Zen ist einfach das Leben selbst, wie es ist, ohne Zutat. »Setze keinen Kopf über deinen eigenen«, sagte Meister Rinzai. Wenn wir vom Zen (oder von irgendeinem anderen spirituellen Weg) die Erfüllung unserer Phantasien erwarten, trennen wir uns von Erde und Himmel, von den Menschen, die wir lieben, von unserem schmerzenden Rücken und Herzen, ja von unseren Fußsohlen. Solche Phantasien schützen uns eine Zeitlang vor allem; doch dann dringt die Wirklichkeit auf tausenderlei Weise ein, und unser Leben ist nur noch unruhige Jagd nach irgend etwas, stumme Verzweiflung, verwirrendes Melodrama. Zerstreut und besessen, auf der Suche nach etwas Außergewöhnlichem, wollen wir immer das andere: Nur nicht hier sein, nicht in diesem Augenblick, unter diesen Umständen. Alles, nur nicht dieses alltägliche Leben, das immer einfach ist.

Einfach Zen üben bedeutet, unsere Flucht aus dem Nichts aufzugeben, uns für die Leere des Hier und Jetzt zu öffnen. Langsam und schmerzhaft versöhnen wir uns wieder mit dem Leben. Das hochgespannte Gefühl verschwindet, die Hoffnung stirbt. »Die Dinge sind immer einfach so, wie sie sind«, bemerkt Joko. Diese scheinbare Tautologie ist aber keineswegs ein Rat, die Hoffnung aufzugeben, sondern eine Einladung zur Freude. Wenn wir unsere Ego-Träume aufgeben und nicht immer krampfhaft etwas erreichen wollen, kehren wir zu einem schlichten Gemüt zurück. Wir entdecken im Garten der alltäglichen Erfahrung unerwartete Schätze. Wenn wir so in aller Schlichtheit aus dem heraus leben, was wir sind, ist unser Leben irgendwann nicht mehr ego-zentrisch, sondern auf die Wirklichkeit zentriert – und

offen für das Wunderbare. Wenn wir das magische Denken aufgeben und zur Magie dieses Augenblicks erwachen, erkennen wir in der dynamischen Leere die Schönheit des einfachen Lebens ... das lebendige Zen.
In ihrem Leben und ihrem Lehren, ja in ihrem bloßen Dasein manifestiert Joko Beck das bemerkenswerte »Nicht-Sein«, das lebendiges Zen meint. Wie Lenore Friedman sagt: »In ihrer völligen Schlichtheit verkörpert Joko die Zen-Eigenschaft des Nicht-Besonderen. Sie ist einfach da, in jedem nackten Augenblick.«[1*] Jokos schonungslose Klarheit tut ihre Wirkung. Ihre Gedanken haben bei zahllosen Lesern in der ganzen Welt Saiten zum Klingen gebracht. *Zen im Alltag* übertrug die Einsichten des Zen in einer Form ins Alltagsleben, die dem Rhythmus der modernen westlichen Erfahrungswelt entspricht. *Einfach Zen* erweitert und vertieft Jokos Lehren. Die große Reife dieses Buches und das vertiefte Eingehen auf die alltägliche Praxis machen es nicht nur für jene brauchbar, die im Westen Zen besser verstehen lernen wollen, sondern auch für die Menschen, die ihr Leben verändern wollen.

Wie sein Vorgänger ist dieses Buch nicht nur die Frucht des Denkens von Joko, sondern verdankt seine Entstehung auch der großzügigen Mitwirkung vieler ihrer treuen Schüler und Freunde. Manche werden hier Gespräche wiederfinden, die sie ursprünglich zu Papier gebracht oder zur Veröffentlichung vorgeschlagen hatten. Ohne ihre Hilfe wäre das Buch nicht entstanden. John Loudon, der Seniorchef des Verlags Harper San Francisco, trug das Projekt unbeirrbar und sachverständig weiter. Für Rat und Tat von seiner Seite bin ich dankbar. Wenige Autoren und Herausgeber haben

* Siehe Anmerkungen am Ende des Buches.

gleich mir das Glück, eine Sekretärin wie Pat Padilla zur Seite zu haben, die trotz meiner oft chaotischen Korrekturen mit ungebrochen guter Laune rasch und genau gearbeitet hat. Und wieder einmal war die Zusammenarbeit mit Joko das Allererfreulichste. Durch ihr Mitfühlen, das sie stets mit Weisheit würzt, hilft sie jedem Menschen weiter, mit dem sie in Berührung kommt.

STEVE SMITH

I
KAMPF

Wirbel und stehende Gewässer

Wir sind im Grunde Wirbel im Fluß des Lebens. Im Vorwärtsströmen trifft der Fluß vielleicht auf Felsblöcke, Äste oder Unebenheiten im Flußbett, durch die plötzlich hier und da ein Wirbel entsteht. Das Wasser, das in den Wirbel fließt, schießt herum und wird rasch wieder Teil des Flusses, bis es schließlich Teil eines neuen Wirbels wird und sich dann wieder weiterbewegt. Auch wenn es für kurze Zeit scheinbar als etwas Eigenes unterschieden werden kann, ist das Wasser im Wirbel doch nichts anderes als der Fluß selbst. Die Stabilität eines Wirbels ist sehr vergänglich. Die Energie des Lebensflusses formt lebendige Dinge – einen Menschen, einen Hund, eine Katze, Bäume, Pflanzen –, dann verändert sich das, was den Wirbel formte, selbst, und der Wirbel löst sich auf und wird wieder Teil des ganzen Flusses. Die Energie, die einen bestimmten Wirbel gebildet hat, schwindet, und das Wasser strömt weiter, um vielleicht wieder erfaßt zu werden und für einen Augenblick die Form eines neuen Wirbels anzunehmen.

So betrachten wir unser Leben allerdings nicht gern. Wir wollen uns nicht als vergängliches Gebilde betrachten, als Wirbel im Lebensstrom. Tatsache ist aber, daß wir für eine gewisse Zeit Gestalt annehmen und, wenn die entsprechenden Umstände eingetreten sind, vergehen. Dieses Vergehen ist nichts Schlechtes; es ist ein natürlicher Teil des Prozesses. Aber wir möchten glauben, daß der kleine Wirbel, der wir sind, nicht Teil des Flusses ist. Wir wollen uns als dauerhaft und stabil sehen. Wir verbrauchen unsere ganze Energie mit dem Versuch, unser eingebildetes Getrenntsein zu schützen. Um es zu schützen, ziehen wir künstliche, festgelegte Grenzen, und dadurch häufen wir unnötigen Ballast an, überflüssiges Zeug, das in unseren Wirbel rutscht und nicht mehr herauskann. Dadurch wird unser Wirbel verstopft, und alles gerät durcheinander. Der Fluß muß natürlich und ungehindert strömen können. Wenn unser eigener Wirbel ins Stocken gerät, beeinträchtigen wir auch die Energie des Stromes selbst. Er wird aufgehalten. Benachbarte Wirbel bekommen weniger Wasser, weil wir so krampfhaft festhalten. Am besten für uns selbst und für das Leben wäre es, wenn wir das Wasser in unserem Wirbel rasch und klar strömen ließen, damit es hinein- und hinausfließen kann. Wenn es ins Stocken gerät, schaffen wir Schwierigkeiten – seelische, physische und spirituelle.

Wir tun das Beste für andere Wirbel, wenn das Wasser, das in den unseren hineinfließt, sich frei bewegen kann und ungehindert und rasch dorthin strömen kann, wo etwas anderes in Bewegung gebracht werden muß. Die Lebensenergie will rasche Transformation. Wenn wir das Leben so sehen können und uns an nichts klammern, kommt und geht das Leben ganz ungehindert. Wenn irgendwelcher Schutt in unseren Wirbel gerät, das Wasser aber gleichmäßig und kraftvoll fließt, wird er eine Weile herumwirbeln und dann gleich weitergetragen. Aber so leben wir nicht. Weil wir nicht sehen, daß wir nichts weiter sind als ein Wirbel im Fluß des Universums, betrachten wir uns als Einzelwesen, die ihre Grenzen schützen müssen. Schon die Feststellung »ich fühle mich verletzt« setzt eine Grenze, weil sie ein »Ich« benennt, das geschützt werden muß. Wenn irgendein Unrat in unseren Wirbel gerät, strengen wir uns furchtbar an, ihn nicht wahrzuhaben, ihn loszuwerden oder ihn irgendwie in den Griff zu bekommen.

Neunzig Prozent eines typischen Menschenlebens werden mit dem Versuch verbracht, den Wirbel durch Grenzen zu schützen. Wir sind dauernd auf der Hut: »Er könnte mir weh

tun.« »Das könnte mißglücken.« »Ich mag ihn einfach nicht.« Dadurch mißbrauchen wir unseren Lebenszweck gehörig, aber wir tun es alle in gewissem Umfang.
Geldsorgen sind ein Beispiel für unseren Kampf um Absicherung. »Was ist, wenn es eine Fehlinvestition war? Vielleicht verliere ich dann mein ganzes Geld.« Wir wollen nicht, daß irgend etwas unsere finanziellen Möglichkeiten einschränkt. Wir alle meinen, daß das etwas ganz Schreckliches wäre. Und so sichern wir uns ängstlich, klammern uns an unseren Besitz und bringen unser Leben ins Stocken. Das Wasser, das hinein- und hinausfließen sollte, um anderen zu nützen, stagniert. Ein Wirbel, der rings um sich einen Damm baut und sich vom Fluß abtrennt, wird zu stehendem Wasser und verliert seine Lebenskraft. Wir üben *Zazen*, um nicht mehr in der Absonderung steckenzubleiben, sondern uns als das zu sehen, was wir sind – ein Teil des Ganzen. Aber wir verbrauchen einen Großteil unserer Energie damit, stehendes Wasser zu produzieren. Das geschieht durch Leben in Angst. Die Angst entsteht dadurch, daß der Wirbel nicht erkennt, was er ist – nichts anderes als der Strom selbst. Solange wir diese Wahrheit nicht zu erahnen beginnen, lenken wir unsere Energie in die falsche Richtung. Wir schaffen lauter Becken mit stehendem Wasser, bringen Verunreinigung und Krankheit hervor. Solche Becken, die versuchen, sich nach außen hin abzuschotten, beginnen einander zu bekämpfen. »Du riechst schlecht. Ich mag dich nicht.« Stehendes Wasser bringt nichts Gutes hervor. Das Leben hat seine Frische verloren.
Die Zen-Praxis hilft uns zu sehen, wie wir Stagnation in unser Leben gebracht haben. »War ich eigentlich schon immer so wütend und habe es bloß nie bemerkt?« Unsere erste Entdeckung beim Üben ist die Erkenntnis, wie sehr wir durch unsere egozentrischen Gedanken in Stagnation geraten

sind. Die großen Probleme entstehen durch Einstellungen, die wir bei uns selbst nicht wahrnehmen. Unerkannte Depression, Angst und Wut machen uns starr. Wenn wir die Starre und Stagnation erkennen, beginnt das Wasser ganz allmählich wieder zu fließen. Deshalb ist der entscheidende Teil des Übens die Bereitschaft, das Leben selbst zu sein – also einfach unsere Empfindungen wahrzunehmen, das, was unseren Wirbel entstehen läßt.

Im Lauf der Jahre haben wir uns mühevoll angewöhnt, genau das Gegenteil davon zu tun: Wir lassen das Wasser zum Stocken kommen. Wir leisten also genau das Falsche. Aus dieser dauernden Anstrengung entstehen all unsere Schwierigkeiten, entsteht die Trennung vom Leben. Wir wissen nicht, wie wir Nähe und Unmittelbarkeit schaffen, wie wir Teil des Lebensstroms werden können. Ein stehender Wirbel, der seine Grenzen verteidigt, ist nichts und niemandem nahe. »Gefangen in einem egozentrischen Traum: nur Leiden«, heißt es in einem unserer täglichen Sprüche im Zen-Center.[2] Im Üben lösen wir diesen Zustand allmählich auf. Bei den meisten Schülern ist das ein lebenslanger Prozeß. Die Veränderung ist oft schmerzhaft, vor allem am Anfang. Wenn wir an die starre Kontrolliertheit eines abgeschotteten Lebens gewöhnt sind, wollen wir keine frischen Strömungen ins Bewußtsein lassen, so belebend sie auch in Wirklichkeit sein könnten.

Die Wahrheit ist, daß wir frische Luft nicht besonders gern mögen. Wir mögen auch frisches Wasser nicht besonders gern. Es dauert eine ganze Weile, bis wir unsere Abwehrhaltung und unsere Manipulation des Lebens in unserem alltäglichen Tun bemerken. Das Üben hilft uns, diese Taktiken klarer zu sehen, und solche Erkenntnisse sind immer unangenehm. Trotzdem ist es unabdingbar, daß wir sehen, was wir eigentlich tun. Je länger wir üben, desto rascher erkennen wir unsere defensiven Verhaltensmuster. Dieser Prozeß ist jedoch nie einfach und schmerzlos, und wer hofft, rasch und leicht ein Plätzchen zum Ausruhen zu finden, sollte sich nicht auf ihn einlassen.

Deshalb ist mir gar nicht so wohl dabei, daß das Zen-Center von San Diego so rasch wächst. Zu viele Suchende wollen einfache, schmerzlose Lösungen für ihre Schwierigkeiten finden. Mir wäre ein kleineres Zentrum lieber, das auf jene beschränkt ist, die bereit sind, sich auf die notwendige Arbeit einzulassen. Natürlich erwarte ich von Anfängern nicht das gleiche wie von erfahrenen Schülern. Wir alle lernen im Lauf der Zeit dazu. Aber je größer das Zentrum ist, desto schwieriger ist es, die reine Lehre zu erhalten. Es ist nicht entscheidend, wie viele Schüler wir anziehen; wichtig ist, eine ernsthafte Übungspraxis aufrechtzuerhalten. So werde ich mit der Zeit immer strenger. Hier ist kein Ort für Menschen, die künstliche Formen von Frieden und Glückseligkeit oder irgendeinen anderen besonderen Zustand suchen.

Das Üben bewirkt, daß wir wacher und lebendiger werden. Daß wir unsere eigenen boshaften Tendenzen so gut kennenlernen, daß wir damit nicht andere plagen müssen. Wir lernen, daß es nie richtig ist, jemanden anzuschreien, nur weil wir wütend sind. Das Üben hilft uns zu erkennen, wo unser Leben stagniert. Während der Bergbach sich immer erneuert mit wunderbar sprudelndem Wasser, geraten wir in Stagnation durch Sätze wie: »Das kann ich nicht ausstehen ... Er hat mir wirklich weh getan« oder »Mein Leben ist so schwer.« In Wahrheit gibt es nur das weiterströmende Wasser. Was wir unser Leben nennen, ist nichts als ein kleiner Umweg, ein Wirbel, der entsteht und dann wieder vergeht. Manchmal sind diese Umwege klein und sehr kurz: Das Leben wirbelt ein oder zwei Jahre an einem Ort herum, dann löst es sich wieder auf. Die Leute fragen sich, warum manche Kinder sterben, wenn sie noch ganz klein sind. Wer weiß? Wir wissen nicht, warum. Es gehört zu diesem endlosen Energiestrom. Wenn wir Teil von ihm werden, haben wir inneren Frieden. Wenn wir uns nach Kräften dagegen sträuben, haben wir keinen Frieden.

SCHÜLER/IN: Ist es gut, wenn wir uns in unserem persönlichen Leben bestimmte Ziele setzen und uns darauf konzentrieren, oder ist es besser, die Dinge einfach so zu nehmen, wie sie kommen? Es könnte doch den Fluß des Lebens hemmen, wenn wir bestimmte Dinge wollen, oder?

JOKO: Nicht die Ziele, die wir uns setzen, sind das Problem, sondern die Art, wie wir damit umgehen. Wir müssen uns Ziele setzen. So planen Eltern natürlich voraus, um die Ausbildung ihrer Kinder sichern zu können. Menschen, die von Natur aus begabt sind, haben vielleicht das Ziel, diese Begabung weiterzuentwickeln. Das ist auch ganz in Ordnung. Es gehört zum Menschen, Ziele zu haben. Die Probleme entstehen erst durch die Art, *wie* wir damit umgehen.

SCHÜLER/IN: Wäre es das beste, zwar Ziele zu haben, aber sich nicht an ihre Erfüllung zu klammern?

JOKO: Ja. Man tut einfach das, was notwendig ist, um das Ziel zu erreichen. Jeder, der beispielsweise eine Ausbildung absolvieren will, muß sich irgendwo einschreiben und die entsprechenden Kurse besuchen. Es geht darum, in Hinsicht auf das Ziel in der Gegenwart etwas zu tun: eines nach dem anderen, wie es in jedem Augenblick notwendig wird. Und irgendwann haben wir dann das Examen oder was auch immer. Wenn wir aber nur von dem Ziel träumen und dabei die Gegenwart vernachlässigen, werden wir wahrscheinlich nicht weiterkommen, und unser Leben stagniert. Wie wir uns auch entscheiden, das Ergebnis wird uns eine Lektion erteilen. Wenn wir aufmerksam und bewußt sind, werden wir erfahren, was als nächstes zu tun ist. In diesem Sinn gibt es keine falsche Entscheidung. In dem Augenblick, in dem wir eine Entscheidung treffen, sind wir mit unserem nächsten Lehrer konfrontiert. Vielleicht treffen wir Entscheidungen, bei denen uns gar nicht wohl ist. Wir bereuen, was wir getan haben – und daraus lernen wir. Es gibt zum Beispiel nicht den idealen Lebenspartner oder die ideale Lebensweise. In dem Augenblick, in dem wir jemanden heiraten, bekommen wir eine ganze Reihe neuer Lernmöglichkeiten, neuen Stoff zum Üben. Das gilt nicht nur für die Ehe, sondern für jede Beziehung. Wenn wir alles, was geschieht, als Anlaß zum Üben nehmen, wird das Ergebnis fast immer lohnend sein.

SCHÜLER/IN: Wenn ich mir ein Ziel setze, neige ich leicht dazu, allzu schnell vorwärtsstürmen zu wollen, und vergesse dabei den natürlichen Lebensfluß.

JOKO: Wenn der Wirbel versucht, sich vom Fluß unabhängig zu machen, und wie ein Tornado herumsaust, kann er sehr viel Schaden anrichten. Auch wenn das Ziel für uns ein zukünftiger Zustand ist, den wir erreichen wollen, ist das eigentliche Ziel immer das Leben in diesem Augenblick, diesem Augenblick, diesem Augenblick. Man kann den Fluß nicht wegschieben. Auch wenn wir einen Damm rings um uns gebaut haben und zu einem stehenden Gewässer werden, wird irgend etwas passieren, auf das wir nicht vorbereitet sind. Vielleicht kündigt sich eine Freundin mit ihren vier Kindern für einen vierwöchigen Besuch an. Oder es stirbt jemand; oder in unserer Arbeit tritt eine große Veränderung ein. Das Leben scheint uns mit allem Erdenklichen zu konfrontieren, um unser Wasser in Bewegung zu bringen.

SCHÜLER/IN: Was ist, wenn wir im Bild vom Fluß und den Wirbeln bleiben, der Unterschied zwischen Leben und Tod?

JOKO: Ein Wirbel ist ein Wasserstrudel mit einem Zentrum, um das das Wasser kreist. Im Lauf des Lebens wird das Zentrum immer schwächer. Wenn es schwach genug ist, läßt die Bewegung nach und das Wasser wird einfach wieder Teil des Flusses.

SCHÜLER/IN: Wäre es von diesem Standpunkt aus nicht besser, einfach immer nur Teil des Flusses zu bleiben?

JOKO: Wir sind immer Teil des Flusses, ob wir ein Wirbel sind oder nicht. Wir können gar nicht anders, als Teil des Flusses zu sein. Aber das wissen wir nicht, weil wir eine festumrissene

Form haben und nicht darüber hinaussehen können.

SCHÜLER/IN: Dann ist es also eine Täuschung, wenn wir glauben, daß das Leben etwas anderes als der Tod ist?

JOKO: Das stimmt im absoluten Sinn; vom menschlichen Standpunkt aus unterscheiden sie sich jedoch. Auf verschiedenen Ebenen stimmt beides: Es gibt kein Leben und keinen Tod, *und* es gibt Leben und Tod. Wenn wir nur letzteres wissen, klammern wir uns ans Leben und fürchten den Tod. Wenn wir beide Blickwinkel einnehmen, nimmt das dem Tod viel von seinem Stachel.

Wenn wir lang genug warten, wird jeder Wirbel irgendwann vergehen. Veränderungen treten unvermeidlich ein. In den vielen Jahren, die ich in San Diego lebe, habe ich die Felsen von La Jolla immer wieder betrachtet. Sie verändern sich. Die Küste heute ist nicht mehr dieselbe wie vor dreißig Jahren. Ebenso ist es mit den Wirbeln; sie verändern sich und werden irgendwann schwächer. Irgend etwas gibt nach, das Wasser strömt weiter – und es ist gut so.

SCHÜLER/IN: Wenn wir sterben, bleibt dann etwas von dem, was wir waren, oder schwindet alles dahin?

JOKO: Diese Frage werde ich nicht beantworten. Durch die Übungspraxis werden Sie Einsichten darüber gewinnen.

SCHÜLER/IN: Sie haben die Lebensenergie manchmal als eine angeborene Intelligenz beschrieben, die wir sind. Hat diese Intelligenz irgendwelche Grenzen?

JOKO: Nein. Intelligenz ist kein Ding, aber auch keine Person. Sie hat keine Grenzen. In dem Augenblick, in dem wir einer Sache Grenzen setzen, haben wir sie in den Bereich der Phänomene verlagert, wie es der Wirbel tut, der sich selbst als getrennt vom Fluß erlebt.

SCHÜLER/IN: Zen-Meister Dogen spricht vom »gestaltlosen Raum des Wohltuns«.[3] Ist das das gleiche wie der Fluß, die ursprüngliche Intelligenz, die wir sind?

JOKO: Ja. Das menschliche Leben ist nur eine zeitlich begrenzte Form, die diese Energie annimmt.

SCHÜLER/IN: Aber es muß doch Grenzen geben in unserem Leben. Ich habe Schwierigkeiten, das mit dem, was Sie sagen, in Einklang zu bringen.

JOKO: Manche Grenzen liegen einfach in dem, was wir sind; so hat beispielsweise jeder von uns nur eine begrenzte Menge an Energie oder Zeit. Wir müssen unsere Grenzen in diesem Sinne erkennen. Aber das bedeutet nicht, daß wir künstliche, defensive Grenzen errichten müssen, die unser Leben behindern. Auch als kleine Wirbel können wir erkennen, daß wir Teil des Flusses sind, und müssen nicht stagnieren.

Der Kokon des Schmerzes

Wenn wir uns im Zendo verbeugen, wem oder was bezeugen wir dann unsere Ehre? Eine Möglichkeit, diese Frage zu beantworten, besteht darin herauszufinden, was wir in unserem Leben wertschätzen. Das zeigt sich in dem, was wir denken und tun. Und die Wahrheit ist, daß wir in unserem Leben nicht der Buddhanatur die Ehre geben, auch nicht dem Gott, der alles umfaßt, Leben und Tod, Gut und Böse, alle Gegensätze. In Wirklichkeit interessiert uns das gar nicht. Wir haben bestimmt nicht im Sinn, Tod, Schmerz oder Verlust zu ehren. Statt dessen stellen wir falsche Götter auf. Die Bibel sagt: »Du sollst keine anderen Götter haben neben mir.« Aber genau das haben wir.

Was ist das für ein Gott, den wir uns machen? Was verehren wir wirklich, auf was sind wir jeden Augenblick fixiert? Wir könnten es den Gott der Bequemlichkeit und Annehmlichkeit und Sicherheit nennen. Indem wir diesen Gott anbeten, zerstören wir unser Leben. Viele Leute, die den Gott der Annehmlichkeiten anbeten, bringen sich buchstäblich selber um – durch Drogen, Alkohol, hohe Geschwindigkeiten, Rücksichtslosigkeit, Wut. Ganze Nationen beten diesen Gott in einem noch viel größeren, zerstörerischeren Umfang an. Solange wir nicht aufrichtig anerkennen, daß sich unser Leben darum dreht, werden wir nicht herausfinden, wer wir wirklich sind.

Wir haben vielerlei Methoden, mit dem Leben umzugehen, viele Arten, Bequemlichkeit und Annehmlichkeit anzubeten. Alle basieren auf der gleichen Grundlage: der Angst vor dem Unangenehmen. Wenn wir absolute Ordnung und Kontrolle anstreben, dann deshalb, weil wir jeder Unannehmlichkeit aus dem Weg gehen wollen. Wenn wir die

Dinge nach unserer Vorstellung in den Griff bekommen, glauben wir, wir könnten überleben und unsere Angst vor dem Tod wegschieben. Wenn wir allen gefallen, glauben wir, nichts Unliebsames könnte in unser Leben dringen. Wir hoffen, wenn wir der erfolgreiche, strahlende, tolle Mittelpunkt sein könnten, würden wir ein bewunderndes Publikum haben, das uns davor bewahrt, irgend etwas fühlen zu müssen. Wenn wir uns von der Welt zurückziehen und uns nur mit unseren Träumen und Phantasien und emotionalen Prozessen beschäftigen können, glauben wir, dem Unangenehmen entrinnen zu können. Wenn wir alles durchschauen können, wenn wir so schlau sind, daß wir alles in einen Plan, eine Ordnung einfügen und intellektuell restlos analysieren können, dann werden wir vielleicht nicht mehr bedroht, so meinen wir. Wenn wir uns einer Autorität unterordnen können, die uns sagt, was wir zu tun haben, können wir die Verantwortung für unser Leben jemand anderem aufladen und müssen sie nicht mehr selbst tragen. Wir müssen uns dann nicht der Angst aussetzen, die das Fällen einer Entscheidung mit sich bringt. Wenn wir uns wie wild ins Leben stürzen, jedem angenehmen Gefühl, jeder Erregung, jedem Vergnügen nachlaufen, müssen wir vielleicht keinen Schmerz mehr empfinden. Wenn wir anderen vorschreiben können, was sie tun sollen, wenn wir sie unter unsere Kontrolle bringen und selbst die Oberhand behalten, dann können sie uns vielleicht nicht mehr weh tun. Wenn wir geistig »abheben« können, wenn wir ein unbekümmerter Buddha sein können, der einfach entspannt in der Sonne sitzt, müssen wir keine Verantwortung dafür übernehmen, daß es auch Unangenehmes auf der Welt gibt. Wir können einfach glücklich sein.

All das sind Formen des Gottes, den wir in Wirklichkeit anbeten. Es ist der Gott ohne Unbequemlichkeiten. Bis zu einem gewissen Grad sehnt sich ausnahmslos jedes Wesen auf der Erde danach. Aber damit verlieren wir den Bezug zu dem, was wirklich ist. Indem wir diesen Bezug verlieren, bewegt sich unser Leben abwärts. Und genau das Unangenehme, dem wir entgehen wollten, wird uns dann überwältigen.

Das war die Schwierigkeit des menschlichen Lebens seit Anbeginn der Zeit. Alle philosophischen und religiösen Systeme sind Versuche, auf unterschiedliche Weise mit dieser Urangst umzugehen. Erst wenn diese Versuche gescheitert sind, sind wir bereit, uns ernsthaft auf den Übungsweg zu begeben. Und sie scheitern tatsächlich. Denn die Systeme, denen wir uns verschreiben, gründen sich nicht auf die Wirklichkeit; sie können gar nicht funktionieren, auch wenn wir uns noch so fieberhaft darum bemühen. Früher oder später merken wir, daß uns etwas fehlt.

Unglücklicherweise verschlimmern wir unseren Irrtum nur, indem wir uns noch mehr bemühen oder indem wir ein altes mangelhaftes System mit einem neuen mangelhaften System übertünchen. Es hat beispielsweise etwas Verführerisches, uns einer falschen Autorität oder einem Guru zu überlassen, der sich um unser Leben kümmert, weil wir dabei etwas oder jemanden außerhalb von uns selbst finden, dem wir dann die Sorge um unsere Ängste überlassen können.

Gestern flog ein Schmetterling durch meine offene Tür und flatterte in meinem Zimmer herum. Jemand fing ihn ein und ließ ihn draußen wieder frei. Das veranlaßte mich zu einigen Gedanken über das Leben eines Schmetterlings. Ein Schmetterling beginnt als Raupe, die sich nur langsam fortbewegen und nicht weit sehen kann. Dann spinnt sich die Raupe in einen Kokon ein und verharrt lange in diesem dunklen, stillen Raum. Und schließlich, nach einer wohl scheinbar endlos langen Zeit, befreit sich der Schmetterling.

Die Lebensgeschichte eines Schmetterlings ähnelt unserer Übungspraxis. Aber über beide haben wir falsche Vorstellungen. Wir stellen uns vielleicht vor, daß das Leben eines Schmetterlings im Kokon schön ist, weil er selbst schön ist. Wir sehen nicht, was die Raupe alles durchmachen muß, um schließlich zum Schmetterling zu werden. Auch wenn wir zu üben beginnen, erkennen wir nicht, welch langer und schwieriger Weg der Verwandlung uns bevorsteht. Wir müssen unser Streben nach äußeren Dingen, nach den falschen Göttern des Vergnügens und der Sicherheit durchschauen. Wir müssen aufhören, in unserer kurzsichtigen Weise diesem und jenem nachzujagen, und uns einfach auf den Kokon einlassen, auf die Dunkelheit des Schmerzes, aus der unser Leben besteht.

Solches Üben erfordert viele Jahre unseres Lebens. Anders als der Schmetterling erleben wir die Verwandlung nicht ein für allemal. Während wir uns im Kokon des Schmerzes einspinnen, haben wir vielleicht hier und da die Vision eines Schmetterlings, der in der Sonne herumflattert. In solchen Augenblicken erahnen wir das große Wunder, das unser Leben ist – etwas, von dem wir als eifrige kleine Raupe, die ganz mit sich beschäftigt ist, nichts wissen. Wir fangen an, die Welt des Schmetterlings kennenzulernen, indem wir mit unserem eigenen Schmerz in Berührung kommen, das heißt, nicht mehr den Gott der Bequemlichkeit und des Vergnügens anbeten. Wir müssen das sklavische Befolgen aller Schmerzvermeidungsstrategien, die wir uns ausgedacht haben, aufgeben und erkennen, daß wir dem Unangenehmen nicht entrinnen können, indem wir einfach schnell davonlaufen oder uns noch mehr anstrengen. Je schneller wir vor unserem Schmerz davonlaufen, desto

schneller holt er uns ein. Wenn das, was unserem Leben Sinn geben sollte, nicht mehr funktioniert – was tun wir dann?
Manche Menschen geben dieses falsche Streben nie auf. Zuletzt sterben sie vielleicht an einer Überdosis im wörtlichen oder übertragenen Sinn. Im Kampf um die Kontrolle über das, was wir vermeiden wollen, laufen wir immer schneller, strengen uns immer mehr an, üben mehr Druck auf die anderen und auf uns selbst aus. Aber man kann das Leben nie wirklich unter Kontrolle bringen. Wenn wir vor der Wirklichkeit fliehen, wird unser Schmerz nur heftiger. Der Schmerz ist unser Lehrer.
Sitzen[4] heißt nicht, in einen glückseligen Zustand zu verfallen. So etwas kann zwar beim Sitzen geschehen, wenn wir unseren Schmerz wirklich wieder und wieder erfahren haben, so daß wir schließlich einfach loslassen können. Aber dieses Loslassen, dieses Sich-Öffnen für etwas ganz Neues entsteht aus dem Erleben des Schmerzes, nicht daraus, daß wir einen Ort finden, an dem wir den Schmerz ausschließen können.
Das Sitzen in einem *Sesshin** und das tägliche Üben sind also ein freiwilliges Einspinnen in den Kokon des Schmerzes. Zuerst sind wir vielleicht nur bereit, einen kleinen Faden um uns zu wickeln, dann hören wir wieder auf. Schließlich sind wir bereit, mit diesem Teil unseres Schmerzes eine Weile zu sitzen. Dann sind wir vielleicht irgendwann bereit, zwei oder drei Fäden auszuhalten. Wenn wir klarer zu sehen beginnen, sitzen wir möglicherweise in unserem Kokon und stellen fest, daß es der erste friedliche Raum ist, den wir je eingenommen haben. Und wenn wir ganz bereit

* Begriffe aus der Zen-Praxis, die bei ihrer ersten Verwendung *kursiv* geschrieben sind, werden im Glossar am Ende des Buches erklärt.

sind, dazusein, das heißt, wenn wir bereit sind, das Leben so anzunehmen, wie es ist, wenn Leben und Tod, Freude und Schmerz, Gutes und Schlechtes dazugehören und wir es mit all dem aushalten – dann beginnt sich der Kokon aufzulösen.

Anders als der Schmetterling wechseln wir immer wieder zwischen dem Kokon und dem Schmetterlingszustand hin und her. Dieser Prozeß dauert lebenslang. Jedesmal, wenn wir unaufgelöste Bereiche unseres Lebens entdecken, müssen wir wieder einen Kokon bilden und still darin sitzen bleiben, bis die Lernphase abgeschlossen ist. Jedesmal, wenn sich unser Kokon öffnet und wir einen kleinen Schritt weiter tun können, sind wir etwas freier.

Der erste, entscheidende Schritt auf dem Weg zum Schmetterling ist die Erkenntnis, daß wir keine Raupe bleiben können. Wir müssen unsere Jagd nach dem falschen Gott der Bequemlichkeit und des Vergnügens durchschauen. Wir müssen uns ein klares Bild von diesem Gott machen. Wir müssen unser Anspruchsdenken aufgeben – das Gefühl, das Leben schulde uns dieses oder jenes. Wir müssen beispielsweise die Vorstellung aufgeben, andere durch das, was wir für sie tun, zwingen zu können, uns zu lieben. Wir müssen erkennen, daß wir das Leben nicht manipulieren können, damit es uns befriedigt, und daß das Suchen von Fehlern bei uns oder anderen kein sinnvoller Weg ist, jemandem zu helfen. Wir müssen ganz allmählich unseren grundlegenden Hochmut aufgeben.

Tatsache ist, daß das Leben im Kokon frustrierend und herzzerreißend ist. Und es liegt nie ganz hinter uns. Ich meine damit nicht, daß wir von morgens bis abends das Gefühl hätten: »Ich versinke im Schmerz«. Ich meine, daß wir immer mehr zu dem erwachen, was wir sind und wie wir unser Leben wirklich leben. Das ist nun einmal schmerzhaft, aber ohne diesen Schmerz können wir nicht zur Freiheit gelangen.

Ich hörte neulich ein Zitat von einem bekannten Sportler, der gesagt hat: »Liebe ist nicht geteiltes Vergnügen, sondern geteilter Schmerz.« Das ist eine gute Erkenntnis. Wir können uns natürlich darüber freuen, mit unserem Partner auszugehen, mit ihm zusammen zu Abend zu essen. Ich stelle den Wert geteilter Freude nicht in Frage. Aber wenn wir wollen, daß eine Beziehung eng und aufrichtig ist, müssen wir mit unserem Partner das teilen, was am schwersten für uns mit jemandem zu teilen ist, den Schmerz. Wenn wir dies tun, hat der Partner die Freiheit, das gleiche zu tun. Statt dessen versuchen wir, unser Image aufrechtzuerhalten, vor allem bei jemandem, auf den wir Eindruck machen wollen. Unseren Schmerz mit jemandem zu teilen heißt nicht, dem Partner zu sagen, wie schwer er uns das Leben macht. Damit sagen wir nichts anderes als: »Ich bin wütend auf dich.« Das hilft uns nicht, unser falsches Idol zu zerstören und uns für das Leben als Schmetterling zu öffnen. Wir öffnen uns dafür, wenn wir unsere Verletzlichkeit miteinander teilen. Manchmal sehen wir ein Paar, das diese schwierige Arbeit ein Leben lang getan hat. Dabei sind sie miteinander alt geworden. Man spürt bei solchen Menschen, wie wohl sie sich miteinander fühlen. Es ist etwas Schönes und sehr Seltenes. Ohne diese Qualität der Offenheit und Verletzlichkeit kennen die Partner einander nicht wirklich; sie sind dann wie zwei »Images«, die miteinander leben.

Wir versuchen vielleicht, dem Kokon des Schmerzes zu entrinnen, indem wir in einen nebelhaften Zustand wegdämmern, einen fast angenehmen Schwebezustand, der Stunden anhalten kann. Wenn wir merken, daß das geschieht – was sollten wir uns dann fragen?

SCHÜLER/IN: Was will ich vermeiden?

SCHÜLER/IN: Ich könnte mich fragen: »Was erlebe ich in diesem Augenblick?«

JOKO: Das sind beides gute Fragen. Seltsamerweise sagen wir zwar, daß wir die Wirklichkeit und unser Leben sehen wollen, wie sie sind; aber wenn wir uns auf den Übungsweg begeben oder an einem Sesshin teilnehmen, suchen wir gleich nach Möglichkeiten, dieser Wirklichkeit zu entgehen, indem wir uns in diesen nebelhaften Traumzustand zurückziehen. Aber das ist auch wieder nur eine Weise, den Gott der Bequemlichkeit und des Vergnügens anzubeten.

SCHÜLER/IN: Ist es nicht auch ein Fehler, das Leiden aufzuspüren und uns darauf zu konzentrieren?

JOKO: Wir müssen es nicht erst aufspüren; es ist Teil unseres Lebens. Alle fünf Minuten geraten wir in irgendeine Art von Schwierigkeiten. Und unsere »Suche« besteht nur darin, ihnen entfliehen zu wollen. Es gibt zahllose Weisen, das zu versuchen und eine Schutzmauer um sich aufzubauen. Doch trotz unserer Bemühungen zerbricht die Schutzmauer. Dann versuchen wir es nur noch besessener. Wir gehen zur Arbeit und merken, daß der Chef schlecht geschlafen hat, oder unser Kind bekommt Schwierigkeiten in der Schule. Die Schutzmauer wird immerzu angegriffen. Es gibt keine Möglichkeit, sie dauernd aufrechtzuerhalten. Unser Leben bricht zusammen, weil wir es nicht aushalten, wenn es nicht so läuft, wie *wir* wollen.

Schmerz ist immer ein Teil unseres Lebens. Wir spüren nicht nur unseren eigenen Schmerz, sondern auch den der Menschen in unserer Umgebung. Wir versuchen, noch eine dickere Mauer zu errichten, oder wir gehen denen aus dem Weg, die Kummer haben. Aber trotzdem ist der Schmerz immer gegenwärtig.

SCHÜLER/IN: Angenommen, ich meditiere und empfinde keinen Schmerz, sondern mir geht es eigentlich recht gut. Ist es dann sinnvoll, mich an schmerzvolle Zeiten in meinem Leben zu erinnern und zu versuchen, Ungelöstes zu bewältigen?

JOKO: Das ist nicht notwendig. Wenn wir aufmerksam auf das achten, was in diesem Augenblick in unseren Gedanken und in unserem Körper vorgeht, haben wir genug zu tun.

Wenn wir ganz wach sind für den Augenblick, kann das Sitzen auch angenehm sein. Aber wir sollten diesen Zustand nicht unbedingt anstreben und dabei dem Schmerz ausweichen wollen; denn dann dringt der falsche Gott in unsere Übungspraxis ein, und wir weigern uns, wach zu sein für das, was ist.

SCHÜLER/IN: Mit der Zeit merke ich, daß ich beim Sitzen nicht so sehr Genuß oder Schmerz oder etwas dazwischen empfinde, sondern einfach Interesse. Ich kann meine Erfahrungen mit einer gewissen Neugier beobachten.

JOKO: Ja, das ist gut so.

SCHÜLER/IN: Sprechen wir hier über den Unterschied zwischen dem Absoluten und dem Relativen?

Kann man sagen, daß das Absolute die Aufmerksamkeit für alles ist und das Relative das Streben nach Vergnügen und Bequemlichkeit? Ist das Sicheinlassen auf den Kokon des Schmerzes ein Weg, zum Absoluten zu gelangen?

JOKO: Ich würde nicht sagen, daß es ein Weg zum Absoluten ist, denn dort sind wir ja schon. Doch wir wollen nicht wahrhaben, daß wir da sind, und schließen einen Teil unserer Existenz aus. Das Absolute umfaßt immer Schmerz *und* Freude. Schmerz an sich ist nichts Schlechtes; nur mögen wir ihn nicht. Es gibt nicht etwas, das man das Absolute nennen könnte und das größer als das Relative wäre. Es gibt nur die beiden Seiten der einen Münze. Die Welt der Erscheinungen, in der es Menschen, Bäume, Teppiche gibt, und die absolute Welt des reinen unbegreifbaren Nichts, der Energie, sind dasselbe. Anstatt ein einseitiges Ideal zu verfolgen, sollten wir das Absolute im Relativen ehren und ebenso das Relative im Absoluten. Wir sollten alles ehren.

Sisyphos und die Last des Lebens

Die griechische Mythologie berichtet von Sisyphos, dem König von Korinth, der von den Göttern dazu verdammt wurde, eine ewige Strafe im Hades zu erleiden. Unaufhörlich mußte er einen schweren Stein einen Berg hinaufrollen, der wieder hinabrollte, sobald er oben angekommen war. Er bemühte sich nach Kräften, den Stein auf den Berggipfel zu bringen, und mußte in alle Ewigkeit erleben, wie er immer wieder hinabrollte.
Wie alle Mythen enthält diese Geschichte eine Lehre. Wie sehen Sie diesen Mythos? Worum geht es darin? Wie ein *Koan* hat er viele Aspekte.

SCHÜLER/IN: Der Mythos sagt mir, daß das Leben ein Kreislauf ist. Es hat einen Anfang, eine Mitte und ein Ende, und dann geht es wieder von vorne los.

SCHÜLER/IN: Er erinnert mich an das Üben als Reinigen des Spiegels, Reinigen des Spiegels, Reinigen des Spiegels. Wir müssen das so lange tun, bis wir aufgeben und einfach im Augenblick leben.

SCHÜLER/IN: Die Strafe des Sisyphos ist nur furchtbar, wenn er hofft, daß sie einmal aufhört.

SCHÜLER/IN: Der Mythos erinnert mich an eine Art Besessenheit, die uns in einem sich wiederholenden Kreislauf von Verhaltensweisen und Gedanken festhält.

SCHÜLER/IN: Sisyphos kommt mir vor wie ein Mensch, der mit der Last des Lebens kämpft und sich von ihr zu befreien versucht.

SCHÜLER/IN: Mich erinnert die Geschichte an unser Üben. Wenn wir in jedem Augenblick leben, ohne an ein Ziel zu denken, ohne irgendwohin gelangen oder etwas erreichen zu wollen, dann leben wir einfach. Wir tun, was getan werden muß: Den Stein hinaufrollen, bis er hinunterrollt, ihn wieder hinaufrollen.

SCHÜLER/IN: Ich glaube, die Geschichte des Sisyphos verkörpert die Idee, daß es keine Hoffnung gibt.

SCHÜLER/IN: Mein Geist ist so beschaffen, daß er nie zufrieden ist mit dem, was ich erreicht habe, und mehr an der Herausforderung interessiert ist, etwas anderes anzustreben. Wenn ich etwas erreicht habe, interessiert es mich nicht mehr besonders.

SCHÜLER/IN: Sisyphos ist wie ich. Wir sind alle Sisyphos, wir versuchen, etwas mit unserem Leben zu machen, und sagen zugleich: »Ich kann es nicht.« Der Stein selbst ist: »Ich kann es nicht.«

JOKO: Ich möchte Sie gern fragen: Was bedeutet es, etwas Böses zu tun? Es ist interessant, daß jemand Sisyphos für seine böse Tat verurteilte und daß er an einen besonderen Ort namens Hades verbannt wurde. Doch abgesehen von solchen Fragen: Wenn wir erkennen können, daß es nur diesen einen Augenblick gibt, ist es in gewisser Weise das gleiche, ob wir den Stein den Berg hinaufrollen oder zusehen, wie er wieder hinabrollt. Normalerweise würden wir sagen, daß Sisyphos' Aufgabe schwierig und unangenehm ist. Es geschieht aber nichts als das Hinaufrollen des

Steins und das Betrachten des Hinunterrollens, Augenblick für Augenblick. Wie Sisyphos tun wir einfach in jedem Augenblick das, was wir tun. Doch wir fügen unserem Tun Urteile, Vorstellungen hinzu. Die Hölle liegt nicht im Hinaufrollen des Steins, sondern im Nachdenken darüber, im Bilden der Vorstellungen von Hoffnung und Enttäuschung, in der Frage, ob wir den Stein endlich für immer nach oben schaffen können. »Ich habe so hart gearbeitet! Vielleicht bleibt der Stein diesmal liegen.«

Durch unsere Bemühungen geschieht etwas, und indem wir etwas geschehen lassen, gelangen wir zur nächsten Sekunde. Vielleicht wird der Stein wirklich eine Weile oben liegen bleiben, vielleicht auch nicht. Keine der beiden Möglichkeiten ist in sich gut oder schlecht. Das Gewicht des Steins, die Last, ist der Gedanke, daß unser Leben ein Kampf ist und daß es anders sein sollte, als es ist. Wenn wir unsere Last als unangenehm empfinden, suchen wir nach Möglichkeiten, ihr zu entkommen. Vielleicht betrinkt sich der eine, um nicht mehr an die Last des Steins denken zu müssen. Ein anderer wieder manipuliert seine Mitmenschen, ihm beim Hinaufrollen zu helfen. Oft versuchen wir, jemand anderem die Last aufzuerlegen, damit wir selber sie los sind. Wie sähe der erleuchtete Zustand für König Sisyphos aus? Wenn er den Stein ein paar tausend Jahre lang gewälzt hat – was erkennt er vielleicht zuletzt?

Schüler/in: Daß er in jedem Augenblick eins ist mit dem Hinaufwälzen.

Joko: Er wird einfach den Stein hinaufwälzen und die Hoffnung aufgeben, daß sein Leben einmal anders sein wird. Die meisten von uns stellen sich vor, daß man sich im erleuchteten Zustand viel besser fühlt als beim Hinaufwälzen eines Steins! Sind Sie schon mal morgens aufgewacht und haben gedacht: »Ich mag gar nicht an all das denken, was ich heute zu tun habe«? Aber das Leben *ist,* wie es ist. Und wir üben nicht, damit das Leben angenehm ist, obwohl das eine sehr menschliche Hoffnung ist. Wir mögen alle gern Dinge, die uns angenehm sind. Vor allem hätten wir gern einen Partner, der uns das Leben angenehm macht. Wenn er das nicht tut, denken wir, daß sich etwas ändern müsse, daß er oder sie sich ändern müsse! Weil wir menschlich denken, glauben wir, uns wohl zu fühlen wäre das Ziel des Lebens. Doch wenn wir einfach den gerade anstehenden Stein hinaufwälzen und uns darin üben, uns dessen bewußt zu sein, was dabei in uns vorgeht, verändern wir uns langsam. Was bedeutet es, uns zu verändern?

Schüler/in: Mehr akzeptieren, weniger urteilen, das Leben entspannter sehen, dem Leben gegenüber offener sein.

Joko: Offen sein und akzeptieren treffen es nicht genau, aber es ist schwer, Worte zu finden, die genau stimmen.

Schüler/in: Erleuchtung hat etwas damit zu tun, bei Null anzukommen, an »keinem Ort«.

JOKO: Aber was bedeutet »kein Ort« für einen Menschen? Wo ist »kein Ort«?

SCHÜLER/IN: In diesem Augenblick.

JOKO: Ja, aber wie leben wir damit? Nehmen Sie an, Sie stehen am Morgen mit Kopfschmerzen auf und haben einen vollen Tagesplan. Wir alle kennen solche Tage. Was bedeutet es dann, bei »Null« zu sein?

SCHÜLER/IN: Es bedeutet einfach, mit all meinen Gefühlen und all meinen Gedanken dazusein – einfach dazusein, ohne noch etwas hinzuzufügen zu dem, was ist.

JOKO: Aber auch wenn wir etwas hinzufügen, gehört das zu unserem Päckchen, ist Teil des Lebens, wie es in diesem Augenblick eben ist. Es gehört zu diesem Päckchen, daß wir sagen: »Ich hab' einfach keine Lust heute.« Wenn ich diesen Gedanken als das Gegenwärtige erkenne, rolle ich einfach meinen Stein hinauf. Ich überstehe den schwierigen Tag, ich gehe schlafen, und was habe ich am nächsten Tag vor mir? Irgendwie ist der Stein wieder hinuntergerollt, während ich schlief, und so geht es wieder los: hinaufrollen, hinaufrollen. »Ich mag nicht, ja, ich mag einfach nicht. Wenn es doch nur einen Ausweg gäbe, aber es gibt keinen, oder wenigstens sehe ich jetzt keinen.« Es ist vollkommen, wie es ist.

Wenn wir wirklich jeden Augenblick leben, was geschieht dann mit der Last des Lebens? Was geschieht mit unserem Stein? Wenn wir ganz das sind, was wir sind, in jedem Augenblick, beginnen wir Freude am Leben zu haben. Zwischen uns und einem freudigen Leben stehen unsere Gedanken, unsere Vorstellungen, unsere Erwartungen, unsere Hoffnungen und Ängste. Wir müssen ja nicht restlos bereit sein, den Felsen hinaufzuwälzen. Wir können auch unwillig sein, solange wir nur unseren Unwillen erkennen und einfach wahrnehmen. Nichts gegen den Unwillen. Ein großer Teil des ernsthaften Übens besteht in diesem »Ich mag nicht«. Und wir mögen wirklich nicht. Aber wenn unser Unwillen uns auf Fluchtwege treibt, dann ist das etwas anderes. »Ich ess' noch ein Stück Schokoladenkuchen. Es muß doch noch eins dasein.« »Ich ruf' meine Freunde an, dann können wir darüber reden, wie schlimm alles ist.« »Ich werde mich in eine Ecke verkriechen und mich in meine Sorgen vergraben und mich selbst bemitleiden.« Was gibt es noch für Fluchtmöglichkeiten?

SCHÜLER/IN: Viel zu tun und sich zu überarbeiten.

SCHÜLER/IN: Alles vor sich herzuschieben.

SCHÜLER/IN: Pläne zu machen und sie dann immer wieder zu verwerfen.

SCHÜLER/IN: Ich werde dann einfach krank.

JOKO: Ja, das ist eine bewährte Methode. Wir erkälten uns, verstauchen uns den Knöchel, bekommen Grippe.

Wenn wir unsere Gedanken so etikettieren, merken wie, wie wir flüchten. Wir beginnen die tausenderlei Weisen zu sehen, wie wir versuchen, dem Leben in diesem Augenblick auszuweichen, unseren Stein nicht mehr hinaufzuwälzen. Vom Aufstehen bis zum Schlafengehen tun wir etwas; wir wälzen unseren Stein den ganzen Tag lang hinauf. Es ist unser Urteil über das, was wir tun, das uns unglücklich macht. Vielleicht beurteilen wir uns als Opfer: »Sie behandeln mich so schlecht.« »Ich muß mit jemandem zusammenarbeiten, der unfair zu mir ist.« »Ich kann mich nicht wehren.«

Wir üben, um zu erkennen, daß wir einfach den Stein bewegen – um diese grundlegende Tatsache geht es. Niemandem ist das die ganze Zeit bewußt; mir bestimmt auch nicht. Aber ich merke, daß Menschen, die schon eine ganze Zeit lang üben, einen gewissen Humor angesichts ihrer Last entwickeln. Außerdem ist die Vorstellung, daß das Leben eine Last sei, auch nur eine Idee. Wir tun einfach, was wir tun, Sekunde für Sekunde. Der Maßstab für fruchtbares Üben ist, daß wir das Leben allmählich weniger als Last und mehr als Freude empfinden. Das bedeutet nicht, daß es keine Traurigkeit gäbe, aber gerade das Empfinden der Traurigkeit gehört zu dieser Freude. Wenn wir nicht im Lauf der Zeit solch eine Veränderung bemerken, haben wir noch nicht verstanden, worum es beim Üben geht. Diese Veränderung ist ein sehr verläßliches Barometer.

Wir bekommen immer wieder im Leben Lasten aufgeladen. Wenn ich beispielsweise mit jemandem eine Zeit verbringen muß, den ich nicht mag, dann fühlt sich das wie eine Last an. Oder ich habe eine harte Woche vor mir und fühle mich mutlos. Oder in den Klassen, die ich in diesem Semester unterrichte, sind Schüler, die ihre Hausaufgaben nicht machen. Das Kindererziehen kann uns wie eine Last vorkommen. Krankheiten, Unfälle, alle Schwierigkeiten, die uns begegnen, können als Last empfunden werden. Wir können als Menschen nicht ohne Schwierigkeiten leben, und wenn wir wollen, können wir sie alle als »Lasten« empfinden. Dann wird unser Leben sehr, sehr schwer.

SCHÜLER/IN: Ich mußte gerade an den psychologischen Begriff »geliebte Last« denken.

JOKO: Ja, aber die »geliebte Last« darf nicht bloß in unseren Köpfen bleiben; sie muß Teil unseres Daseins werden. Es gibt viele wunderbare Begriffe und Ideale, aber wenn sie nicht Teil von uns werden, können sie zu den teuflischsten Lasten werden. Etwas intellektuell zu verstehen genügt nicht. Es ist manchmal schlimmer, als etwas überhaupt nicht zu verstehen.

SCHÜLER/IN: Ich habe Schwierigkeiten mit der Vorstellung, daß wir *immer* den Stein den Berg hinaufwälzen. Vielleicht, weil zur Zeit bei mir alles nach Wunsch zu gehen scheint.

JOKO: Das kann sein. Manchmal geht auch wirklich alles nach Wunsch. Vielleicht haben wir gerade eine wunderbare neue Beziehung. Die neue Stelle ist immer noch sehr interessant. Aber es ist ein Unterschied, ob alles nach unseren Wünschen geht oder ob wir wahre

Freude erleben. Nehmen wir an, wir sind gerade mitten in einer solchen angenehmen Phase, und es geht uns großartig. Was ist der Unterschied zwischen dem angenehmen Gefühl, das von den äußeren Umständen abhängt, und der Freude? Woran könnten wir ihn erkennen?

SCHÜLER/IN: Wir fürchten, es könnte zu Ende gehen.

JOKO: Und wie wird sich diese Furcht wohl ausdrükken?

SCHÜLER/IN: In körperlicher Anspannung.

JOKO: Wir werden immer körperlich verspannt sein, wenn unser Wohlempfinden nur ein gewöhnliches, egozentrisches Glücksgefühl ist. Freude ist spannungsfrei, weil sie alles als das akzeptiert, was es ist. Manchmal können wir uns auch beim Hinaufwälzen des Steins wohl fühlen. Wie nimmt die Freude dieses Wohlgefühl an?

SCHÜLER/IN: Einfach so, wie es ist.

JOKO: Ja. Wenn wir eine schöne Zeit erleben, sollten wir sie auf jeden Fall genießen – aber ohne uns daran zu klammern. Wir neigen dazu, uns Sorgen zu machen, daß wir das Schöne verlieren könnten, und versuchen, es festzuhalten.

SCHÜLER/IN: Ja, ich merke, wenn ich einfach lebe und mich darüber freue, dann ist es gut. Nur wenn ich dann plötzlich innehalte und denke: »Es ist so toll«, dann beginne ich mir Sorgen zu machen, wie lange es wohl so bleiben wird.

JOKO: Keiner von uns würde sich freiwillig dafür

entscheiden, ein Sisyphos zu sein; aber in gewissem Sinne sind wir es alle.

SCHÜLER/IN: Wir haben den Stein in unserem Kopf.

JOKO: Ja. Wenn wir den Stein in unserem Kopf behalten, erscheint uns der Stein des Lebens schwer. Im anderen Fall ist unser Leben einfach das, was wir gerade tun. Wir werden immer zufriedener, unser Leben so zu leben, wie es ist, mit der Last, die wir jeden Tag tragen, wenn wir einfach immer wieder die Erfahrung des Tragens machen. Das ist das Wissen der Erfahrung, und daraus kann sich dann intellektuelles Wissen entwickeln.

SCHÜLER/IN: Wenn ich wüßte, daß der Stein jedesmal wieder herunterrollt, würde ich denken: »Mal sehen, wie schnell ich ihn diesmal raufbekomme. Vielleicht kann ich's in kürzerer Zeit schaffen.« Ich würde ein Spiel daraus machen oder dem ganzen gedanklich irgendeinen Sinn unterlegen.

JOKO: Aber wenn wir das eine Ewigkeit lang tun oder auch nur ein Leben lang, was wird dann aus dem selbstgeschaffenen Sinn? Solch ein Sinn ist nur eine Gedankenkonstruktion und wird sich früher oder später auflösen. Das ist das Problem mit dem »positiven Denken« und den Affirmationen. Wir können so etwas nicht für immer aufrechterhalten. Solche Anstrengungen sind nie der Weg zur Freiheit. In Wirklichkeit sind wir schon frei. Sisyphos war kein Gefangener des Hades, der eine ewige Strafe abbüßte. Er war schon frei, weil er einfach tat, was er tat.

Wie reagieren wir auf Druck?

Vor der Andacht rezitieren wir den *Kesa*-Vers: »Weit ist das Gewand der Befreiung, ein gestaltloser Raum des Wohltuns. Ich trage die universelle Lehre und rette alle fühlenden Wesen.«[5] Vor allem der Ausdruck »ein gestaltloser Raum des Wohltuns« ist vielsagend; er weist auf das hin, was wir sind, was die Funktion einer religiösen Andacht ist. In der Zen-Praxis geht es darum, zu sein, wer wir sind – ein gestaltloser Raum des Wohltuns. Solche Worte klingen sehr schön, sie aber in unserem eigenen Leben zu verwirklichen ist schwierig und verwirrend.

Betrachten wir einmal unseren Umgang mit Druck und Streß. Was für den einen Druck bedeutet, mag für den anderen gar kein Druck sein. Ein schüchterner Mensch mag sich unter Druck gesetzt fühlen, wenn er in eine Gesellschaft vieler Menschen gerät. Für einen anderen bedeutet Druck Alleinsein oder ein eiliger Termin. Wieder ein anderer empfindet ein langweiliges Leben ohne Termine als bedrückend. Auch ein neugeborenes Baby, ein neuer Liebhaber, ein neuer Freund können Druck bedeuten. Selbst Erfolg kann bedrückend sein. Manche Menschen können gut mit Mißerfolg umgehen, aber nicht mit Erfolg. Unter Druck werden wir verkrampft und bekommen Angst.

Wir haben verschiedene Strategien, mit denen wir auf Druck reagieren. Gurdjieff, ein Lehrer aus der Sufi-Tradition, nannte unsere Strategie unseren »Hauptcharakterzug«.[6] Wir müssen herausfinden, was dieser Charakterzug ist, wie wir instinktiv auf Druck reagieren. Unter Druck neigt der eine dazu, sich zurückzuziehen, ein anderer bemüht sich um noch mehr Perfektion oder möchte mehr in den Mittelpunkt rücken. Manche reagieren auf Druck, indem sie noch mehr arbeiten, andere arbeiten weniger. Die einen weichen aus, die anderen versuchen zu dominieren. Manche stürzen sich in Aktivitäten, andere sind stiller als sonst. Wir finden unseren Hauptcharakterzug heraus, indem wir beobachten, wie wir auf Druck reagieren. Jeden Morgen, wenn wir aufstehen, gibt es wahrscheinlich etwas am vor uns liegenden Tag, das uns unter Druck setzt. Und wenn es uns schlechtgeht, besteht unser Leben nur aus Druck. Dann wieder haben wir sehr wenig Druck und denken, es sei alles in Ordnung. Doch in gewissem Maß setzt das Leben uns immer unter Druck.

Unser typisches Reaktionsmuster unter Druck bildet sich schon früh in unserem Leben heraus. Wenn wir als Kinder in Schwierigkeiten geraten, beginnt der glatte Stoff des Lebens zu knittern. Aus den Falten und Beulen bildet sich ein kleiner Sack, in dem wir unsere Angst verbergen. *Wie* wir diese Angst verbergen, das ist unser Hauptcharakterzug. Wenn wir mit diesem Hauptcharakterzug nicht umzugehen lernen und unsere Angst wahrnehmen, können wir nicht dieses nahtlose Ganze, dieser »gestaltlose Raum des Wohltuns« sein. Wir sind zerknittert, voller Falten und Beulen.

Durch lebenslange Übungspraxis verändert sich unser Hauptcharakterzug fast vollständig. Ich war beispielsweise so schüchtern, daß ich eine Viertelstunde lang draußen vor der Tür auf und ab gehen mußte, bevor ich einen Raum betreten konnte, in dem zehn oder fünfzehn Leute – vielleicht bei einer Cocktailparty – zusammen waren. Erst dann hatte ich genug Mut. Jetzt fühle ich mich einigermaßen wohl in Menschengruppen, auch wenn ich große Mengen immer noch nicht mag. Es ist ein großer Unterschied zwischen dieser Ängstlichkeit, die einen fast hindert, einen Raum zu betreten, und diesem Wohlgefühl. Ich will damit nicht sagen, daß sich die Persönlichkeit grundlegend verändert. Ich werde nie eine »Betriebsnudel« sein, auch wenn ich 110 Jahre alt werden sollte. Auf Festen beobachte ich gern andere Leute und spreche mit einigen wenigen; so bin ich eben.

Wir machen oft den Fehler, zu glauben, uns durch Bemühung und Selbstanalyse umkrempeln zu können. Wir stellen uns den Zen-Übungsweg vielleicht so vor, daß wir lernen könnten, anders zu denken, so wie man vielleicht Schachspielen lernt oder Kochen oder Französisch. Aber darum geht es nicht. Zen-Üben ist nicht wie das Studium der alten Geschichte, der Mathematik oder das Absolvieren eines Feinschmecker-Kochkurses. Auch solches Lernen hat seine Berechtigung. Aber wenn es um unseren Hauptcharakterzug geht, um die Art, wie wir auf Druck reagieren, dann müssen wir sehen, daß der Mißbrauch unseres persönlichen Denkens die emotionale Verkrampfung hervorbringt. Wir können unseren Verstand nicht benutzen, um ihn zu verändern; wir können den kleinen persönlichen Geist nicht zur Korrektur des kleinen Geistes einsetzen. Es ist ein großes Problem: Das, was wir erforschen, ist zugleich das Mittel oder Werkzeug, mit dem wir es erforschen. Unser verzerrtes Denken verzerrt auch zugleich unser Bemühen, die Verzerrung zu korrigieren.

Wir wissen nicht, wie wir das Problem angehen sollen. Wir wissen, daß irgend etwas nicht stimmt mit uns, weil wir keinen inneren Frieden haben; wir neigen dazu, alle möglichen falschen Lösungen auszuprobieren. Eine dieser »Lösungen« ist der Versuch, uns »positives Denken« anzutrainieren. Doch das ist nur ein Manöver des kleinen Geistes. Wir können uns zwar für positives Denken programmieren, aber wir haben uns dabei überhaupt nicht verstanden und geraten weiterhin in Schwierigkeiten. Wenn wir unseren Verstand kritisieren und uns sagen: »Du denkst nicht richtig, also zwinge ich dich, nicht zu denken« oder »Du hast so viele destruktive Gedanken gehabt, jetzt mußt du schöne Sachen, positive Sachen denken«, benutzen wir immer noch unseren Verstand, um unser Denken zu beeinflussen. Für Intellektuelle ist das besonders schwer zu erkennen, weil sie ihr Leben lang Probleme mit Hilfe ihres Verstandes gelöst haben und den Zen-Übungsweg genauso angehen wollen. (Niemand weiß das besser als ich!) Diese Strategie hat noch nie funktioniert, und sie wird auch nie funktionieren.

Es gibt nur eine Möglichkeit, diesem Teufelskreis zu entgehen und uns klar zu sehen: Wir müssen uns außerhalb unseres kleinen Verstandes begeben und ihn beobachten. Der Beobachter ist *nicht* das Denken, denn der Beobachter kann das Denken beobachten. Wir müssen den Verstand beobachten und merken, was er tut. Wir müssen merken, wie unser Geist diese Schwärme von egozentrischen Gedanken produziert und Spannung im Körper entstehen läßt. Dieser Vorgang des Abstandnehmens ist nicht kompliziert, aber wenn wir nicht daran gewöhnt sind, erscheint er uns neu und merkwürdig und vielleicht auch beängstigend. Mit einiger Ausdauer wird es leichter.

Nehmen wir an, wir verlieren unsere Arbeitsstelle. Ganze Fluten von Gedanken steigen auf und lassen zahlreiche Emotionen entstehen. Unser Hauptcharakterzug kommt zum Tragen und verdeckt unsere Angst, so daß wir uns nicht unmittelbar mit ihr auseinandersetzen können. Wenn wir unsere Stelle verlieren, ist es das einzig richtige, eine neue zu suchen, falls wir das Geld brauchen. Aber gerade das tun wir oft nicht. Oder wir suchen zwar eine, aber wir tun es nicht effektiv, weil wir so mit der Aktivität unseres Hauptcharakterzuges beschäftigt sind.

Nehmen wir an, jemand hätte uns im Alltagsleben kritisiert. Plötzlich fühlen wir uns unter Druck. Wie gehen wir damit um? Sofort tritt unser Hauptcharakterzug in Aktion. Wir benutzen jeden mentalen Trick, der uns einfällt: Wir sind bekümmert, rechtfertigen uns, klagen den anderen an. Vielleicht weichen wir dem Problem aus, indem wir über etwas Sinnloses oder Irrelevantes nachdenken. Vielleicht nehmen wir auch irgendeine Droge, um das Problem wegzuschieben.

Je sorgfältiger wir unsere Gedanken beobachten, desto schwächer wird unser Hauptcharakterzug. Je schwächer er wird, desto eher sind wir bereit, die Angst wahrzunehmen, aus der er ursprünglich entstand. Jahrelang geht es beim Üben darum, den Beobachter zu stärken. Schließlich sind wir bereit, zu tun, was als nächstes dran ist, ohne Widerstand. Dann wird auch der Beobachter allmählich unnötig; wir können das Leben selbst sein. Wenn dieser Prozeß abgeschlossen ist, dann ist man vollkommen, ein Buddha – allerdings habe ich noch nie jemanden getroffen, der schon so weit war.

Das Sitzen ist wie unser Alltagsleben: Was beim Sitzen aufsteigt, ist das Denken, an das wir uns klammern wollen, also unser Hauptcharakterzug. Wenn wir dem Leben ausweichen wollen, werden wir beim Sitzen eine Möglichkeit finden, dem Sitzen auszuweichen. Wenn wir dazu neigen, uns Sorgen zu machen, werden wir uns Sorgen machen. Wenn wir gern phantasieren, werden wir phantasieren. Alles, was wir in der Meditation tun, ist wie ein Mikrokosmos unseres übrigen Lebens. Beim Sitzen merken wir, was wir mit unserem Leben machen, und unser Leben zeigt uns, was wir tun, wenn wir sitzen.

Die Transformation beginnt nicht damit, daß wir uns sagen: »Ich sollte anders sein.« Die Transformation beginnt mit der Erkenntnis, die sich in dem *Kesa*-Vers ausdrückt: »Weit ist das Gewand der Befreiung.« Unser Leben selbst ist ein weites Gewand der Befreiung, ein gestaltloser Raum des Wohltuns. Wenn wir die Lehren des Lebens in uns tragen, unsere Gedanken beobachten, die Sinnesreize, die wir jede Sekunde erleben, wirklich wahrnehmen, dann sind wir dabei, uns selbst und alle fühlenden Wesen zu retten, einfach nur dadurch, daß wir sind, was wir sind.

SCHÜLER/IN: Mein »Hauptcharakterzug« scheint sich je nach Situation zu verändern. Unter Druck will ich meistens die Kontrolle haben, dominieren, oder ich werde wütend. In anderen Situationen hingegen kann ich zurückhaltend und still sein.

JOKO: Trotzdem kommen bei jedem Menschen die verschiedenen Verhaltensmuster, mit denen sie auf Druck reagieren, vom selben Grundverhalten im Umgang mit der Angst her, auch wenn sie unterschiedlich aussehen. Es drückt sich immer ein Grundmuster aus.

SCHÜLER/IN: Wenn ich mich unter Druck fühle – vor allem, wenn ich kritisiert werde –, bemühe ich mich sehr, alles richtig zu machen. Ich versuche, nicht einfach zu reagieren, sondern mich in der Meditation der Angst zu stellen. Aber im letzten Jahr habe ich bemerkt, daß unter meinem Bemühen, mich richtig zu verhalten, wenn ich mich kritisiert fühle, der Zorn liegt. In Wirklichkeit will ich angreifen; ich bin ein Killer-Hai.

JOKO: Der Zorn war schon immer da; Sie verstecken ihn unter dem Wohlverhalten und der Beherrschtheit. In uns allen steckt ein Killer-Hai. Und dieser Hai ist die nicht erlebte

Angst. Ihre Methode, sie zu verdecken, ist, daß Sie so freundlich aussehen und sich so bemühen und so wunderbar sind, daß nur niemand sehen kann, wer Sie wirklich sind – jemand, der Todesangst hat.

Wenn wir diese Schichten von Zorn aufdekken, ist es entscheidend, daß wir ihn nicht ausleben – wir sollten niemand unter unserem Zorn leiden lassen. Beim wirklichen Üben ist unser Zorn nur ein vorübergehendes Stadium. Dabei fühlen wir uns eine Zeitlang weniger wohl als am Anfang. Das ist unvermeidlich. Wir werden aufrichtiger, unsere trügerische Oberfläche löst sich allmählich auf. Das geht nicht immer so weiter; aber während der Prozeß im Gang ist, kann es sehr unangenehm sein. Wir explodieren vielleicht auch gelegentlich, aber das ist besser, als auszuweichen oder unsere Reaktion zu verbergen.

SCHÜLER/IN: Manchmal kann ich die Muster der anderen viel rascher erkennen als meine eigenen. Wenn mir jemand wichtig ist, bin ich versucht, mit ihm darüber zu reden. Ich fühle mich dann wie jemand, der sieht, wie ein Freund ertrinkt, und der ihm keinen Rettungsring zuwirft. Aber wenn ich etwas unternehme, habe ich oft das Gefühl, ich würde mich in sein Leben einmischen, obwohl er mich nichts angeht.

JOKO: Das ist eine wichtige Frage. Was bedeutet es, ein »gestaltloser Raum des Wohltuns« zu sein? Wir alle sehen, wie Menschen Dinge tun, die ihnen offensichtlich schaden. Wie sollten wir uns verhalten?

SCHÜLER/IN: Ist es nicht ausreichend, es wahrzunehmen und für sie dazusein?

JOKO: Ja, das ist meist die beste Reaktion. Manchmal bittet uns jemand um Hilfe. Wenn die Bitte ernst gemeint ist, sollte man darauf eingehen. Aber wir können auch voreilig Ratschläge geben. Viele von uns reagieren vorschnell. Eine alte Zen-Faustregel besagt, man solle erst antworten, wenn man dreimal gefragt worden ist. Wenn jemand wirklich Ihre Meinung hören will, wird er darauf bestehen, daß Sie sich äußern. Aber wir drängen allzuleicht jemandem unsere Meinung auf. Ich weiß, wovon ich rede; ich habe das auch getan.

Der Beobachter hat keine Emotionen. Er ist wie ein Spiegel. Er sieht alles nur vorüberziehen. Der Spiegel urteilt nicht. Immer wenn wir ein Urteil fällen, haben wir wieder einen Gedanken dazugetan, der benannt werden muß. Der Beobachter kritisiert nicht. Der Beobachter schaut nur oder gibt ein Bild wieder, wie der Spiegel. Wenn sich Unrat vor ihm zeigt, spiegelt er Unrat wider. Wenn er Rosen vor sich hat, spiegelt er Rosen wider. Der Spiegel bleibt Spiegel, ein leerer Spiegel. Der Beobachter akzeptiert nicht einmal; er beobachtet einfach.

SCHÜLER/IN: Ist der Beobachter nicht in Wirklichkeit Teil des kleinen Verstandes?

JOKO: Nein. Der Beobachter ist eine Bewußtseinsfunktion, die nur in Kraft tritt, wenn in der

Welt der Phänomene ein Gegenstand in unserer Wahrnehmung auftaucht. Sind keine Objekte vorhanden (zum Beispiel im Tiefschlaf), so gibt es keinen Beobachter. Der Beobachter stirbt schließlich, wenn wir einfach Bewußtsein schlechthin sind und keinen Beobachter mehr brauchen.

Wir können den Beobachter nie finden, gleichgültig, wie lange wir nach ihm suchen. Doch obwohl wir ihn nie lokalisieren können, haben wir ganz offensichtlich die Möglichkeit, zu beobachten. Wir könnten sagen, der Beobachter ist eine andere Dimension des Geistes, aber kein Aspekt des kleinen Verstandes oder Geistes, der sich auf der gewöhnlichen, linearen Ebene bewegt. Wir sind Bewußtsein. Niemand hat das Bewußtsein je beobachtet, aber doch sind wir es – »ein gestaltloser Raum des Wohltuns«.

SCHÜLER/IN: Mir scheint, eine unangenehme Empfindung kann mich in der Gegenwart verankern und meine Aufmerksamkeit auf das Hier und Jetzt lenken.

JOKO: Eine alte Redensart sagt, daß des Menschen Not Gottes Chance ist. Gehen die Dinge nach Wunsch, so versuchen wir, sie festzuhalten. Indem wir sie festzuhalten versuchen, zerstören wir sie. Sitzen wir aber und werden wirklich still, dann holen uns unangenehme Empfindungen und Schmerzen zurück in die Gegenwart. Durch das Sitzen wird unser Wunsch, zu fliehen oder auszuweichen, offensichtlicher. Wenn wir sitzen, dann können wir nirgendwoanders hin. Wir lernen das meist erst dann, wenn es uns nicht so gut geht. Je unbewußter uns unser Mißbehagen und unsere Fluchttendenzen sind, desto mehr Chaos entsteht in der Erscheinungswelt – vom Krieg zwischen Nationen bis zu Meinungsverschiedenheiten zwischen einzelnen Menschen und inneren Konflikten in uns selbst; all diese Probleme entstehen, weil wir uns von unserem Erleben trennen. Unbehagen und Schmerz sind nicht die Ursache unserer Probleme; die Ursache besteht darin, daß wir nicht wissen, wie wir mit ihnen umgehen sollen.

SCHÜLER/IN: Auch das Angenehme birgt Unangenehmes in sich. Es ist zum Beispiel ein Vergnügen, Ruhe und Stille zu haben, aber zugleich hat man dabei das Gefühl, Lärm und Unruhe könnten gleich wieder losgehen.

JOKO: Schmerz und Lust sind nur entgegengesetzte Pole. Freude besteht darin, die Dinge so zu nehmen, wie sie sind. In der Freude gibt es keine Polarität. Wenn der Lärm wieder losgeht, dann geht er eben wieder los. Wenn er aufhört, hört er auf. Beides ist Freude. Weil wir uns aber ans Angenehme klammern und den Schmerz loswerden wollen, entwickeln wir Fluchtstrategien. Wenn uns als Kind etwas Unangenehmes widerfährt, entwickeln wir eine Strategie – unseren Hauptcharakterzug im Umgang mit Unannehmlichkeiten – und leben dann gefangen in dieser Strategie, anstatt das Leben zu sehen, wie es ist.

Die Sockelleiste

Wir tragen im Alltagsleben alle etwas mit uns herum, was man eine imaginäre Sockelleiste nennen könnte: eine elektrische Steckerleiste, die uns immer dann einen Schlag versetzt, wenn wir einem vermeintlichen Problem begegnen. Wir können sie uns mit Millionen Steckdosen vorstellen, die uns rings umgeben. Immer wenn wir uns bedroht oder ärgerlich fühlen, benutzen wir eine der Steckdosen und reagieren auf die Situation. Die Sockelleiste versinnbildlicht unsere grundlegende Entscheidung, wie wir sein müssen, um zu überleben und vom Leben das zu bekommen, was wir wollen. Als Kinder haben wir gemerkt, daß das Leben nicht immer so war, wie wir es wollten, und daß die Dinge von unserem persönlichen Standpunkt aus oft schiefliefen. Wir wollten nicht, daß jemand anderer Ansicht war als wir, wir wollten keine Unannehmlichkeiten erleben, und so erfanden wir eine Abwehrreaktion, um das mögliche Ärgernis abzublocken. Diese Abwehrreaktion ist unsere Sockelleiste. Wir haben immer Stecker drin, aber wir bemerken sie vor allem unter Streß und Bedrohungen. Wir haben die Entscheidung getroffen, daß das gewöhnliche Leben – das Leben, wie es nun einmal ist – für uns nicht akzeptierbar ist. Und wir versuchen uns gegen das zu wehren, was geschieht.

All das ist unvermeidlich. Unsere Eltern waren keine völlig erleuchteten Wesen oder Buddhas; aber auch andere Menschen und Ereignisse beeinflußten uns. Als kleine Kinder waren wir noch nicht reif genug, weise zu reagieren. So stöpselten wir uns in unsere Sockelleiste ein, bekamen einen Wutanfall, spielten verrückt oder zogen uns zurück. Von dieser Zeit an lebten wir nicht um des Lebens willen, son-

dern um unserer Sockelleiste willen. Das klingt absurd, aber genau das tun wir.
Ist die Sockelleiste einmal da, schalten wir sie ein, sobald uns etwas Unangenehmes widerfährt – es braucht uns nur jemand komisch anzusehen. Die Sockelleiste, die wir uns konstruiert haben, hat unzählige Anschlüsse, und wir können tausendmal an einem Tag neue Stecker einstöpseln. Dadurch entwickeln wir eine sehr merkwürdige Lebenseinstellung. Nehmen wir an, Gloria hätte mich etwas schroff angeredet. Tatsache ist lediglich, daß sie etwas gesagt hat. Vielleicht sind wir über eine gewisse Angelegenheit uneins, aber im Grunde hat sie einfach nur etwas gesagt. Aber ich fühle mich nun sofort getrennt von Gloria. Aus meiner Sicht stimmt etwas nicht mit ihr. »Also wirklich, was sie da angerichtet hat! Sie ist wahrhaftig nicht nett.« Und schon bin ich gegen sie eingenommen. In Wirklichkeit hat das alles mit Gloria gar nichts zu tun. Sie hat zwar etwas zu mir gesagt, aber mein Ärger kommt nicht von ihr, sondern davon, daß ich meinen Stecker in die Sockelleiste gesteckt habe. Ich erlebe meine Sockelleiste als eine Art Spannung, die unangenehm ist. Mit solch einem Gefühl will ich nichts zu tun haben, deshalb erkläre ich Gloria den Krieg. Aber es ist meine Sockelleiste, die mir den Kummer macht.
Wenn die Angelegenheit geringfügig ist, vergesse ich sie in relativ kurzer Zeit und stecke den nächsten Stecker in die Sockelleiste. Geht es jedoch um mehr, greife ich vielleicht zu drastischen Maßnahmen.
Ich erinnere mich an einen Freund der Familie, der während der großen Wirtschaftskrise die Stellung verlor, die er vierzig Jahre lang innegehabt hatte. Er stieg aufs Dach, sprang hinunter und war tot. Er verstand sein Leben nicht. Natürlich war etwas Schlimmes passiert, aber dafür lohnte es sich nicht, sich das Leben zu nehmen. Doch er hatte sich

an seine Sockelleiste angeschlossen, und er litt so sehr, daß er es nicht mehr ertrug.

Immer wenn etwas Wichtiges in unserem Leben passiert, bekommen wir einen Schlag von unserer Sockelleiste. Wir wissen nicht, wie wir damit umgehen sollen. Obwohl der Schlag von innen kommt, meinen wir, er käme von irgend etwas »da draußen«. Jemand oder etwas hat uns schlecht behandelt, und wir sind das Opfer. Im Fall von Gloria erscheint es ziemlich klar: Das Problem liegt bei Gloria. »Wo denn sonst? Sonst hat mich ja heute keiner gekränkt. Es muß an ihr liegen!« Als Reaktion sinne ich auf Rache. »Wie kann ich ihr das heimzahlen? Vielleicht rede ich einfach nicht mehr mit ihr. Wenn sie sich so benimmt, will ich nicht mehr mit ihr befreundet sein. Ich habe genug Probleme. Da hat mir Gloria gerade noch gefehlt.« Dabei ist die wirkliche Ursache meines Ärgers nicht Gloria. Sie hat etwas getan, was mir unangenehm war, aber ihr Verhalten ist nicht die Quelle meines Schmerzes. Die Quelle meines Schmerzes ist meine imaginäre Sockelleiste.

Beim Sitzen werden wir uns allmählich unseres Körpers immer bewußter und merken, daß er die ganze Zeit verspannt ist. Gewöhnlich ist die Verspannung sehr subtil und für andere nicht feststellbar. Wenn wir uns wirklich aufregen, wird die Verspannung stärker. Manche Menschen sind so verspannt, daß auch die anderen es bemerken. Es hängt von der persönlichen Geschichte des einzelnen ab. Selbst wenn jemand ein relativ glückliches und einfaches Leben hatte, ist die Verspannung unterschwellig immer vorhanden.

Was können wir gegen diese Verspannung tun? Zunächst einmal wahrnehmen, daß sie existiert. Das bedarf meist einiger Jahre des Übens. In den ersten Jahren haben wir es beim Sitzen meist mit den Gedanken zu tun, die wir über unsere scheinbaren Probleme mit dem Universum ausbrüten. Diese Gedanken verschleiern die zugrundeliegende Verspannung. Wir müssen uns mit ihnen auseinandersetzen und unser Leben so weit ordnen, daß unsere emotionalen Reaktionen nicht mehr so turbulent sind. Wenn unser Leben etwas ruhiger und normaler geworden ist, werden wir uns der unterschwelligen marginalen Verspannung bewußt, die schon die ganze Zeit vorhanden war. Wir können sie immer dann deutlicher spüren, wenn etwas von unserem Standpunkt aus schiefgeht.

Beim Üben geht es nicht um die vergänglichen Ereignisse unseres Lebens. Beim Üben geht es um unsere Sockelleiste. Sie speichert die vergänglichen Ereignisse. Je nach der Art der Ereignisse und der Art, wie unsere Sockelleiste sie registriert, nennen wir unsere Reaktionen Aufregung, Wut, Depression und so weiter. Der Kummer entsteht nicht durch die Ereignisse, sondern durch unsere Sockelleiste. Wenn beispielsweise ein Ehepaar streitet, dann glauben beide, sie stritten miteinander; in Wirklichkeit streitet jeder mit seiner Sockelleiste. Streit bricht aus, wenn beide als Reaktion auf den anderen die Stecker in ihre Sockelleiste einstecken. Wenn wir einen Streit zu lösen versuchen, indem wir uns mit unserem Partner auseinandersetzen, kommen wir nicht weiter; unser Partner ist nicht die Ursache des Problems.

Zu der Verwirrung trägt noch bei, daß wir so sehr an unserer Sockelleiste hängen. Wir machen uns wichtig dadurch. Wenn ich nicht verstehe, was es mit meiner Sockelleiste auf sich hat, kann ich durch den Streit mit Gloria eine Menge Aufmerksamkeit auf mich ziehen. Während ich mit ihr abrechne, benutze ich meine Sockelleiste als Schutz vor der Welt. Ich habe mich auf sie verlassen, seit ich ein kleines Kind war, und ich will sie nicht aufgeben. Wenn ich sie aufgeben müßte, dann müßte ich mich mit meiner Angst auseinandersetzen. Da setze ich mich lieber mit Gloria auseinander. Darum geht es beim Sitzen: sich mit der Angst auseinanderzusetzen und die Verspannung im Körper – ob unterschwellig oder stark – wahrzunehmen. Aber das wollen wir nicht. Wir wollen uns mit Hilfe unserer Sockelleiste mit unseren Problemen beschäftigen.

Vor Jahren arbeitete ich einmal bei einer großen Firma. Ich war die Assistentin des Chefs meiner Abteilung, eines wissenschaftlichen Forschungslabors. Mir stand ein Parkplatz in der Nähe des Laboreingangs zur Verfügung. Das war angenehm; wenn es regnete, konnte ich die paar Schritte vom Auto zum Laboreingang laufen, ohne allzu naß zu werden. Es ergab sich jedoch ein Problem mit diesem Parkplatz, weil der Hauseingang zugleich direkt zum Büro des Vizepräsidenten führte. Die Sekretärin des Vizepräsidenten fand nun, ich hätte den besten Parkplatz. Sie machte ein Riesentheater; Aktennotizen begannen hin- und herzuwandern«. Sie schickte Mitteilungen an das Personalbüro, an meinen Chef, an ihren Chef und noch an einige andere Stellen. Sie war wütend, weil sie auf dem Papier eine höhere Position hatte als ich, ich aber den besten Parkplatz mein eigen nannte. Und ich dachte: »Sie will mir den Parkplatz wegnehmen. Aber den hatte ich doch schon immer. Er steht mir zu.« Mein Chef, der Leiter des Forschungslabors, identifizierte sich mit mir und begann, sich mit dem Vizepräsidenten anzulegen. Ihr Ego kam ins Spiel. Wer war bedeutender? Es gab keine klare Antwort. Jetzt stritten also nicht nur wir beide, sondern auch unsere Chefs. Jeden Abend, wenn ich von meinem Parkplatz wegfuhr, wußte ich sicher, daß ich im Recht war.

Der Kampf ging monatelang weiter. Die Notizen wurden spärlicher; aber dann begannen sie wieder zu kursieren, jedesmal, wenn die Sekretärin meiner ansichtig wurde. Als ich schließlich eines Abends in meinem Auto vor einer roten Ampel stand, wurde mir klar: »Ich bin nicht mit diesem Parkplatz verheiratet. Wenn sie ihn haben will, dann soll sie ihn haben.« Also ließ ich am nächsten Tag meine eigenen Aktennotizen los. Mit der Erlaubnis der Personalabteilung überließ ich ihr meinen Parkplatz. Mein Chef war wütend auf mich. Aber da es keine große Affäre war, gewöhnte er sich daran. Eine Woche darauf rief die Sekretärin mich an und lud mich zum Mittagessen ein. Wir wurden zwar nicht gerade Freundinnen, aber wir hatten danach eine recht herzliche Beziehung zueinander.

In Wirklichkeit war es nicht um diese Sekretärin und mich gegangen. Der Parkplatz war ein Symbol für ganz andere Auseinandersetzungen. Ich will damit nicht sagen, daß man immer seinen Parkplatz aufgeben sollte. In diesem Fall ging es jedoch nur um ein ganz banales Problem: Ich mußte eben zwanzig Meter gehen anstatt zwei Meter. Ein- oder zweimal im Winter wurde ich ein bißchen naß. Aber bis eine Lösung gefunden war, beschäftigten sich eine Menge Leute monatelang mit der Angelegenheit.

Wir haben nicht immer mit den anderen Probleme, sondern oft nur mit unserer eigenen Sockelleiste. Wenn sie viele Anschlüsse hat, die nur so nach Steckern rufen, nehmen wir fast jede Gelegenheit wahr. Wir lieben unsere Sockelleiste; ohne sie würden wir es mit der Angst zu tun bekommen, so wie wir es als Kinder taten.

Beim Üben geht es darum, uns mit der Sockelleiste anzufreunden. Wir werden sie nicht gleich loswerden; dazu haben wir sie viel zu gern. Aber wenn unser Geist wirklich ruhiger wird und weniger daran interessiert ist, mit der Welt zu kämpfen, wenn wir in sinnlosen Auseinandersetzungen unseren Standpunkt aufgeben, wenn wir all das Kämpfen gar nicht mehr brauchen, weil wir es als das erkennen, was es ist, dann wird unsere Fähigkeit, einfach zu sitzen, größer. An diesem Punkt beginnen wir zu spüren, wo wirklich das Problem liegt: in diesem alten Kummergebilde; dem Kummer eines kleinen Kindes darüber, daß das Leben nicht so ist, wie wir es gern hätten. Der Kummer wird überlagert von Zorn, Angst und anderen Gefühlen dieser Art. Es gibt keinen anderen Ausweg aus dem Dilemma, als den Weg zurückzugehen, den wir gekommen sind, und diese Gefühle einfach wahrzunehmen. Aber daran sind wir nicht interessiert; deshalb ist das Sitzen für uns so schwer.

Wenn wir zum Körper zurückgehen, entdecken wir keineswegs ein großes Melodrama, das in uns vorgeht. Bei den meisten von uns ist die Verspannung die meiste Zeit so geringfügig, daß wir sie kaum bemerken. Aber sie ist da. Wenn wir einfach dasitzen und dem Gespür für diese Verspannung allmählich näher kommen, lernen wir, immer länger dabeizubleiben: fünf Sekunden, zehn Sekunden und irgendwann eine halbe Stunde oder länger. Weil die Sockelleiste unsere Erfindung und keine Realität ist, beginnt sie sich hier und da ein wenig aufzulösen. Nach einer gewissen Zeit in einem Sesshin ist sie vielleicht ganz verschwunden. Dann ist sie wieder da. Wenn wir wissen, wie wir üben müssen, wird die Sockelleiste nach Jahren des Sitzens dünner und unwichtiger. Manchmal hat sie plötzlich Lücken. Das nützt zwar nicht allzuviel, da sie sofort wieder funktioniert, wenn wir eine unangenehme Begegnung mit jemandem haben. Es interessiert mich nicht besonders, nur Lükken in der Sockelleiste entstehen zu lassen; die wirkliche Arbeit besteht darin, sie allmählich ganz aufzulösen. Wir wissen, daß die Sockelleiste in Funktion tritt, wenn wir uns über jemanden oder etwas aufregen. Natürlich gibt es Probleme in der Außenwelt, die wir lösen müssen, und manche davon sind sehr schwierig. Aber das ist es nicht, was uns aufregt. Es sind unsere Steckkontakte in der Sockelleiste, die uns aufregen. Ihretwegen haben wir keine Klarheit, keinen Frieden.

Diese Art des Übens – die unmittelbare Arbeit mit der Sockelleiste, unserer unterschwelligen Verspannung – kann härter sein als das *Koan*-Üben. Beim Üben mit Koans hat man immer einen kleinen Ansporn, eine Belohnung durch die Auflösung. Dagegen ist nichts zu sagen, und ich arbeite auch manchmal mit meinen Schülern mit Koans. Aber das ist keine so fundamentale Arbeit wie die mit der Sockelleiste, die wir alle mit uns herumtragen. Ist uns das bewußt? Wissen wir, was es heißt, zu üben? Wie ernst nehmen wir unsere Schwierigkeiten mit anderen Menschen oder mit dem Leben? Wenn wir unsere Stecker eingestöpselt haben, ist das Leben so hoffnungslos. Wir alle haben sie in verschiedenem Maß eingestöpselt, auch ich. Im Lauf der Jahre gelingt es mir besser zu erkennen, wann ich das tue. Mir entgeht nicht mehr soviel. Wir können uns dabei erwischen, wie wir uns einstöpseln, wenn wir beobachten, wie wir mit uns selbst und den anderen sprechen: »Er ist so komisch. Es ist seine Schuld. Er müßte sich anders verhalten.« »Ich müßte besser sein.« »Das Leben spielt mir übel mit.« »Ich bin wirklich verzweifelt.«

Wenn wir diese Sätze in unseren Köpfen herumwälzen, ohne sie in Frage zu stellen, fechten wir einen falschen Kampf aus, und das führt dahin, wo alle falschen Kämpfe hinführen: nirgendwohin – oder in noch mehr Schwierigkeiten. Wir müssen den richtigen Kampf kämpfen: Bei dem bleiben, das aushalten, was wir nicht aushalten wollen. Zum Üben braucht man Mut. Der Mut entsteht durch das Üben, aber nicht von heute auf morgen. Auch wenn wir schon viel meditiert haben, packt uns der Impuls, jemanden anzugreifen, wenn wir wütend sind. Wir suchen nach Möglichkeiten, die anderen für das zu bestrafen, was sie getan haben. Aber das heißt nicht, unsere Wut zu erfahren, sondern ihr durch ein Drama auszuweichen.

Viele Psychologieschulen ermutigen den Klienten, seine Feindseligkeit auszudrücken. Aber wenn wir sie ausdrücken, richtet sich unsere Aufmerksamkeit nach außen, auf einen anderen Menschen oder Gegenstand und nicht auf das wirkliche Problem. Unsere Gefühle auszudrücken ist etwas Natürliches und an sich nichts Schlechtes. Aber es schafft oft Probleme. Wenn wir unsere Wut wirklich erleben, ist sie etwas sehr Stilles. Sie hat eine gewisse Würde. Sie wird nicht zur Schau getragen, ausgetobt. Man nimmt dann nur diese grundlegende Spannung wahr, die ich die »Sockelleiste« genannt habe. Wenn wir diese Wut wirklich aushalten, werden die persönlichen und egozentrischen Gedanken davon losgelöst, und es bleibt die reine Energie, die man auf mitfühlende Weise einsetzen kann.

Darum geht es auf dem Übungsweg. Einen Menschen, der das fortwährend tun kann, nennen wir einen Erleuchteten. Eine momentane Erfahrung des Daseins ohne Sockelleiste ist keine wirkliche Erleuchtung. Ein wirklich Erleuchteter ist einer, der die Energie beinahe immerzu umwandeln kann. Es ist ja nicht so, daß diese Energie nicht mehr vorhanden wäre; die Frage ist: Wie gehen wir mit ihr um? Wenn jemand unaufmerksam ist und unser Auto rammt, werden wir nicht gerade freundlich lächeln. Wir reagieren wahrscheinlich mit einem »Verdammt!«. Doch dann? Wie lange bleiben wir in dieser Reaktion hängen? Die meisten von uns halten daran fest und steigern sich noch hinein. Ein Beispiel dafür ist unsere Vorliebe für Prozesse. Ich will nicht behaupten, daß eine Klage nie gerechtfertigt sei. Aber bei vielen Prozessen geht es um etwas anderes, und es kommt nichts dabei heraus. Wenn ich meinen Zorn an Gloria auslasse, wird sie ihn mir auf irgendeine Weise zurückschicken. Dann ist meine Freundschaft mit Gloria vielleicht zu Ende. Wenn das persönliche Element – meine Gefühle ihr gegenüber – wegfällt, bleibt nur noch Energie. Wenn wir diese Energie in der Meditation mit großer Würde wahrnehmen, auch wenn das zunächst schmerzhaft ist, wird sie zu einem Ort der Ruhe. Ich denke dabei an einen Satz aus einem Bach-Choral: »Unter deinem Schirmen bin ich frei.« Das heißt, in dem frei zu sein, was ich wirklich bin. »Unter deinem Schirmen bin ich vor den Stürmen aller Feinde frei.« Ich bin frei, weil ich *niemand* bin. Dann habe ich auch keine Feinde mehr. Wenn ich reine Energie bin, dann bin ich nicht mehr ich. Ich bin einfach Wirkung. Um dieser Transformation willen sitzen wir. Sie ist nicht leicht. Und sie geschieht nicht über Nacht. Aber wenn wir richtig sitzen, werden wir mit der Zeit immer weniger in zwischenmenschliche Schwierigkeiten kommen und uns selber und anderen nicht mehr schaden. Das Sitzen verbrennt das egozentrische Element, nur die Energie unserer Emotionen bleibt, ohne das Zerstörerische darin.

Sesshins, regelmäßiges Sitzen und die Lebenspraxis sind die besten Möglichkeiten, diese Wandlung zu vollziehen. Ganz allmählich verändert sich unsere Energie, und die Sockelleiste schwindet Stück für Stück. Wenn so unsere Beschäftigung mit uns selbst allmählich nachläßt, können wir nicht mehr zu dem zurück, was wir einmal waren. Eine fundamentale Wandlung hat stattgefunden.

»Unter deinem Schirmen bin ich frei.« Wir haben wirklichen Frieden, wenn wir diese Grundspannung aushalten und den Körper wahrnehmen, wie er ist. Hubert Benoit sagt in seinem wunderbaren Buch *The Supreme Doctrine* (deutsch: *Die Hohe Lehre*)[7]: Wenn ich wirklich verzweifelt bin, dann laßt mich wenigstens auf diesem eiskalten Lager ausruhen. Wenn ich einfach darauf liege, paßt sich mein Körper ihm an, und es gibt keine Trennung. Und dann verändert sich etwas. Wie denke ich jetzt über Gloria? Ach, wir hatten eine kleine Meinungsverschiedenheit. Wir werden heute einen Spaziergang zusammen machen und darüber sprechen. Kein Problem.

II
OPFER

Sich als Opfer fühlen

Ich höre viele Menschen über ihr Leben sprechen und bin erstaunt, daß die erste Schicht, auf die wir in der Übungspraxis stoßen, unser Gefühl ist, ein Opfer zu sein, unser Eindruck, anderen geopfert worden zu sein. Und tatsächlich waren wir ein Opfer der Gier, der Wut, der Dummheit anderer Menschen und ihrer Unwissenheit über sich selbst. Oft waren diese anderen Menschen unsere Eltern. Keiner hat zwei Buddhas als Eltern. Anstelle von Buddhas haben wir ganz einfach Eltern: Menschen mit Fehlern, verwirrte, ärgerliche, egozentrische Menschen, wie wir alle es sind. Ich wurde schlecht behandelt von meinen Eltern, und sicher habe ich auch meine eigenen Kinder manchmal schlecht behandelt. Selbst die besten Eltern behandeln ihre Kinder manchmal schlecht, einfach weil sie Menschen sind.

Im Üben werden wir uns bewußt, daß wir Opfer waren, und das beunruhigt uns. Wir merken, daß wir verletzt und mißbraucht wurden und daß uns jemand nicht so behandelt hat, wie es gut für uns gewesen wäre – und das stimmt auch. Auch wenn es unvermeidlich war, es ist wahr, und es tut weh – oder scheint weh zu tun.

Der erste Schritt besteht einfach darin, sich der Tatsache bewußt zu werden, daß man Opfer war. Der zweite Schritt ist die Arbeit mit den Gefühlen, die aus diesem Bewußtsein entstehen: unsere Wut, unser Wunsch, abzurechnen, unser Verlangen, diejenigen zu verletzen, die uns verletzt haben. Diese Wünsche sind unterschiedlich stark ausgeprägt: Manche sind nur schwach vorhanden, andere sind heftig und dauerhaft. Viele Therapien beschäftigen sich mit dem Aufspüren unserer Opferrolle; wie sie mit diesen Erfahrungen umgehen, ist allerdings unterschiedlich. In der Politik glauben wir, zurückschlagen zu müssen. Wir können zurückschlagen, oder wir können etwas anderes tun. Doch was wäre das?

Auf dem Übungsweg werden wir uns unserer Wut über bestimmte Erlebnisse, unseres Verlangens nach Abrechnung, unserer Verwirrung, unseres Rückzugs, unserer Kälte bewußt. Wenn wir weiter üben – bewußt bleiben und unsere Gedanken benennen –, dann beginnt etwas anderes, ebenso Schmerzhaftes in unserem Bewußtsein aufzusteigen. Wir beginnen zu sehen, wie nicht nur wir selbst Opfer waren, sondern wie wir auch andere zu Opfern gemacht haben. Das kann noch schmerzlicher sein als unsere erste Erkenntnis. Wenn wir nämlich unsere Wut und unseren Groll ausleben, beginnt es uns zu dämmern, daß wir jetzt andere zu Opfern machen, ebenso wie wir einst zu Opfern gemacht worden sind.

Wie es schon in der Bibel heißt: »Er verfolgt die Schuld der Väter an der dritten und vierten Generation.« Wenn es uns ebenso zu bekümmern beginnt, was wir anderen antun, und nicht nur, was uns angetan wird, sind wir auf dem Übungsweg gereift.

Wenn wir heil und frei von Schuld werden wollen, müssen wir uns um Versöhnung bemühen. Versöhnung heißt: wieder in Einklang kommen mit uns selbst. Wir können nicht auslöschen, was wir in der Vergangenheit getan haben; wir haben es getan. Uns deshalb schuldig zu fühlen bedeutet in gewisser Weise, uns jetzt in eine Opferrolle zu begeben, weil wir früher andere zu Opfern gemacht haben. Schuldgefühle helfen nicht. Sich zu entschuldigen bedeutet auch nicht notwendigerweise Versöhnung. Es kann notwendig sein, aber es ist oft nicht genug. In der religiösen Praxis geht es um Versöhnung, um praktisches Üben im Leben und darum, unseren Wunsch zu erkennen, andere zu opfern, weil wir wütend sind. Wir müssen diesen Wunsch erkennen, ohne ihn auszuleben.

Der Prozeß der Versöhnung währt das ganze Leben. Daraus besteht das Leben: aus endloser Versöhnung. Schuldgefühle hingegen sind ein Ausdruck des Ego: Wir können uns bemitleiden (und ein wenig edel finden), wenn wir unsere Schuldgefühle kultivieren. Durch die wahre Versöhnung lernen wir, uns nicht auf unsere Schuld zu konzentrieren, sondern eher auf unsere Brüder und Schwestern, auf unsere Kinder, auf alle, die leiden. Dieses Bemühen kann aber nur aufrichtig sein, wenn wir uns erst mit der zugrundeliegenden Schicht auseinandergesetzt haben, uns also all unserer Gedanken und Gefühle und unserer Wut über unser vergangenes Leben bewußt geworden sind. Dann müssen wir ein waches Auge und einen wachen Sinn für unser gegenwärtiges Verlangen, andere zum Opfer zu machen, entwikkeln. Denn viel wichtiger als das, was man uns angetan hat, ist das, was wir anderen antun. Irgend jemand muß den Kreislauf schließlich durchbrechen. Wie durchbrechen wir ihn? Wir durchbrechen ihn, wenn wir unsere bitteren Gedanken über Vergangenheit und Zukunft aufgeben und anfangen, in der Gegenwart zu sein mit dem, was ist; indem wir tun, was wir können, und wahrnehmen, was wir tun. Wenn uns dieser Prozeß einmal klargeworden ist, wollen wir nur noch eines: den Kreislauf durchbrechen und das Leiden der Welt lindern. Wenn einer von zehn Menschen auf der Welt diesen Kreislauf durchbräche, würde er in sich zusammenfallen; er wäre einfach nicht mehr stark genug, um sich selbst zu erhalten.

Was hat das mit Im-Einklang-Sein und Erleuchtung zu tun? Ein Erleuchteter wäre in jedem Augenblick bereit, das notwendige Opfer zu bringen, damit der Kreislauf des Leidens unterbrochen werden kann. Bereit sein, sich zu opfern, bedeutet nicht, »heiliger als andere« zu sein; das wäre reines Ego. Die Bereitschaft zum Opfer ist einfacher und grundlegender. Wenn wir meditieren und wenn unser Wissen über uns selbst und unser Leben wächst, können wir uns frei entscheiden, was wir tun wollen: Wir können entscheiden, ob wir jemand anderen zum Opfer machen wollen. Wir können uns beispielsweise entscheiden, ob wir jemanden anschnauzen. Das mag als Geringfügigkeit erscheinen, aber das stimmt nicht. Wir können uns entscheiden, wie wir mit uns nahestehenden Menschen umgehen. Nicht, daß wir uns zu Märtyrern machen wollen; wenn wir uns für die Märtyrerrolle entscheiden, ist das nämlich ganz schön egozentrisch. Und es bedeutet auch nicht, keinen Spaß mehr zu haben. (Es würde uns sicher nicht gefallen, mit Leuten zu tun zu haben, die nie fröhlich sind.)

Entscheidend ist, daß wir uns unserer Gefühle bewußt werden, zum Opfer gemacht worden zu sein, und dann allmählich sehen, wie wir andere zum Opfer machen. Dieses Stadium muß geklärt sein. Ich höre oft Sachen wie: »Warum soll ich mich denn nicht wehren? Sieh doch nur, was man mir angetan hat!«

SCHÜLER/IN: Manchmal neige ich dazu, mich selbst zu bestrafen, wenn ich Schuldgefühle habe. Wie kann ich davon loskommen?

JOKO: Selbstanklage besteht nur aus Gedanken. Wir können uns dieser Gedanken bewußt sein und die Körperspannung wahrnehmen, die damit einhergeht. Wir können uns selbst fragen, was wir damit erreichen, wenn wir uns immer wieder bestrafen. In gewisser Weise mögen wir diese Selbstgeißelung, weil sie egozentrisch ist: Sie macht uns zum Mittelpunkt.

Ein Schuldgefühle-Trip ist eine sehr egozentrische Angelegenheit.

SCHÜLER/IN: Was mache ich, wenn ich mit Leuten zusammen bin, denen ich einmal nahe war und die ich nicht mehr mag? Ich spüre dann Wut in mir aufsteigen, wie einen Schatten. Wenn ich an sie denke, fühle ich mich beklommen.

JOKO: Seien Sie sich einfach Ihrer Gefühle bewußt; achten Sie darauf, was Sie denken. Und wenn sich eine Gelegenheit ergibt, daß Sie mit diesen Menschen zusammensein müssen, so nehmen Sie wahr, wie es ist. Gehen Sie Menschen, die diese Wut wachrufen, nicht aus dem Weg. Ich will damit nicht sagen, daß Sie ihre Gesellschaft unbedingt suchen sollen, aber weichen Sie ihnen zumindest nicht aus.

SCHÜLER/IN: Ich habe häufig Schuldgefühle darüber, daß ich nicht genug Zeit mit meinen Eltern verbringe. Ich habe bemerkt, daß ich das immer wieder tue, aber ich kann nicht damit aufhören.

JOKO: Sie messen sich an einem Ideal in Ihrer Vorstellung. Wenn Sie mit Ihren Eltern zusammen sind – seien Sie einfach da und sehen Sie, was geschieht. Das ist alles. Alles andere ist eine Phantasie darüber, wie Sie sein sollten. Wer weiß, wie Sie sein sollten? Wir tun einfach unser Bestes, immer und immer wieder. Mit der Zeit verlieren wir unser ganzes Interesse an der Vergangenheit.

Das Versprechen, das nie eingelöst wird

Unsere menschlichen Schwierigkeiten entstehen aus unseren Wünschen. Aber nicht alle Wünsche schaffen Probleme. Es gibt zwei Arten von Wünschen: Forderungen (»Das muß ich einfach haben«) und Vorlieben. Vorlieben sind harmlos; wir können so viele haben, wie wir wollen. Wünsche, die Erfüllung *fordern,* sind das Problem. Es ist, als hätten wir dauernd Durst, und um unseren Durst zu stillen, versuchen wir, einen Schlauch an einem Wasserhahn in der Mauer des Lebens zu befestigen. Wir glauben, daß wir aus diesem oder jenem Hahn das Wasser abzapfen können, das wir fordern. Wenn ich meinen Schülern zuhöre, so scheint jeder nach irgend etwas zu dürsten. Wir bekommen vielleicht hier und da ein wenig Wasser, aber das macht es nur noch schlimmer. Richtig durstig zu sein ist nicht angenehm.

Was sind das für Wasserhähne, die wir anzuzapfen versuchen, um unseren Durst zu stillen? Der eine könnte eine Stelle sein, die wir unbedingt haben wollen. Der andere ist vielleicht »der richtige Partner« oder »ein wohlerzogenes Kind«. Eine enge Beziehung einzugehen mag uns als Weg erscheinen, den Durst zu stillen. Viele von uns meinen auch, sie könnten ihren Durst stillen, wenn sie »sich selbst in den Griff bekommen«. Es ist sinnlos, wenn das Selbst sich selbst in den Griff bekommen will, aber wir versuchen es immer wieder. Wir können uns nie so akzeptieren, wie wir uns sehen. »Ich schaffe nie genug.« »Ich bin nicht erfolgreich genug.« »Ich bin immer wütend, also tauge ich nichts.« »Ich bin ein schlechter Schüler.« Wir verlangen zahllose Dinge von uns selbst und von der Welt. Fast alles kann uns erstrebenswert erscheinen, als eine Wasserquelle, an die wir uns anschließen können, um endlich genug zu trinken zu bekommen. Die Buchhandlungen sind voll von Selbsthilfebüchern, die uns zahlreiche Heilmittel für unseren Durst versprechen: *Wie bringe ich meinen Mann dazu, daß er mich liebt?* oder *Wie erlange ich Selbstbewußtsein?* und so weiter. Ob wir selbstbewußt erscheinen oder nicht, unter der Oberfläche haben wir alle das Gefühl, als fehle uns etwas. Wir glauben, wir müßten unser Leben in den Griff bekommen und unseren Durst stillen. Wir müssen die Verbindung herstellen, den Schlauch am Wasserhahn anschließen, um unser Trinkwasser zu bekommen.

Das Problem ist, daß das alles nicht funktioniert. Wir merken allmählich, daß das Versprechen, mit dem wir uns trösten – daß unser Durst irgendwo, irgendwann gestillt werden wird –, nie eingelöst wird. Ich meine damit nicht, daß wir das Leben nie genießen. Vieles im Leben kann man sehr genießen: bestimmte Beziehungen, eine bestimmte Arbeit, bestimmte Aktivitäten. Doch wir wollen etwas Absolutes. Wir wollen unseren Durst *dauerhaft* stillen, wollen jede Menge Wasser haben, jederzeit. Dieses Versprechen vollständiger Befriedigung wird nie eingelöst. Es kann nicht eingelöst werden. In dem Augenblick, in dem wir etwas bekommen, das wir haben wollten, sind wir momentan befriedigt – und schon regt sich wieder unsere Unzufriedenheit.

Wenn wir jahrelang versucht haben, unseren Schlauch an den einen oder anderen Wasserhahn anzuschließen, und immer wieder gemerkt haben, daß wir nie genug bekamen, wird irgendwann der Augenblick tiefster Entmutigung kommen. Wir beginnen zu spüren, daß das Problem nicht darin liegt, daß wir nicht genügend Verbindung zu etwas außerhalb von uns bekommen haben, sondern daß nichts Äußeres je unseren Durst stillen kann. Dann werden wir wahrscheinlich ernsthafter zu üben beginnen. Es kann ein schrecklicher Augenblick sein – diese Erkenntnis, daß nichts uns je wirklich zufriedenstellen wird. Vielleicht haben wir eine gute Stelle, eine gute Beziehung oder Familie, aber trotzdem sind wir noch durstig; und es dämmert uns, daß nichts unsere Erwartungen wirklich erfüllen kann. Wir merken vielleicht, daß es nicht einmal etwas nützt, wenn wir unser Leben verändern – also die Möbel umstellen. Der Augenblick der Verzweiflung ist in Wirklichkeit ein Segen, er ist der wirkliche Anfang.

Etwas Seltsames geschieht, wenn wir alle Erwartungen aufgeben. Wir erhaschen einen Blick von einem neuen Wasserhahn, der unsichtbar war. Wir schließen unseren Schlauch daran an und entdecken zu unserer Freude, daß das Wasser nur so sprudelt. Wir denken: »Jetzt hab' ich's gefunden! Ich hab's!« Und was geschieht? Wieder versickert das Wasser. Wir haben unsere Erwartungen auf das Üben selbst gerichtet, und wieder beginnt der Durst.

Das Üben muß ein Prozeß dauernder Enttäuschung sein. Wir müssen sehen, daß alles, was wir fordern (und sogar bekommen), uns schließlich enttäuscht. Diese Entdeckung ist unser Lehrer. Deshalb sollten wir auch zurückhaltend sein, wenn Freunde Schwierigkeiten haben, und ihnen unsere Sympathie nicht beweisen wollen, indem wir ihnen falsche Hoffnungen und Zusicherungen machen. Diese Art von Sympathie – die kein wirkliches Mitgefühl ist – verzögert nur ihren Lernprozeß. In gewissem Sinn können wir jemand anderem am besten helfen, wenn wir ihm zu einer raschen Enttäuschung verhelfen. Das klingt hart, ist aber nicht wirklich lieblos. Wir helfen anderen und uns selbst, wenn wir sehen, daß all unsere üblichen Erwartungen Irrtümer sind. Schließlich sind wir dann so schlau, unsere nächste Enttäuschung vorwegzunehmen und zu wissen, daß auch unsere nächste Bemühung, unseren Durst zu stillen, scheitern wird.

Das Versprechen wird nie eingelöst. Selbst mit viel Übungspraxis werden wir manchmal wieder falsche Lösungen suchen, aber wir werden die Vergeblichkeit unseres Tuns rascher durchschauen. Wenn diese Beschleunigung eintritt, trägt unser Üben Früchte. Richtiges Sitzen bringt diese Beschleunigung unvermeidlich mit sich. Wir müssen merken, welche Versprechen wir anderen zu entlocken versuchen, und unseren Traum aufgeben, sie könnten unseren Durst stillen. Wir müssen erkennen, daß dieses Unterfangen hoffnungslos ist.
Christen nennen diese Erkenntnis die »dunkle Nacht der Seele«. Wir haben alles getan und wissen nicht weiter. Und so leiden wir. Auch wenn es sich schrecklich anfühlt, ist dieses Leiden der Wendepunkt. Das Üben führt uns zu solch fruchtbarem Leiden und hilft uns, es auszuhalten. Wenn wir das tun, beginnt sich das Leiden in einem Augenblick zu verwandeln und das Wasser beginnt zu fließen. Damit das jedoch geschehen kann, müssen wir all unsere schönen Träume über das Leben und den Übungsweg aufgeben, auch den Glauben, daß gutes Üben – oder überhaupt irgend etwas – uns glücklich machen könne. Das Versprechen, das nie eingelöst wird, gründet sich auf Überzeugungen, egozentrische Gedanken, die uns behindern und durstig bleiben lassen. Wir haben Tausende solcher Gedanken. Es ist unmöglich, sie alle auszurotten; dafür leben wir gar nicht lang genug. Das Üben erfordert nicht, daß wir sie alle loswerden, sondern nur, daß wir sie durchschauen und als leer, als nutzlos erkennen.
Wir werfen mit diesen Überzeugungen um uns wie mit Reis auf einer Hochzeit. Überall tauchen sie auf. Wenn beispielsweise Weihnachten nahe ist, haben wir die Erwartung, daß es eine schöne und frohe Zeit werden soll. Werden unsere Erwartungen nicht erfüllt, sind wir deprimiert und verär-

gert. Aber Weihnachten wird sein, wie es ist, ob es nun unseren Erwartungen entspricht oder nicht. Ähnlich hoffen wir vielleicht, wenn wir den Zen-Übungsweg entdecken, daß er unsere Probleme lösen und unser Leben vollkommen machen wird. Aber der Zen-Übungsweg führt uns einfach zum Leben zurück, wie es ist. Wir sollen nur immer mehr und mehr eins werden mit unserem Leben. Unser Leben ist einfach, was es ist, und Zen hilft uns, das zu erkennen. Der Gedanke: »Wenn ich nur geduldig genug übe, wird alles anders werden«, ist auch nur wieder eine Überzeugung, eine Variante des Versprechens, das nie eingelöst wird. Was gibt es sonst noch für Überzeugungen?

SCHÜLER/IN: Wenn ich hart arbeite, werde ich's schaffen.

JOKO: Ja, das ist eine sehr amerikanische Überzeugung.

SCHÜLER/IN: Wenn ich nett zu den Leuten bin, werden sie mir nicht weh tun.

JOKO: Ja, damit werden wir oft enttäuscht. Die Leute sind so wie sie sind, das ist alles. Keine Garantie.

SCHÜLER/IN: Meine Überzeugung ist es, daß wir alle tun, was wir können.

JOKO: Diese Überzeugung teile ich.

SCHÜLER/IN: Wenn ich täglich übe, bleibe ich gesund.

JOKO: Ich habe gerade von einem jungen Mann gehört, der jeden Tag übt; er ist gestolpert und hat sich die Hüfte gebrochen.

SCHÜLER/IN: Wenn ich woanders leben würde, hätte ich ein schöneres Leben.

SCHÜLER/IN: Wenn ich anderen helfe, bin ich ein guter Mensch.

JOKO: Das ist eine schöne Falle, eine verführerische

Überzeugung, mit der wir bestimmt in Schwierigkeiten geraten. Natürlich sollten wir tun, was richtig und notwendig ist; in einem tieferen Sinne jedoch können wir einem anderen gar nicht helfen.

SCHÜLER/IN: Ich habe schon so lange meditiert, jetzt sollte ich nicht mehr wütend sein.

JOKO: Wenn Sie wütend sind, dann sind Sie wütend.

SCHÜLER/IN: Wenn mein Auto gleich anspringt, wird heute alles glattgehen.

SCHÜLER/IN: Wenn ich für eine gute Sache arbeite, wird sich auf der Erde etwas verändern.

SCHÜLER/IN: Durch den Schmerz, den ich erlebe, sollte ich ein besserer Mensch werden.

JOKO: Sie sind schon in Ordnung, so wie Sie sind.

Es ist gut, wenn wir unsere Überzeugungen überprüfen, denn es gibt immer noch welche, die wir nicht wahrnehmen. In jeder Überzeugung verbirgt sich ein Versprechen. Was den Zen-Übungsweg angeht: Das einzige Versprechen, das sich bestimmt erfüllen wird, ist: Wenn wir für unser Leben erwachen, werden wir freiere Menschen sein. Wenn wir erkennen, wie wir das Leben sehen und mit ihm umgehen, werden wir ganz allmählich freier – nicht notwendigerweise glücklicher oder besser, aber freier.

Jeder unglückliche Mensch, dem ich begegnete, war in einem System von Überzeugungen gefangen, das etwas versprach, was es nicht hielt. Menschen, die eine Weile richtig geübt haben, sind nur in der Hinsicht anders, daß sie diesen Mechanismus, der Unglücklichsein erzeugt, erkennen und lernen, sich dessen bewußt zu bleiben – und das ist etwas ganz anderes als der Versuch, es zu verändern oder in den Griff zu bekommen. Dieser Prozeß ist eigentlich ganz einfach, aber wir Menschen finden ihn furchtbar schwer. Wir haben einfach kein Interesse daran, unser Bewußtsein wachzuhalten. Wir wollen an etwas anderes denken, irgend etwas. Und so werden wir vom Leben immer und immer wieder enttäuscht – ein schönes Geschenk.

Wenn die Leute das hören, wollen sie aufstehen und gehen. Aber das Leben verfolgt sie; ihre Überzeugungen machen sie weiterhin unglücklich. Wir wollen an unseren Überzeugungen festhalten; aber wenn wir es tun, leiden wir. In gewissem Sinn funktioniert alles bestens. Es macht mir nichts aus, ob jemand zu üben aufhört oder zu üben beginnt; es ist gar kein Unterschied. Der Prozeß geht ohnehin weiter. Es gibt zwar Leute, die ihr Leben lang nichts über diesen Prozeß zu lernen scheinen. Wir alle kennen solche Leute. Aber der Prozeß geht weiter, auch wenn sie es nicht merken. Durch das Üben schwindet unsere Fähigkeit, es nicht zu merken; wenn wir eine Weile geübt haben, können wir gar nicht mehr anders, auch wenn wir sagen: »Ich will nicht mehr üben, es ist zu schwer.« Nach einiger Zeit üben wir einfach immer weiter. Ist das Bewußtsein einmal geweckt, können wir es nicht einfach wieder verstecken.

Die Grundkonzepte des Übens sind wirklich einfach. Aber zu üben und wirkliche Einsicht in diese Vorgänge zu gewinnen braucht Zeit. Viele glauben, sie würden es in den ersten zwei Jahren gründlich verstehen. Aber wenn wir in zehn oder fünfzehn Jahren mit dem Üben zurechtkommen, sind wir schon ganz gut. Bei den meisten dauert es zwanzig Jahre. Dann haben wir Klarheit und üben soviel wie möglich vom Aufstehen bis zum Schlafengehen. Dann geht das Üben sogar die ganze Nacht im Schlaf weiter. »Auf die Schnelle« geht es nicht. Wenn wir immer weiter üben, wird es aber immer angenehmer, ja es macht richtig Spaß. Die Knie mögen uns weh tun, wir mögen mit allerlei Problemen in unserem Leben konfrontiert sein, aber das Üben kann Spaß machen, auch wenn es zugleich schwierig, schmerzhaft, frustrierend ist.

SCHÜLER/IN: Manchmal ist es sogar amüsant. Wenn ich beim Üben mal keine Schmerzen habe, fange ich zu lachen an.

JOKO: Weil Sie etwas sehen, das Sie bisher nicht gesehen haben?

SCHÜLER/IN: Ja, natürlich.

SCHÜLER/IN: Sie haben gesagt, in gewissem Sinn gäbe es gar keine Zen-Praxis. Können Sie das erklären?

JOKO: Es gibt eine Praxis des Bewußtbleibens; in diesem Sinn kann man Zen üben. Aber es geht ja, solange wir leben, um diese Frage des Bewußtseins – wir können ihr gar nicht ausweichen. In diesem Sinne gibt es keine Möglichkeit, zu üben oder nicht zu üben. Es ist einfach das Leben. Obwohl es bestimmte Formen von Aktivitäten gibt, die uns helfen zu erwachen (und die wir Zen-Praxis nennen können, wenn wir wollen), besteht der wirkliche Zen-Übungsweg darin, einfach jetzt hier zu sein und nichts hinzuzufügen.

SCHÜLER/IN: Um zu der Analogie mit der Mauer und den Wasserhähnen zurückzukommen: Wenn wir einen Wasserhahn finden und uns daran anschließen, dann können wir doch Wasser bekommen, oder?

JOKO: Ja, eine Weile können wir unseren Durst ein wenig stillen. Nehmen wir an, Sie hätten sich ein halbes Jahr lang gewünscht, mit einem bestimmten Mädchen auszugehen, und Sie hätten nun endlich den Mut gefunden, sie zu fragen, und sie sagt ja. Einen Augenblick lang werden Sie freudig erregt sein. Man könnte sagen, Sie haben Wasser bekommen, aber ob Sie wirklich befriedigt sind, ist eine andere Frage. Früher oder später läßt die Freude nach, und das Leben stellt uns vor neue Probleme.

Ich spreche von einer Lebensweise, in der das Leben selbst kein Problem ist. Wir haben zwar Probleme, aber es ist kein Problem, mit ihnen zurechtzukommen. Wahrscheinlich hat jeder so etwas schon mal andeutungsweise erlebt.

In gewissem Sinn ist Zen religiöse Praxis. *Religion* bedeutet ja eigentlich, scheinbar Getrenntes zu verbinden. Zen hilft uns, das zu tun. Aber es ist keine Religion in dem Sinne, daß etwas außerhalb von uns selbst sich unser annimmt. Viele Menschen auf dem Zen-Übungsweg gehören keiner bestimmten Religionsgemeinschaft an. Ich habe nichts gegen Religionsgemeinschaften; in jeder gibt es bemerkenswerte Menschen, die wirklich üben und wissen, was sie tun. Aber es gibt auch Menschen, die ohne alle religiöse Bindung richtig üben. Es gibt im Grunde keine Praxis außer der des Tuns in jedem Augenblick.

Weil wahres Üben und wahre Religion uns helfen, das zu verbinden, was getrennt erscheint, geht es beim Üben immer um die

Wut. Wut ist die Emotion, die uns trennt. Sie reißt alles mitten entzwei.

SCHÜLER/IN: Ist es nicht schwierig, ganz allein zu üben? Wenn eine meiner Überzeugungen zusammenbricht, fühle ich mich betrogen und brauche Unterstützung von anderen.

JOKO: »Ich fühle mich betrogen« ist natürlich auch nur wieder so ein Gedanke. Es ist schwieriger, allein zu üben, aber es ist nicht unmöglich. Es ist nützlich, in ein Zen-Zentrum zu kommen, um sich Grundlagen zu erwerben und dann auch auf die Entfernung Kontakt zu halten und gemeinsam mit den anderen zu meditieren, wenn man die Gelegenheit dazu hat. Wenn man allein übt, ist das wie Schwimmen gegen den Strom. In einer Gemeinschaft von Menschen, die gemeinsam üben, haben wir eine gemeinsame Sprache und verstehen gemeinsam, was Üben bedeutet. Ich habe aber auch einige hervorragende Schüler, die weit weg von den Zen-Zentren leben und ab und zu mit mir telefonieren. Manche von ihnen machen gute Fortschritte. Und für manche ist vielleicht gerade der Versuch, ohne nennenswerte Unterstützung zu üben, das beste.

Gerechtigkeit

Wenn wir uns unserer selbst und der vergänglichen Erfahrungen unseres Lebens – unserer Gedanken, Emotionen, Empfindungen – immer bewußter werden, merken wir, daß unter allem eine Schicht von Wut liegt. Wenn jemand behauptet: »Ich bin nie wütend«, glaube ich das nicht.

Da Wut und ihre Begleiterscheinungen – Depression, Groll, Eifersucht, Verleumdung, Klatsch und so weiter – unser Leben beherrschen, müssen wir uns mit dem ganzen Komplex der Wut sorgfältig beschäftigen. Denn ein Leben ohne Wut wäre das verheißene Land, in dem Milch und Honig fließen, ein Nirwana, eine Existenz, in der unser eigener Wert und der der anderen eine wunderbar gefestigte Wirklichkeit ist.

Ein psychologisch reifer Mensch reagiert auf die Übel und Ungerechtigkeiten des Lebens mit Gegenaggression, durch die man sich bemüht, die Ungerechtigkeit auszuräumen und Gerechtigkeit zu schaffen. Solche Bemühungen haben oft etwas Diktatorisches, sie sind voller Wut und Selbstgerechtigkeit.

Für die spirituelle Reife ist das Gegenteil von Ungerechtigkeit nicht Gerechtigkeit, sondern Mitleid. Nicht »ich gegen dich«, kein Krieg gegen das Übel, kein Kampf um eine gerechte Lösung für mich und andere, sondern Mitleid, ein Leben, das sich gegen nichts richtet und alles erfüllt.

Jede Wut geht auf Urteile über uns selbst oder andere zurück. Die Vorstellung, daß wir unsere Wut ausdrücken müssen, wenn wir gesund sein wollen, ist reine Phantasie. Wir müssen diese verurteilenden, wütenden Gedanken an unserem beobachtenden, unparteiischen Selbst vorbeiziehen lassen. Wir gewinnen nichts dadurch, daß wir sie aus-

drücken. Es ist ein Irrtum anzunehmen, daß unsere »hinuntergeschluckte« Wut uns schade und daß wir sie ausdrücken und dadurch anderen schaden müßten.
Die beste Antwort auf Ungerechtigkeit ist nicht Gerechtigkeit, sondern Mitleid oder Liebe. Sie fragen: »Was soll ich bloß in dieser schwierigen Situation machen? Ich muß doch etwas tun!« Ja, aber was? Unser Üben muß immer die Basis für unser Handeln sein. Eine angemessene und mitfühlende Reaktion entspringt nicht einem Kampf um Gerechtigkeit, sondern jener radikalen Dimension des Übens, die »höher als alle Vernunft« ist. Das ist nicht einfach. Vielleicht müssen wir qualvolle Wochen oder Monate des Sitzens überstehen. Aber die Lösung wird sich zeigen. Kein Mensch kann uns diese Lösung liefern; sie kann uns nur von unserem wahren Selbst geschenkt werden – wenn wir die Tore des Übens weit aufmachen.
Wir wollen keine leichte, aber enge psychologische Sicht unseres Lebens annehmen. Die radikale Dimension, von der ich spreche, fordert alles von uns, was wir sind und was wir haben. Freude, nicht irgendein Glücksgefühl, ist dann die Frucht, die wir ernten.

Vergebung

> Vollkommene Liebe bedeutet, auch den zu lieben, der uns unglücklich gemacht hat.
>
> SØREN KIERKEGAARD

Wem können wir nicht vergeben? Jeder von uns hat da eine Liste von Menschen, auf der vielleicht auch er selbst steht (denn sich selbst zu vergeben ist oft am schwersten), aber auf der auch Ereignisse, Institutionen und Gruppen verzeichnet sind.

Ist es nicht ganz natürlich, daß wir einem Menschen oder einem Ereignis gegenüber, die uns vielleicht ernsthaft und unwiderruflich verletzt haben, so empfinden? Vom gewöhnlichen Standpunkt aus lautet die Antwort: Ja. Vom Standpunkt des Übens aus ist die Antwort: Nein. Wir müssen geloben: Ich werde vergeben, selbst wenn es lebenslanges Üben bedeutet. Warum solch ein Gelübde?

Es geht um die Qualität unseres ganzen Lebens. Wenn unsere Beziehungen scheitern, hat das immer damit zu tun, daß wir die Bedeutung des Vergebens nicht erkennen, und ebenso haben unsere Ängste, Depressionen und Krankheiten, ja all unsere Schwierigkeiten damit zu tun. Unsere Unfähigkeit zu vergeben spiegelt sich unmittelbar in der Tatsache wider, daß wir keine Freude kennen.

Aber warum tun wir es nicht einfach? Wenn es so einfach wäre, wären wir alle vollkommene Buddhas. Doch es ist nicht einfach. Es hat keinen Sinn zu sagen: »Ich sollte vergeben, ich sollte, ich sollte …« Solche verzweifelten Gedanken führen kaum zu etwas. Analyse und intellektuelle Bemühungen können die starre Haltung des Nicht-Vergebens ein wenig mildern. Aber wahres und vollkommenes Vergeben liegt auf einer ganz anderen Ebene.

Das Nicht-vergeben-Können hat seine Wurzeln in unserer

Gewohnheit, egozentrisch zu denken. Wenn wir an solche Gedanken glauben, sind sie wie ein Tropfen Gift in unserem Glas voll Wasser. Der erste unerläßliche Schritt besteht darin, diese Gedanken zu benennen und zu beobachten, bis das Gift verdampft ist. Dann kann die Hauptarbeit in Angriff genommen werden: das aktive Wahrnehmen der Ablagerungen von Wut und Ärger im Körper als rein physische Wahrnehmung, ohne dabei an egozentrischen (ichbezogenen) Gedanken festzuhalten. Die Wandlung zur Vergebung, die eng verwandt ist mit dem Mitgefühl, kann stattfinden, weil die dualistische Welt des kleinen Verstandes und seiner Gedanken aufgegeben wurde für das nicht-dualistische, nicht-persönliche Wahrnehmen, das allein uns aus der Hölle des Nicht-Vergebens herausführen kann.
Nur die wache Erkenntnis der zwingenden Notwendigkeit solchen Übens befähigt uns, es kraftvoll und entschlossen über Jahre hindurch auszuführen. Und je reifer wir auf dem Übungsweg geworden sind, desto besser wissen wir, daß es gar keine andere Wahl gibt.
Wem also können wir nicht vergeben?

Die Rede, die keiner hören will

Wenn wir ehrlich sind, müssen wir zugeben, daß wir uns von der Übungspraxis – vor allem am Anfang, aber auch später immer noch in gewissem Maß – erhoffen, sie werde unser Leben angenehmer machen. Wir hoffen, daß uns nach genügend langem Üben das nicht mehr stört und belastet, was uns jetzt stört und belastet. Es gibt aber zwei Standpunkte, von denen aus man sich dem Übungsweg nähern kann, und über sie müssen wir uns ganz klar sein. Der erste Standpunkt betrifft das, was wir über das Üben *denken* (ob wir es zugeben oder nicht), und der zweite, was wirklich Üben ist. Wenn wir eine Zeitlang geübt haben, verlassen wir allmählich den einen Standpunkt um des anderen willen, aber wir geben den ersten doch nie so ganz auf. Irgendwo auf der Linie zwischen beiden bewegen wir uns alle.

Vom ersten Standpunkt aus ist unsere Grundhaltung, daß wir uns auf diesen herausfordernden und schwierigen Übungsweg begeben, weil wir hoffen, persönliche Vorteile davon zu haben. Wir erwarten sie vielleicht nicht alle auf einmal. Wir haben vielleicht eine gewisse Geduld, aber nach ein paar Monaten des Übens fühlen wir uns möglicherweise betrogen, wenn unser Leben nicht besser geworden ist. Wir beginnen den Übungsweg mit einer Erwartung oder Forderung, daß er schon irgendwie unsere Probleme lösen wird. Unsere Grundforderungen sind, daß wir ein angenehmes und glückliches Leben haben wollen, daß wir friedlicher und heiterer sein möchten. Wir erwarten, daß wir keine solch schrecklichen Gefühle wie Ärger mehr haben müssen und daß wir bekommen, was wir wollen. Wir erwarten, daß unser Leben nicht länger unerfüllt bleibt. Wir hoffen, gesünder zu werden und uns wohler zu fühlen. Wir hoffen, unser Leben besser unter Kontrolle zu bekommen. Wir stellen uns vor, daß wir in der Lage sein werden, nett zu anderen zu sein, ohne daß uns das allzuviel Mühe macht. Wir fordern vom Üben, daß wir sicher werden und allmählich immer mehr von dem bekommen, was wir wollen: wenn nicht Geld und Ruhm, dann zumindest etwas Ähnliches. Auch wenn wir es nicht gerne zugeben, fordern wir, daß jemand anders sich um uns kümmert und daß die uns nahestehenden Menschen alles mögliche für uns tun. Wir erwarten, daß es uns gelingt, Lebensumstände herbeizuführen, die uns gefallen, wie zum Beispiel die richtige Beziehung, die richtige Arbeit oder das beste Studium. Und wir möchten denen, mit denen wir uns identifizieren, helfen, ihr Leben in Ordnung zu bringen.

Es ist nicht falsch, so etwas zu wollen, aber wenn wir glauben, daß es beim Üben darum ginge, es zu erreichen, haben wir immer noch nicht verstanden, worum es geht. Solche Forderungen beziehen sich immer auf das, was *wir* wollen: *Wir* wollen erleuchtet sein, *wir* wollen unsere Ruhe haben, *wir* wollen fröhlich sein, *wir* wollen Hilfe, *wir* wollen die Dinge im Griff haben, *wir* wollen, daß alles bestens ist.

Der zweite Standpunkt ist ganz anders: Wir möchten immer mehr die Fähigkeit entwickeln, Harmonie und Wachstum für alle zu schaffen. Auch wir gehören zu diesem Wachstum, aber wir sind nicht sein Zentrum; wir sind nur ein Teil des Gesamtbildes. Wenn der zweite Standpunkt mehr Gewicht in uns bekommt, macht es uns Freude, anderen zu dienen, und es interessiert uns weniger, ob das unser persönliches Wohlergehen durchkreuzt. Wir beginnen, nach Lebensumständen – was Arbeit, Gesundheit und Partner anbelangt – zu suchen, die diesem Dienen die beste Grundlage geben. Sie mögen nicht immer angenehm für uns sein; aber für uns ist es wichtiger, daß sie uns lehren, dem Leben wirklich zu

dienen. Eine schwierige Beziehung kann beispielsweise dafür sehr fruchtbar sein.
Wenn wir allmählich immer mehr den zweiten Standpunkt einnehmen, lernen wir, jedem zu dienen, nicht nur Menschen, die wir mögen. Wir haben dann immer stärker das Bedürfnis, für das Leben verantwortlich zu sein, und beschäftigen uns nicht mehr so sehr damit, ob andere sich für uns verantwortlich fühlen. Ja, wir sind allmählich sogar bereit, verantwortlich für Menschen zu sein, die uns schlecht behandeln. Auch wenn es uns nicht allzu angenehm ist, sind wir doch eher bereit, schwierige Situationen zu durchleben, um etwas zu lernen.
Auch wenn wir uns dem zweiten Standpunkt annähern, werden wir wahrscheinlich die Vorlieben, die den ersten kennzeichneten, nicht aufgeben. Wir werden weiterhin lieber glücklich sein, ein bequemes und friedliches Leben haben, das erreichen, was wir haben wollen, gesund sein und die Dinge einigermaßen im Griff haben. All das verlieren wir nicht durch das Üben. Doch wenn eine Vorliebe im Widerspruch zu dem steht, was am fruchtbarsten ist, sind wir bereit, die Vorliebe aufzugeben. Mit anderen Worten: Das Zentrum unseres Lebens ist nicht mehr die ausschließliche Beschäftigung mit uns selbst, sondern das Leben selbst. Das Leben schließt uns natürlich ein; der zweite Standpunkt bedeutet nicht, daß wir nicht mehr da sind. Aber wir sind nicht mehr das Zentrum.
Beim Üben geht es darum, sich vom ersten zum zweiten Standpunkt hinzubewegen. Es gibt jedoch eine Falle, in die wir auf dem Übungsweg geraten können: Wenn wir gut üben, werden möglicherweise viele Forderungen des ersten Standpunkts erfüllt. Wahrscheinlich fühlen wir uns besser und wohler. Wir sind mehr im Einklang mit uns selbst. Und weil wir unsere Körper nicht mehr mit soviel Spannung

bestrafen, sind wir wahrscheinlich auch gesünder. Diese Veränderungen können uns in dem Irrtum bestätigen, daß der erste Standpunkt richtig ist: daß es nämlich beim Üben darum geht, unser Leben zu verbessern. Aber diese Verbesserungen sind nur Nebensache. Eigentlich geht es beim Üben darum, dem Leben so vollständig und fruchtbar zu dienen, wie wir können. Und das ist am Anfang sehr schwer verständlich für uns. »Sie meinen, ich sollte mich um jemanden kümmern, der gerade so grausam zu mir war? Das ist ja verrückt!« »Sie meinen, daß ich auf meine Bequemlichkeit verzichten soll, um jemandem zu dienen, der mich nicht einmal mag?«

Unsere egozentrischen Verhaltensweisen sind tief verwurzelt, und es braucht Jahre des harten Übens, um diese Wurzeln ein wenig zu lockern. Und dabei sind wir überzeugt, daß es beim Üben um den ersten Standpunkt geht, daß wir wunderbar dafür belohnt werden.

Beim wahren Üben geht es aber viel mehr darum zu sehen, wie wir uns selbst und andere mit trügerischem Denken und Handeln verletzen. Wir sehen, wie wir Menschen weh tun, vielleicht einfach deshalb, weil wir so mit unseren eigenen Angelegenheiten beschäftigt sind, daß wir sie gar nicht wahrnehmen. Ich glaube nicht, daß wir anderen wirklich weh tun wollen; wir nehmen einfach gar nicht wahr, was wir tun. Ich kann sehen, wie jemand auf dem Übungsweg vorankommt, wenn er allmählich mehr an andere denkt und nicht mehr nur daran, was *er* will, was *ihn* verletzt, wie schlimm *sein* Leben ist und so weiter. Das ist ein deutliches Zeichen für den Fortschritt auf dem Weg. Dieser Weg ist immer ein Kampf zwischen dem, was wir wollen, und dem, was das Leben will.

Es ist natürlich, selbstsüchtig zu sein, zu wollen, was wir wollen, und wir können gar nicht anders als selbstsüchtig sein, bis wir eine Alternative sehen. Das Lernen in einem Zentrum soll uns helfen, die Alternative zu sehen, es soll uns aus unserer Selbstbezogenheit aufstören. Solange wir am ersten Standpunkt festhalten und von dem Wunsch beherrscht sind, uns gut oder glücklich oder erleuchtet zu fühlen, *müssen* wir aufgestört werden. Wir *müssen* beunruhigt werden. Ein gutes Zentrum und ein guter Lehrer helfen uns dabei.

Erleuchtung ist letztlich einfach die Abwesenheit jeder Art von Selbstbezogenheit. Kommen Sie nicht hierher in dieses Zentrum, um sich besser zu fühlen – darum geht es hier nicht. Ich wünsche mir, daß Ihr Leben größer und weiter wird, damit Sie sich um mehr Dinge, mehr Menschen kümmern können.

Heute morgen bekam ich einen Anruf von einem ehemaligen Schüler, der Lungenkrebs hat. Bei einer Operation wurden ihm vor einiger Zeit drei Viertel seiner Lunge herausgenommen, und er sitzt und übt nun sehr viel. Einige Zeit nach der Operation begann er, Sehstörungen und starke Kopfschmerzen zu bekommen. Die Untersuchungen ergaben, daß er zwei Gehirntumore hatte: Der Krebs hatte sich ausgebreitet. Jetzt ist er wieder im Krankenhaus, um sich behandeln zu lassen. Wir sprachen über die Behandlung und über sein Befinden. Ich sagte zu ihm: »Es tut mir furchtbar leid, daß Sie so krank sind. Ich möchte so gern, daß es Ihnen gutgeht. Ich hoffe, daß sich Ihr Zustand bessert.« Er antwortete: »Das habe ich von Ihnen nicht erwartet. Ich möchte, daß Sie sich freuen. Das ist das richtige für mich – und es ist wunderbar. Ich sehe jetzt, worum es in meinem Leben geht.« Und dann fuhr er fort: »Das heißt nicht, daß ich nicht auch wütend werde, Angst bekomme oder die Wand hochgehen möchte. All das geschieht, und trotzdem verstehe ich jetzt mein Leben. Ich möchte nichts anderes von Ihnen, als daß Sie meine Freude teilen. Ich wollte, jeder könnte empfinden, was ich empfinde.«

Er hat den zweiten Standpunkt eingenommen, von dem aus wir die Lebensumstände – unseren Beruf, unsere Gesundheit, unseren Partner – so annehmen, wie sie für alle am fruchtbarsten sind. Er hat es begriffen. Ob er noch zwei Monate, zwei Jahre oder eine lange Zeit lebt, ist in gewissem Sinn nicht wichtig. Ich will damit nicht sagen, daß er ein Heiliger ist. Er wird sehr schwere Tage voller Schmerz, Wut und Rebellion haben. Mit diesen Dingen muß er sich jetzt auseinandersetzen; aber darüber wollte er nicht sprechen. Wenn er wieder gesund würde, hätte er immer noch die Kämpfe und Schwierigkeiten, die alle haben, die Forderungen und Träume des Ego. Diese Dinge verlassen uns nie wirklich, aber unsere Einstellung dazu kann sich verändern.

Der Schritt vom ersten zum zweiten Standpunkt ist schwer für uns zu verstehen, vor allem am Anfang. Wenn ich mit Menschen gesprochen habe, die Anfänger auf dem Übungsweg sind, ist mir aufgefallen, daß sie meine Worte oft einfach gar nicht aufnehmen. Wie eine Katze auf einem heißen Blechdach oder wie Wassertropfen in einer heißen Pfanne kommen die Worte nur ganz kurz an und verschwinden dann sehr schnell wieder. Aber im Lauf der Zeit hüpfen diese Worte nicht mehr so rasch davon. Es beginnt etwas einzudringen. Wir können die Wahrheit darüber, wie das Leben ist, im Gegensatz dazu, wie es nach unserer Meinung sein sollte oder könnte, ein wenig länger ertragen. Im Lauf der Zeit wächst die Fähigkeit, einfach im Sitzen bei dem zu bleiben, was das Leben ist.

Der Wechsel des Standpunktes geschieht nicht über Nacht; dafür sind wir viel zu hartnäckig. Er kann beschleunigt werden durch eine schwere Krankheit oder Enttäuschung, durch einen tiefen Verlust oder ein anderes Problem. Obwohl ich niemandem solche Krisen wünsche, bringen sie oft die notwendige Lernerfahrung mit sich. Der Zen-Übungsweg ist vor allem deshalb schwer, weil er Unbehagen erzeugt und uns unsere Lebensprobleme klar vor Augen führt. Das wollen wir nicht, obwohl es uns hilft zu lernen und uns zum zweiten Standpunkt treibt. Still dazusitzen, wenn wir aufgeregt sind und unbedingt etwas anderes tun möchten, ist eine Lektion, die wir erst ganz allmählich lernen. In dem Maß, wie wir den Wert der Übungspraxis erkennen, wächst auch unsere Motivation zum Üben. Wir beginnen etwas wahrzunehmen. Wir gewinnen die Kraft, Tag für Tag zu sitzen, an einer ganztägigen Meditation teilzunehmen, an einem Sesshin teilzunehmen. Der Wunsch, sich auf eine solch schwierige Übungspraxis einzulassen, wächst. Wir beginnen allmählich zu verstehen, was mein ehemaliger Schüler meinte, als er sagte: »Ich sehe jetzt, worum es in meinem Leben geht.« Wir täuschen uns, wenn er uns leid tut; vielleicht ist er gerade einer der Glücklichen.

SCHÜLER/IN: Sie sagen, daß wir vom zweiten Standpunkt aus wollen, daß unser Leben fruchtbarer sein soll. Meinen Sie fruchtbar für das Üben oder etwas anderes?

JOKO: Fruchtbar für das Leben. Fruchtbar für das *ganze* Leben, das soviel wie möglich umfaßt. Das klingt sehr allgemein, aber wenn es in unserem Leben geschieht, verstehen wir es. Wir helfen beispielsweise einem Freund beim Umzug, obwohl wir ziemlich kaputt sind und keine Lust dazu haben. Wir nehmen uns zusammen, wir haben Unannehmlichkeiten dadurch, nicht um besonders edel zu sein, sondern einfach, weil es notwendig ist.

SCHÜLER/IN: Wenn ich solche Geschichten höre, möchte ich gerne gleich Pläne machen, um fruchtbare Dinge zu tun.

JOKO: Ja, wir können aus allem ein Ideal machen, dem wir nachstreben. Aber wenn wir das tun, werden wir sehr bald unserem eigenen Widerstand begegnen – und schon haben wir etwas, mit dem wir arbeiten können. Es ist das Korn für unsere Mühle. Aber wir dürfen uns auch nicht zu sehr unter Druck setzen, etwas erzwingen wollen. Wir sollten uns nicht als Märtyrer hinstellen; das ist wieder nur ein Ideal, ein Bild dessen, wie wir sein sollten, im Gegensatz zu dem, wie wir wirklich sind.

SCHÜLER/IN: Wenn ich plane, wie ich mein Leben sicherer und bequemer einrichten kann, stelle ich mir vor, daß es mich schließlich glücklich machen wird. Aber schon kommt die Frage: »Werde ich denn wirklich glücklich sein?« Ich merke, daß ich innerlich ängstlich nach Sicherheit und Glück jage, daß aber hinter diesem Ideal ein Gefühl der Unzufriedenheit liegt, weil ich irgendwie ahne, daß es doch wieder nicht das Richtige ist.

JOKO: Es hat einen gewissen Wert für uns, solchen Träumen nachzujagen, denn wenn wir erreicht haben, was wir erreichen wollten, sehen wir klarer, daß es uns gar nicht die Befriedigung gibt, nach der wir uns sehnen. So lernen wir, auf dem Übungsweg geht es nicht so sehr darum zu verändern, was wir tun, als genau zu beobachten und zu erleben, was in uns und mit uns vorgeht.

SCHÜLER/IN: Diese Jagd nach Träumen scheint endlos zu sein. Läßt sie denn nie nach?

JOKO: Sie läßt nach, aber nur nach vielen Jahren der Übungspraxis. Jahrelang begann ich jedes Sesshin mit einem Gefühl des Widerstands: »Ich will nicht, weil ich schon weiß, wie erschöpft ich nachher sein werde.« Und wer will schon erschöpft sein? Dieser Widerstand hat jetzt bei mir nachgelassen. Wenn das Sesshin beginnt, beginnt es einfach. Wenn wir üben, lassen die Ego-Programme allmählich nach. Aber dieses Nachlassen sollten wir nicht wieder zu einem Programm machen. Wir sollten uns das Üben nicht als etwas vorstellen, wodurch wir irgendwoanders hingelangen. Es gibt kein Anderswo.

SCHÜLER/IN: Ich finde in meinem augenblicklichen Leben viele neue Freunde und Kontakte. Das ist sehr aufregend. Ich weiß nicht, wer wem hilft – ob ich ihnen etwas gebe oder sie mir. Hat das etwas mit dem Üben zu tun?

JOKO: Durch das Üben verändert sich das Muster unserer Freundschaften; wir berechnen nicht mehr Kosten und Nutzen für uns selbst, sondern sind einfach so, wie wir sind. In gewissem Sinn können wir anderen gar nicht helfen; wir können nicht wissen, was das Beste für sie ist.

Unser eigenes Leben als Übungsweg zu betrachten ist die einzige Möglichkeit, anderen zu helfen; wir dienen den anderen auf ganz natürliche Weise, indem wir mehr das werden, was wir sind.

SCHÜLER/IN: Wenn wir uns auf den zweiten Standpunkt begeben wollen und das tun, was für das Leben am fruchtbarsten ist – wie wissen wir dann, *was* wir tun sollen? Woher sollen wir wissen, ob diese Stelle oder jene Beziehung richtig ist?

JOKO: Wenn wir vom zweiten Standpunkt aus leben, bringen wir nicht irgendwelche Ideale oder Programme mit; es geht mehr darum, klar zu sehen, was vor uns liegt. Wir handeln, ohne uns mit endlosen Fragen und Zweifeln zu quälen.

Es hilft uns, die Frage mit in die Meditation hineinzunehmen; wenn wir auf unsere Gedanken und auf die Spannung in unserem Körper achten, beginnen wir klarer zu sehen, wie wir handeln müssen. Anfangs erleben wir in der Meditationspraxis oft noch eine gewisse Dunkelheit und Unklarheit, aber wenn wir lang genug sitzen, werden die Dinge im Lauf der Zeit allmählich klarer. Es gibt ein Kontinuum, und das Sitzen bedeutet eine Weiterbewegung auf diesem Kontinuum. Nicht daß wir irgendwo hingelangten; aber wir werden mehr und mehr wir selbst. Ich meine nicht nur das Sitzen auf einem Meditationskissen. Wenn wir richtig üben, üben wir immerzu Zazen.

SCHÜLER/IN: Wir träumen davon, irgendwann zu wissen, was das Richtige ist, aber in Wirklichkeit entscheiden wir uns einfach an einem Punkt für eine bestimmte Handlungsweise und lernen dann daraus, wie auch immer wir gehandelt haben. Wenn wir Fehler machen und anderen Menschen weh tun, entschuldigen wir uns. Wenn ich meine Gedanken beobachte und bei der Wahrnehmung meines Körpers bleibe, entspringt daraus eine bestimmte Art des Handelns. Es ist vielleicht ein recht wirres Handeln. Aber wenn ich weiter übe, werde ich irgendwie daraus lernen, und das ist das Beste, was ich tun kann. Ich kann nicht hoffen, daß ich immer weiß, was das Beste für mein Leben ist. Und ich kann nur tun, was ich tun kann.

JOKO: Ja. Der Gedanke, daß wir eines Tages absolut wissen, was wir zu tun haben, gehört zum ersten Standpunkt. Auf dem Weg zum zweiten Standpunkt sagen wir: »Ich werde üben, ich werde mein Bestes tun, und ich werde aus den Resultaten lernen.«

SCHÜLER/IN: Wenn es darum geht, anderen zu helfen, so denke ich, daß unser Handeln mehr in Harmonie ist oder zumindest weniger Unheil anrichtet, wenn wir unsere Gefühle und unsere Neigung, eine Situation zu manipulieren, immer besser erkennen. Wir müssen also gar nicht soviel unternehmen, um den Menschen zu helfen. Wenn wir einfach sehen, was wir tun in der Interaktion mit ihnen, können wir den anderen ganz von selbst helfen, ohne es uns eigens vorzunehmen.

JOKO: Ja. Es ist sogar so: Wenn wir jemand anderen als hilfsbedürftig ansehen, können wir sicher sein, daß wir selbst ein Problem haben. Aber wenn wir lange Zeit mit unseren eigenen

Verwirrungen und Begrenzungen meditiert haben und nicht versucht haben, etwas zu tun, dann tun wir wirklich etwas.

SCHÜLER/IN: Manchmal ist nicht das, was wir für andere tun, das Wertvolle, sondern das, was wir nicht für sie tun.

JOKO: Richtig. Manchmal ist es das beste, die Leute einfach in Ruhe zu lassen. Es wäre beispielsweise ein Fehler, wenn ich versuchte, etwas für meinen ehemaligen Schüler zu tun, der Krebs hat. Ich kann ihm nur zuhören und ich selbst sein. Er durchlebt seine Situation, und dadurch lernt er. Ich kann da gar nichts dazutun.

SCHÜLER/IN: Ich habe in der letzten Zeit bei mir selbst eine größere Bereitwilligkeit entdeckt. Es scheint mir, als sei ich weniger in mir selbst befangen und offener und verfügbarer für andere. Das liegt teilweise daran, weil ich einfach entspannter bin.

Die Leute kommen mit ihren Angelegenheiten zu mir. Sie bitten nicht direkt um Hilfe; meistens wollen sie einfach jemanden, der ihnen zuhört. Und ich habe nichts anderes zu tun, als ich selbst zu sein und zur Verfügung zu stehen, wenn beispielsweise jemand anruft und sagt: »Ich muß dir etwas erzählen ...«

JOKO: Ja.

SCHÜLER/IN: Joko, Sie scheinen immer auf diese Weise für die anderen dazusein.

JOKO: Nicht immer. Manchmal schalte ich das Telefon ab.

SCHÜLER/IN: Ich glaube, Sie tun zu wenig für sich selbst. Es gibt Leute, die Sie richtig ausnutzen.

JOKO: Aber das ist doch meine Aufgabe. Und Sie dürfen nie vergessen, niemand kann mich »ausnutzen«.

SCHÜLER/IN: Wollen Sie damit sagen, daß Sie immer dasein müssen, wenn jemand ruft: »Ich brauche Hilfe, ich brauche Hilfe!«? Was machen Sie mit Leuten, die sich die ganze Zeit bei Ihnen beklagen?

JOKO: Ich sage etwas wie: »Ich höre, was Sie sagen. Vielleicht könnten Sie darüber meditieren. Wie könnten Sie das in Ihr Üben hineinnehmen?«

Es macht mir nichts, wenn sich jemand beklagt; wir beklagen uns alle, auch wenn wir es nicht zugeben. Es gefällt uns allen, uns zu beklagen. Aber es macht mir etwas aus, wenn die Leute nur endlos ihre Geschichte erzählen wollen, ohne darüber nachzudenken, was sie tun könnten, um etwas zu verändern. Damit kann ich nichts anfangen. Vielleicht müssen sie solange leiden, bis sie bereit sind, ein bißchen aufzuwachen.

SCHÜLER/IN: Ihre Geschichte von dem ehemaligen Schüler, der an Krebs erkrankt ist, hat mich sehr berührt. Es sträubt sich alles in mir dagegen, zu akzeptieren, daß solches Leiden in Ordnung sein soll.

JOKO: Wir können nicht sagen, daß das Leiden in Ordnung ist. Auch ich will nicht, daß er leidet. Aber *er* hat gesagt, daß es darauf ankommt.

Das Leben erteilt uns immer Lektionen. Es ist besser, wenn wir jede einzelne, auch die kleinen, lernen können. Aber wir wollen sie nicht lernen. Wir wollen jemand anderen für ein Problem verantwortlich machen, es beiseite schieben, es gar nicht an uns herankommen lassen. Wenn wir uns weigern, aus den kleineren Problemen zu lernen, sind wir gezwungen, uns mit größeren auseinanderzusetzen. Wir üben, um aus allem zu lernen, wie es uns begegnet, damit wir dann, wenn wir größere Schwierigkeiten vor uns haben, eher in der Lage sind, mit ihnen umzugehen.

SCHÜLER/IN: Ich habe in der letzten Zeit wieder erlebt, daß ein ganz schönes Chaos entstehen kann, wenn ich beginne, mich aus den eingefahrenen Gleisen zu bewegen und mich mehr in die Richtung zu begeben, in die ich gehen muß. Das ist erst mal gar nicht angenehm.

JOKO: Wenn wir ernsthaft zu üben anfangen, und auch noch einige Zeit danach, geht es uns oft erst einmal schlechter, nicht besser. Auch das gehört zu der Rede, die keiner hören will.

Das Auge des Wirbelsturms

> Sicherheit ist im Grunde Aberglaube. Es gibt sie weder in der Natur noch für die Menschen im allgemeinen. Der Gefahr aus dem Wege gehen zu wollen ist letztlich nicht sicherer, als sich ihr einfach auszusetzen. Das Leben ist entweder ein gewagtes Abenteuer oder gar nichts.
>
> HELEN KELLER

Manche Schüler hier arbeiten mit Koans, aber nicht alle. Auch wenn man viel aus solchen Koan-Studien lernen kann, glaube ich, daß man sich zu sehr beschränkt, wenn man sich ausschließlich damit befaßt. Wenn wir unser Leben verstehen, verstehen wir auch die Koans. Und unmittelbar mit unserem Leben zu arbeiten ist wertvoller und schwieriger. Jemand, der eine Weile mit Koans gearbeitet hat, beginnt vielleicht den Dreh herauszukriegen, worum es dabei geht, aber die Einsicht ist nicht notwendigerweise identisch mit dem Sein. Auch wenn die Koan-Praxis auf der Vorstellung basiert, daß wir zugleich mit der Erkenntnis der Wahrheit diese Wahrheit *sind,* ist das nicht immer der Fall. Trotzdem können Koans sehr nützlich sein. Lassen Sie mich mit einem Koan aus der *Torlosen Schranke* beginnen, dem »Mann auf einem Baum« von Meister Kyogen.[8] Meister Kyogen sprach: »Es ist wie mit dem Mann auf einem Baum, der mit den Zähnen an einem Ast hängt; seine Hände können keinen Ast ergreifen, und die Füße erreichen keinen Zweig. Angenommen, unter dem Baum stünde ein anderer Mann, der ihn fragt: ›Was ist der Sinn von Bodhidharmas Kommen aus dem Westen?‹ Wenn er nicht antwortet, handelt er gegen den Wunsch des Fragestellers. Wenn er antwortet, wird er sein Leben verlieren. Wie soll er in diesem Augenblick antworten?« Wir können das Koan auch in die Frage zusammenfassen: »Was ist der Sinn des Lebens?« Wenn wir nicht antworten, weichen wir unserer Verantwortung aus; wenn wir antworten, verlieren wir unser Leben.

Zum Verständnis dieses Koans möchte ich eine andere Geschichte erzählen. Vor vielen Jahren lebte ich in Providence, Rhode Island. Ein schwerer Wirbelsturm raste auf die Küste von New England zu. Ich schob das Kinderbett meines Babys an die Wand und deckte es zu, damit es nicht von Glassplittern getroffen würde, wenn ein Fenster zerbrach. So traf ich alle möglichen Vorbereitungen. Unser Haus lag genau in der Bahn des außerordentlich heftigen Wirbelsturms. Wir konnten sehen, wie vor dem Haus riesige alte Bäume krachten und umfielen. Der Sturm hatte eine Geschwindigkeit von 200 oder 220 Kilometern in der Stunde. Dann, nach drei oder vier Stunden, wurde es innerhalb von Minuten still. Die Sonne kam hervor, und die Vögel begannen wieder zu singen. Der Sturm legte sich. Wir waren im Auge des Wirbelsturms. Nach etwa einer weiteren Stunde hatte sich das Auge weiterbewegt, und der Sturm begann wieder. Jetzt waren wir auf der anderen Seite der wirbelnden Windmassen. Es war zwar nicht ganz so schlimm wie zuvor, aber es war immer noch ein gewaltiger Sturm. Zum Schluß mußten wir das Chaos wieder wegräumen, das er angerichtet hatte. Ich erfuhr später, daß Piloten manchmal in einen Wirbelsturm geraten, was sie mit ihrem Flugzeug in größte Schwierigkeiten bringt. Wenn das geschieht, versuchen sie oft, ins windstille Zentrum, das Auge des Wirbelsturms, zu fliegen, um dort vielleicht wieder einigermaßen ins Gleichgewicht zu kommen.

Die meisten von uns sind wie der Mann im Baum oder Pilot im Flugzeug. Wir versuchen irgendwie durchzuhalten, um den Sturm zu überstehen. Wir haben das Gefühl, daß wir

von Schicksalsschlägen hart getroffen werden. Vielleicht sind es natürliche Ereignisse wie eine schwere Krankheit. Vielleicht sind es Schwierigkeiten in den Beziehungen, die uns sehr ungerecht vorkommen mögen. Von der Geburt bis zum Tod geraten wir in solche Wirbelstürme, denn das ist das Leben im Grunde: eine gewaltige Energie, die sich bewegt und verändert. Wir haben das gleiche Ziel wie der Pilot: uns selbst und unser Flugzeug zu schützen. Wir wollen nicht bleiben, wo wir sind. Wir tun alles, was wir können, um unser Leben zu retten und unser Flugzeug zu schützen, um dem Wirbelsturm zu entkommen. Da ist dieses unglaublich mächtige Etwas, was wir »unser Leben« nennen, und wir sitzen irgendwo mittendrin in unserem kleinen Flugzeug und hoffen, ohne Verletzungen wieder herauszukommen.
Nehmen wir an, es wäre kein Motorflugzeug, sondern ein Segelflugzeug, mit dem wir mitten in einen Orkan geraten. Wir haben keine Möglichkeit mehr, gegenzusteuern, und werden vom Sturm herumgewirbelt. Wenn wir meinen, wir könnten da lebend herauskommen, sind wir töricht. Aber solange wir inmitten dieser gewaltigen Windmassen am Leben sind, haben wir einen schönen Flug. Trotz der Angst, die uns erfüllt, kann es ein aufregendes Hochgefühl sein wie bei einer Fahrt mit der Achterbahn.
Der Mann auf dem Baum, der um sein Leben bangt, ist wie der Pilot im Flugzeug, der verzweifelt hofft, sich aus den Sturmböen des Lebens retten zu können. Und dann wird er gefragt: »Was ist der Sinn des Lebens?« Wie antwortet er? Wie antworten *wir*? Wenn wir leben und auch wenn wir Zazen üben, versuchen wir, uns zu schützen. Dieser Verstand, der denkt, Pläne macht, sich aufregt, von Emotionen geschüttelt wird, andere Menschen tadelt und sich als Opfer fühlt, ist wie der Pilot im Flugzeug, der verzweifelt versucht, seinen Weg aus dem Wirbelsturm zu finden. In solch einem

Leben voller Anspannung und Beengung brauchen wir alle Kräfte, um zu überleben. Unsere ganze Aufmerksamkeit richtet sich auf uns selbst und unser Armaturenbrett. Bei dem Versuch, uns selbst zu retten, bemerken wir nicht, was rings um uns geschieht. Aber der Mann im Segelflugzeug kann alles genießen – die Blitze, den warmen Regen, das Heulen des Sturms. Er kann etwas Wunderbares erleben. Und was passiert zuletzt? Natürlich sterben beide. Aber wer von beiden kennt den Sinn des Lebens? Wer hat die Freude erfahren?

Wie der erste Pilot verbringen wir unser Leben mit dem Versuch, uns selbst zu schützen. Je mehr wir darauf erpicht sind, uns vor den Sturmböen unserer augenblicklichen Lebenssituation zu schützen, desto mehr Streß haben wir, desto elender fühlen wir uns, desto weniger erleben wir unser Leben wirklich. Wir bekommen kaum etwas von der Landschaft mit, wenn wir nur auf unser Armaturenbrett starren, das uns früher oder später sowieso im Stich lassen wird.

Wenn wir Zazen üben, können wir unsere Schutzmechanismen erkennen, indem wir unsere Gedanken beobachten. Wir bemerken, wie wir versuchen, unseren Schmerz wegzuerklären, indem wir jemand anderen für unsere Schwierigkeiten verantwortlich machen. Wir können unsere rücksichtslosen und fruchtlosen Versuche sehen, uns zu retten. Natürlich führen unsere Bemühungen zu nichts. Je mehr wir uns bemühen, desto angespannter und unglücklicher werden wir.

Es gibt nur eine Lösung des Problems, aber davon will niemand etwas hören. Denken Sie an den Segelflieger. Würden wir wirklich gerne dort oben sein? Er hat von Anfang an keine Chance. Er ist nur da, um zu fliegen – den wunderbarsten Flug der Welt. Unser eigenes Leben ist wie ein Flug, der unvermeidlich mit unserem Tod endet. Wir versuchen das Unmögliche, wir wollen uns retten. Aber das können wir nicht; in Wirklichkeit sterben wir alle in diesem Augenblick. Wie viele Minuten haben wir? Wie der Segelflieger haben wir vielleicht nur eine Minute, vielleicht hundert Minuten. Es ist ganz gleichgültig – am Schluß stürzen wir doch ab. Aber auf die Frage »Was ist der Sinn des Lebens?« kann nur der Segelflieger antworten, nicht der Pilot im Flugzeug. Der Segelflieger weiß einen Augenblick vorher, daß er abstürzen wird, und er wird es vielleicht mit einem Ausruf der staunenden Begeisterung tun.

Wir kommen in das Sesshin in der Hoffnung, daß wir im Wirbelsturm unseres eigenen Aufruhrs das kleine Auge, das kleine Nirwana finden. Wir denken: »Es muß doch irgendwo sein. Wo ist es bloß? Wo ist es?« Manchmal finden wir ein ruhiges Plätzchen, an dem wir uns wohl fühlen. Dann versuchen wir, dieses Gefühl festzuhalten. Aber wir können das Auge eines Wirbelsturms nicht festhalten. Der Wirbelsturm tobt weiter. Das Nirwana ist kein ruhiges, sicheres Plätzchen, an dem irgend etwas oder irgend jemand uns beschützt. Das ist eine Illusion. Nichts in der Welt wird uns je beschützen: nicht unser Partner, nicht unsere Lebensumstände, nicht unsere Kinder. Schließlich sind die anderen ja auch damit beschäftigt, sich selbst zu schützen. Wenn wir unser Leben damit verbringen, nach dem Auge des Wirbelsturms Ausschau zu halten, leben wir ein fruchtloses Leben. Wir sterben, ohne wirklich gelebt zu haben.

Der Segelflieger tut mir nicht leid. Wenn er stirbt, hat er wenigstens gelebt. Mir tun diejenigen leid, die von ihrem Bemühen, sich zu schützen, so verblendet sind, daß sie nie wirklich leben. Wenn wir mit solchen Menschen zusammen sind, spüren wir ihre Angst und die Sinnlosigkeit ihres Bemühens. Im Sesshin können wir den Fehler deutlicher

sehen: Wir wollen nicht unser Leben leben, sondern wir versuchen, das Auge des Wirbelsturms zu finden, den Ort, an dem wir endlich sicher sind.
Niemand kann wissen, was das Leben ist. Aber wir können das Leben unmittelbar erleben. Nur das ist uns als Menschen geschenkt. Doch wir wollen das Geschenk nicht annehmen; wir erfahren unser Leben nicht unmittelbar. Statt dessen verbringen wir es damit, uns zu schützen. Wir haben Systeme erfunden, mit unseren Problemen fertig zu werden; wir sind nicht bereit, uns dem Schmerz des Lebens unmittelbar auszusetzen. Doch wenn wir uns ihm aussetzen, ist das Leben ein wunderbarer Flug.
Natürlich ist es okay, eine Lebensversicherung abzuschließen und sicherzustellen, daß die Bremsen unseres Autos funktionieren. Aber letztlich werden auch solche Dinge uns nicht retten; früher oder später werden alle unsere Schutzmechanismen scheitern. Niemand kann das Koan des Lebens vollständig lösen; aber wir stellen uns vor, daß jemand anders es geschafft hat. Wir machen den anderen Vorwürfe, weil wir glauben, sie müßten doch wissen, worum es im Leben geht. Wir selbst wissen es zwar nicht, trotzdem glauben wir, die anderen dürften sich keine Nachlässigkeit in ihrem Leben erlauben. Aber wir sind alle nachlässig, weil wir uns alle mit diesem Selbstverteidigungsspiel beschäftigen anstatt mit dem wirklichen Spiel des Lebens. Das Leben ist kein sicherer Ort. Das war es nie und wird es auch nie sein. Wenn wir ein oder zwei Jahre im Auge eines Wirbelsturms gelandet sein sollten, ist trotzdem kein Verlaß darauf. Es gibt keinen sicheren Ort, weder für unser Geld noch für uns selbst noch für die, die wir lieben. Und es ist auch nicht unsere Aufgabe, uns deswegen Sorgen zu machen.
Solange wir dieses Spiel, das gar nicht funktioniert, nicht durchschaut haben, spielen wir nicht das richtige Spiel.

Manche Menschen durchschauen es nie und sterben, ohne je gelebt zu haben. Wir können unser ganzes Leben damit verbringen, anderen Menschen, den Umständen oder dem Pech die Schuld zuzuschieben und darüber nachzudenken, wie das Leben eigentlich hätte sein sollen. Wir können so sterben, wenn wir wollen. Es ist unser Privileg, aber besonders lustig ist es nicht. Wir müssen uns dem großen Spiel des Lebens öffnen, von dem wir ein Teil sind. Wir müssen sorgfältig, hingebungsvoll und geduldig üben. Wir müssen für alles bereit sein.

III
TRENNUNG UND VERBINDUNG

Was kann uns verletzen?

Kürzlich rief mich eine Zen-Schülerin an und beklagte sich darüber, daß ich die Schwierigkeiten des Übens so sehr betone. Sie sagte: »Ich glaube, Sie machen einen Fehler, daß Sie Ihre Schüler auffordern, das Üben so ernst zu nehmen. Das Leben sollte uns Spaß machen, und wir sollten es uns gutgehen lassen.« Ich fragte sie: »Hat diese Einstellung bei Ihnen je funktioniert?« Da sagte sie: »Na ja, nicht so ganz ... noch nicht. Aber ich habe die Hoffnung noch nicht aufgegeben.«

Ich verstehe ihre Einstellung, und ich habe Bedauern und Mitgefühl für jeden, der meint, das Üben sei wirklich harte Arbeit. Das ist es auch. Aber mir tun auch die leid, die noch nicht bereit sind, diese Art ernsthafter Arbeit auf sich zu nehmen, denn sie werden am meisten leiden. Doch die Menschen müssen sich selbst entscheiden, und manche sind einfach noch nicht bereit, sich ernsthaft auf den Übungsweg zu begeben. Ich sagte zu der Zen-Schülern: »Üben Sie einfach oder üben Sie nicht – wie Sie eben können; und ich werde Sie dabei unterstützen.« Was die Menschen auch tun, ich möchte ihnen helfen – denn sie sind nun einmal an dem Punkt, an dem sie sind, und das ist ganz in Ordnung so.

Tatsache ist, daß das Leben bei den meisten von uns *nicht* so funktioniert, wie es sollte. Solange wir uns nicht ernsthaft auf den Übungsweg begeben, erkennen wir kaum, worum es in unserem Leben geht. Wir sind sogar verbittert über das Leben, und das wird immer schlimmer. Wir müssen ernsthaft üben, um zu durchschauen, welche Täuschungen den meisten menschlichen Handlungen, Denkweisen und Emotionen zugrunde liegen.

Als Menschen nehmen wir das Leben durch unsere Sinnesfunktionen wahr, und weil die Menschen und Objekte von uns getrennt zu sein scheinen, leiden wir so. Unser Leiden rührt von der falschen Vorstellung her, daß wir abgesondert sind. Natürlich sieht es so aus, als sei jeder von uns von anderen Menschen und von allem anderen in der Welt der Erscheinungen getrennt. Diese falsche Vorstellung vom Getrenntsein ist es aber gerade, die alle Schwierigkeiten des menschlichen Lebens hervorruft.

Solange wir uns als isoliert empfinden, werden wir leiden. Wenn wir uns als isoliert empfinden, meinen wir, wir müßten uns verteidigen, wir müßten versuchen, glücklich zu sein, wir müßten etwas in der Außenwelt finden, das uns glücklich macht.

Nun sind wir in Wahrheit aber gar nicht isoliert. Wir sind alle Ausdruck oder Emanation eines zentralen Punktes – man könnte ihn multidimensionale Energie nennen. Wir können uns ihn nicht vorstellen; dieser Mittelpunkt oder diese Energie hat keinen Umfang, keinen Raum, keine Zeit. Ich spreche nur metaphorisch über etwas, von dem man in gewöhnlichen Begriffen nicht sprechen kann.

Wenn man bei dieser Metapher bleibt, ist es, als ob aus diesem Mittelpunkt Billionen von Strahlen ausgingen, und jeder Strahl glaubt, er sei von den anderen getrennt. In Wirklichkeit ist jeder von uns immer dieser Mittelpunkt, und dieser Mittelpunkt sind wir. Weil alles in diesem Mittelpunkt miteinander verbunden ist, sind wir alle eins.

Aber wir sehen diese Einheit nicht. Vielleicht könnten wir intellektuell begreifen, worum es geht, wenn wir etwas von der modernen theoretischen Physik verstünden. Wenn wir üben, beginnt jedoch im Laufe vieler Jahre eine Ahnung dieser Wahrheit hier und da in unsere Erfahrung einzudringen: Wir fühlen uns dann nicht mehr so isoliert von den anderen. Und indem wir uns als weniger isoliert empfinden, regt uns das Leben ringsumher nicht mehr so auf. Situationen, Menschen und Schwierigkeiten treffen uns nicht mehr ganz so hart. Eine subtile Veränderung geht vor sich. Wenn man ein Leben lang meditiert, festigt sich dieser Prozeß allmählich. Wir erleben dann kurze Augenblicke, in denen wir blitzartig erkennen, wer wir wirklich sind, wobei diese Augenblicke im Grunde nicht so wichtig sind. Wichtiger ist die allmählich wachsende Erkenntnis, daß wir keine isolierten Wesen sind. Unsere Existenz erscheint zwar noch so, aber wir empfinden uns nicht mehr als abgetrennt von allem anderen. Infolgedessen kämpfen wir nicht mehr so sehr mit dem Leben: Wir müssen uns nicht dagegen wehren, wir müssen ihm nicht gefallen, wir müssen uns keine Sorgen über das Leben machen. Das ist der Übungsweg.

Wenn wir nicht mit dem Leben kämpfen, bedeutet das auch, daß das Leben uns nicht mehr verletzen kann? Gibt es irgend etwas außerhalb unserer selbst, das uns verletzen könnte? Als Zen-Schüler haben wir vielleicht gelernt, zumindest intellektuell zu sagen, die Antwort sei nein. Aber was denken wir wirklich? Gibt es irgendeinen Menschen oder eine Situation, die uns verletzen kann?

Natürlich glauben wir alle, daß es so etwas gibt. In der Arbeit mit meinen Schülern höre ich immer wieder Geschichten, wie jemand verletzt oder verärgert wurde. Sie sind alle Versionen der einen Klage: »Und das muß *mir* passieren.« Seien es unsere Partner, unsere Eltern, unsere Kinder, unsere Haustiere: »Das ist passiert, und ich habe mich darüber geärgert.« Wir alle sehen das so, ohne Ausnahme. So ist unser Leben. Vielleicht geht alles eine Zeitlang einigermaßen glatt, und dann plötzlich geschieht etwas, das uns in Aufregung versetzt. Mit anderen Worten: Wir sind Opfer. So sehen wir Menschen gewöhnlich das Leben. Diese Denkweise ist tief in uns verwurzelt, man kann fast sagen, sie ist uns angeboren.

Wenn wir uns von der Welt zum Opfer gemacht fühlen, suchen wir nach etwas außerhalb unserer selbst, das uns den Schmerz nimmt. Es könnte ein Mensch sein, es könnte das Erreichen von etwas sein, das wir uns wünschen, es könnte eine Veränderung in unserer beruflichen Situation sein, eine Anerkennung vielleicht. Wir wissen nicht, wo wir suchen sollen, aber wir sind verletzt und hoffen, von irgendwoher Trost zu bekommen.

Bevor wir nicht wirklich sehen, daß wir nicht von allem anderen getrennt sind, werden wir gegen unser Leben kämpfen. Wenn wir kämpfen, haben wir Schwierigkeiten. Wir tun entweder törichte Dinge, wir ärgern uns, wir fühlen uns unerfüllt, oder wir haben das Gefühl, irgend etwas fehle uns. Es ist, als stelle uns das Leben eine ganze Reihe von Fragen, die nicht beantwortet werden können. Und sie können auch wirklich nicht beantwortet werden. Warum nicht?

Weil es falsche Fragen sind. Sie gründen nicht in der Realität. Das Gefühl, daß etwas nicht stimmt, und der Versuch, es in Ordnung zu bringen: Wenn wir erkennen, welcher Irrtum in diesem Muster liegt, beginnt das ernsthafte Üben. Die junge Frau, die mich anrief, hat diesen Punkt noch nicht erreicht. Sie stellt sich immer noch vor, daß etwas Äußeres sie glücklich machen wird. Vielleicht eine Million Dollar?

Bei Menschen, die üben, tut sich jedoch ein kleiner Riß im Schutzpanzer auf, eine kleine Einsicht blitzt auf. Wir wollen uns dieser Einsicht vielleicht nicht öffnen. Aber wir beginnen doch zu verstehen, daß es eine andere Art zu leben gibt als die, sich vom Leben angegriffen zu fühlen und nach Abhilfe zu suchen.

Vom allerersten Anfang an ist alles in Ordnung. Es gibt

keine Trennung.: Alles ist ein strahlendes Ganzes. Niemand glaubt das, und wenn wir noch nicht lange geübt haben, ist es auch schwer zu verstehen. Aber schon nach einem halben Jahr verständigen Übens beginnt das Gebäude unserer falschen Überzeugungen ein wenig zu bröckeln. Hier und da fängt es zu wackeln an. Nach jahrelangem Üben wird das Gebäude immer wackeliger. Der Zustand der Erleuchtung ist dann erreicht, wenn es ganz zusammenbricht.

Ja, wir müssen unser Üben ernst nehmen. Aber wenn Sie noch nicht bereit sind, es ernst zu nehmen, ist es auch in Ordnung. Leben Sie einfach Ihr Leben. Sie brauchen anscheinend noch ein paar Anstöße. Das ist gut so. Die Leute sollten erst ins Zen-Zentrum kommen, wenn sie das Gefühl haben, es gibt nichts anderes mehr, was sie tun können: Das ist der richtige Zeitpunkt, um hier zu erscheinen.

Kehren wir zu unserer Frage zurück: Kann etwas oder jemand uns verletzen? Stellen wir uns richtige Katastrophen vor. Nehmen wir an, ich hätte meine Stelle verloren und ich wäre schwer krank. Nehmen wir an, all meine Freunde hätten mich verlassen. Nehmen wir an, ein Erdbeben hätte mein Haus zerstört. Kann mich all das verletzen? Natürlich glaube ich, daß es das kann. Und es wäre schrecklich, wenn solche Dinge geschehen würden. Aber können wir durch solche Ereignisse wirklich getroffen und verletzt werden? Das Üben hilft uns immer wieder, zu sehen, daß die Antwort nein lautet.

Nicht daß es beim Üben darum ginge, nicht mehr verletzt zu werden. Was wir »Verletzung« nennen, geschieht immer noch: Ich kann meine Stelle verlieren; ein Erdbeben kann mein Haus zerstören. Aber das Üben hilft mir, mit Krisen umzugehen und mit ihnen fertig zu werden. Solange wir in unseren Schmerz versunken sind, sind wir ein Häufchen Elend, das niemandem nützen kann. Wenn wir aber nicht im Melodrama unseres Schmerzes versinken, können wir sogar während einer Krise Sinnvolles tun.

Was geschieht also, wenn wir wirklich Zazen üben? Warum läßt das Gefühl, das Leben könne uns verletzen, im Lauf der Zeit nach? Was geschieht da?

Nur ein egozentrisches Selbst, ein Selbst, das an Verstand und Körper gebunden ist, kann verletzt werden. Dieses Selbst ist in Wirklichkeit nur eine Vorstellung, die aus Gedanken gebildet ist, an die wir glauben, wie beispielsweise: »Wenn ich das nicht bekomme, geht es mir schlecht« oder »Wenn das nicht gut ausgeht, ist es ganz furchtbar« oder »Ich halte es nicht aus, wenn ich kein eigenes Haus habe.« Was wir das Selbst nennen, ist nichts anderes als eine Reihe von Gedanken, an die wir uns binden. Wenn wir ganz von unserem kleinen Selbst in Anspruch genommen sind, nehmen wir die Wirklichkeit – die Urenergie des Universums – kaum wahr.

Nehmen wir an, ich habe das Gefühl, ich hätte keine Freunde und fühlte mich sehr einsam. Was geschieht, wenn ich damit sitze? Ich beginne zu sehen, daß meine Einsamkeitsgefühle nur Gedanken sind. Tatsache ist, daß ich einfach hier sitze. Vielleicht sitze ich allein in meinem Zimmer, habe keine Verabredung. Niemand hat mich angerufen, und ich fühle mich allein. Aber in Wirklichkeit sitze ich einfach nur hier.

Die Einsamkeit und das Unglücklichsein sind nur meine Gedanken, meine Urteile, daß die Dinge anders sein sollten, als sie sind. Ich habe sie nicht durchschaut; ich habe nicht erkannt, daß ich mir mein Unglück selbst gemacht habe. Die Wahrheit ist, daß ich einfach in meinem Zimmer sitze. Es dauert eine gewisse Zeit, bevor wir sehen können, daß es vollkommen in Ordnung ist, einfach hier zu sitzen. Ich klammere mich an den Gedanken, daß es mir schlechtgeht,

wenn ich keine angenehme und mich unterstützende Gesellschaft habe.
Ich rate nicht zu einem Leben, in dem wir uns von allem abschneiden, um frei von Bindungen zu sein. Bei Bindungen geht es nicht um das, was wir haben, sondern um unsere Meinungen über das, was wir haben. Es ist beispielsweise nichts dagegen zu sagen, eine gewisse Menge Geld zu besitzen. Gebunden sind wir, wenn wir uns das Leben ohne dieses Geld nicht vorstellen können. Ebenso sage ich nicht, daß wir nicht mit Menschen zusammensein sollten. Es ist etwas außerordentlich Schönes, mit Menschen zusammenzusein. Manchmal sind wir jedoch in Situationen, in denen wir allein sein müssen. Nehmen wir an, wir müßten wegen eines Forschungsprojekts ein halbes Jahr irgendwo mitten in der Wüste leben. Für die meisten von uns wäre das sehr hart. Aber wenn ich ein halbes Jahr lang irgendwo am Ende der Welt Forschungen treibe, so ist das ganz schlicht und einfach so – das ist eben das, was ich dann tue.
Die mühseligen und langsamen Veränderungen, die durch das Üben eintreten, geben unserem Leben ein Fundament und machen es von innen heraus friedlicher. Ohne nach einem friedlichen Zustand zu streben, merken wir, daß die Stürme des Lebens uns allmählich nicht mehr so hart treffen. Wir beginnen, unsere Bindung an die Gedanken, die wir für uns selbst halten, loszulassen. Dieses Selbst ist nur eine Vorstellung, die auf dem Übungsweg allmählich schwächer wird.
Die Wahrheit ist, daß nichts uns verletzen kann. Aber natürlich können wir *denken,* wir seien verletzt worden, und natürlich können wir – auf meist recht unfruchtbare Weise – gegen die vermeintliche Verletzung kämpfen. Wir versuchen, ein falsche Problem durch eine falsche Lösung zu bewältigen, was natürlich Chaos verursacht. Kriege, Umwelt-

schäden – all diese Dinge entstehen aus dieser Unwissenheit.

Wenn wir uns weigern, die Arbeit zu tun – und wir werden sie erst tun, wenn wir dazu bereit sind –, leiden wir in einem gewissen Maß, und alles ringsumher leidet ebenso. Ob wir uns auf den Übungsweg begeben, ist keine Frage von Gut oder Böse, Richtig oder Falsch. Wir müssen bereit dazu sein. Aber wenn wir nicht üben, müssen wir einen harten Preis dafür bezahlen.

Natürlich bleibt die ursprüngliche Einheit – der Mittelpunkt der multidimensionalen Energie – unangetastet. Wir können sie gar nicht antasten. Sie ist einfach immer da, und wir sind in ihr, sind sie. Vom Standpunkt des Lebens in der Erscheinungswelt jedoch muß ein Preis gezahlt werden.

Ich möchte keine Schuldgefühle in irgend jemandem wekken. Diese Gefühle sind selbst bloß Gedanken. Ich kritisiere die junge Frau nicht, die das Üben nicht ernst nehmen wollte. Das ist einfach der Punkt, an dem sie sich befindet, und das ist richtig so für sie. Im Üben jedoch schwindet unser Widerstand gegen das Üben. Aber das braucht Zeit.

SCHÜLER/IN: Ich kann sehen, wie wir mit anderen Menschen eins sein können, aber es ist schwer für mich zu verstehen, was es bedeutet, mit einem Tisch oder etwas Ähnlichem eins zu sein.

JOKO: Eins mit einem Tisch? Ich glaube, daß es mit dem Tisch viel einfacher ist als mit Menschen! Ich habe noch nie erlebt, daß sich bei mir jemand über einen Konflikt mit einem Tisch beklagt hätte. Unsere Schwierigkeiten haben wir meistens mit Menschen, sei es mit einzelnen oder innerhalb von Gruppen.

SCHÜLER/IN: Vielleicht verstehe ich nicht richtig, was Sie mit »eins sein« meinen.

JOKO: Das Einssein ist die Abwesenheit alles Trennenden.

SCHÜLER/IN: Aber ich fühle mich einfach nicht wie ein Tisch.

JOKO: Sie müssen sich auch nicht wie ein Tisch fühlen. »Einssein mit dem Tisch« bedeutet, daß es zwischen Ihnen und dem Tisch keinen Widerstand gibt. Es geht hier nicht um irgendein besonderes Gefühl, sondern um die Abwesenheit des Gefühls, sich als emotional getrennt zu empfinden. Tische wecken gewöhnlich keine Emotionen. Deshalb haben wir keine Schwierigkeiten mit ihnen.

SCHÜLER/IN: Ein anderes Beispiel: Wenn jemand Arthritis hat und die ganze Zeit unter Schmerzen leidet – würden Sie dann auch sagen, daß ihn das nicht verletzt?

JOKO: Nein. Wenn wir dauernde Schmerzen haben, sollten wir natürlich alles dagegen unternehmen, was wir können. Aber wenn zum Schluß immer noch ein Rest von Schmerz bleibt, bleibt uns nichts anderes, als diesen Rest wahrzunehmen. Es hilft nichts, dem Schmerz noch Urteile hinzuzufügen wie: »Schrecklich! Ich Ärmste; warum muß das so sein?« Der Schmerz ist einfach da. So betrachtet ist der Schmerz eine Lehre. Ich glaube, daß die meisten Menschen, die schwer krank waren und gelernt haben damit umzugehen, dadurch ihre wichtigste Erfahrung gemacht haben.

SCHÜLER/IN: Wenn niemand uns verletzen kann und wir niemand anderen verletzen können, gibt uns das doch nicht gleich das Recht, unsere Meinung offen zu sagen, nur weil wir den anderen sowieso nicht treffen können.

JOKO: Das stimmt. Wenn wir die Sache falsch verstehen und sagen: »Ich kann dir alles an den Kopf werfen, weil ich dich sowieso nicht verletzen kann«, ist das schon die Trennung vom anderen. Wir greifen andere Menschen erst an, wenn wir uns von ihnen getrennt fühlen. Das ernsthafte Üben setzt immer voraus, daß wir die wichtigsten moralischen Grundsätze anerkennen.

SCHÜLER/IN: Was ist mit der historischen Ethik der japanischen Samurai? Ein Samurai-Krieger würde beispielsweise sagen: »Weil ich eins mit allem bin, ist es kein Töten, wenn ich einem unschuldigen Menschen den Kopf abschneide, weil dieser Mensch ich ist.«

JOKO: Im absoluten Sinn gibt es kein Töten, da wir alle – »lebendig« oder »tot« – nur Manifestationen jener zentralen Energie sind, die alles ist. Aber praktisch betrachtet stimme ich nicht mit der Samurai-Ethik überein. Wenn wir sehen, daß wir von anderen Menschen nicht getrennt sind, werden wir sie einfach gar nicht angreifen. Die Samurai-Krieger verwechselten das Absolute und das Relative. Absolut betrachtet gibt es niemanden, der tötet, und niemanden, der getötet wird. Aber in unserem Leben gibt es das selbstverständlich. Und deshalb tun wir es nicht.

SCHÜLER/IN: Mit anderen Worten: Wenn wir das Absolute und das Relative verwechseln, könnten wir das Absolute benutzen, um zu rechtfertigen, was wir im Relativen tun?

JOKO: Ja, aber nur, wenn wir in unseren Köpfen leben. Wenn wir das Üben als das Einnehmen einer philosophischen Position betrachten, können wir sehr in Verwirrung geraten. Wenn wir die Wahrheit des Übens bis ins Innerste kennen – ohne überhaupt darüber nachdenken zu müssen –, werden wir diesen Fehler nicht begehen.

SCHÜLER/IN: Bevor ich mit dem Sitzen begann, glaubte ich auch schon, daß nichts mich verletzen könnte, weil ich es gar nicht empfand.

JOKO: Das ist etwas ganz anderes. Sie sprechen über ein psychologisches Betäubtsein. Wenn wir betäubt sind, dann sind wir nicht eins mit dem Schmerz; wir tun einfach so, als gäbe es ihn gar nicht.

SCHÜLER/IN: Wenn ich irgendwann wahrnehme, wie sehr ich mich selbst auf die verschiedenste Weise verletze, wird es viel einfacher, dieses unproduktive Verhalten zu beenden. Bis dahin tun wir einfach, was wir tun, wie Sie sagten. Wenn wir Unsinn anstellen, dann ist es einfach so.

JOKO: Stimmt. Und ich meine auch nicht daß wir uns nie gegen das Verhalten anderer wehren sollten. Wenn jemand mir etwas angetan hat – mir beispielsweise mein ganzes Geld gestohlen hat, um sich Lebensmittel zu kaufen –, dann ist es vielleicht notwendig, sich dagegen zu wehren. Wenn andere uns schlecht behandeln oder uns Schmerzen verursachen, müssen sie das vielleicht auch zu wissen bekommen. Aber wenn wir voller Wut mit ihnen sprechen, werden sie nie lernen, was sie lernen müssen. Sie werden uns nicht einmal zuhören.

Die Grundhaltung oder das Wissen, das wir nicht von den anderen getrennt sind, bringt eine grundlegende Wandlung in unserem emotionalen Leben mit sich. Dieses Wissen bedeutet, daß uns nichts, was geschehen mag, aus der Bahn werfen kann. Dieses Wissen zu haben bedeutet nicht, daß wir uns nicht mehr um Probleme kümmern, die auftauchen; aber wir sagen dabei nicht mehr zu uns selbst: »O wie schrecklich; keiner hat solche Schwierigkeiten wie ich.« Es ist, als lösten sich durch unsere Einsicht solche Reaktionen auf.

SCHÜLER/IN: Dann besteht unser Gefühl, verletzt worden zu sein, also nur aus den Gedanken über die betreffende Situation?

JOKO: Ja. Wenn wir uns mit solchen Gedanken nicht mehr identifizieren, setzen wir uns einfach mit der Situation auseinander, ohne uns emotional von ihr »ergreifen« zu lassen.

SCHÜLER/IN: Aber man kann sich doch verletzt *fühlen*.

JOKO: Ja. Und ich meine auch nicht, daß man dieses Gefühl leugnen solle. Beim Üben arbeiten wir mit einem Komplex aus physischer Empfindung und Gedanken, der lautet: »Ich fühle mich verletzt.« Wenn wir die Empfindungen und Gedanken wirklich erleben, dann löst sich das Gefühl des Verletztseins auf. Ich sage niemals, daß wir nicht fühlen sollten, was wir fühlen.

SCHÜLER/IN: Wollen Sie damit sagen, daß wir die Bindung an die Verletzung aufgeben sollten?

JOKO: Nein. Wir können uns nicht zwingen, eine Bindung aufzugeben. Bindung ist Gedanke, aber wir können nicht einfach sagen: »Ich gebe diesen Gedanken auf.« Das funktioniert nicht. Wir müssen begreifen, was Bindung bedeutet. Wir müssen die Angst – die Körperempfindung – wahrnehmen, die der Bindung zugrunde liegt. Dann schwindet die Bindung einfach. Ein verbreiteter Irrtum in der Zen-Lehre ist der, daß wir »loslassen« müßten. Wir können uns nicht zwingen »loszulassen«. Wir müssen die zugrundeliegende Angst wahrnehmen.

Das Wahrnehmen einer Bindung oder eines Gefühls bedeutet auch nicht, es zu dramatisieren. Wenn wir unsere Emotionen dramatisieren, decken wir sie im Grunde zu.

SCHÜLER/IN: Heißt das, daß, wenn wir beispielsweise unsere Trauer wirklich wahrnehmen, wir gar nicht mehr weinen müßten?

JOKO: Vielleicht weinen wir. Aber es ist ein Unterschied zwischen dem Weinen und dem Dramatisieren unserer Trauer, Angst oder Wut. Das Dramatisieren ist wirklich oft nur ein Verdecken. Beispielsweise sind Menschen, die sich streiten, Gegenstände herumwerfen und schreien, mit ihrem Zorn noch gar nicht in Berührung gekommen.

SCHÜLER/IN: Kehren wir zu der jungen Frau zurück, die

meinte, das Üben müsse weniger ernsthaft sein, und die nicht hierher kommen wollte, um zu sitzen. Bedeutet denn ernsthaftes Üben nur regelmäßiges Sitzen in einem Zen-Zentrum?

JOKO: Nein, auch wenn solches regelmäßiges Sitzen außerordentlich nützlich ist. Ich habe einige Schüler, die weit entfernt wohnen und sehr intensiv üben; sie finden aber auch Möglichkeiten, ab und zu hierher zu kommen. Die junge Frau ist einfach noch nicht bereit, das zu tun. Und sie leidet darunter, das ist das Traurige daran.

Das Subjekt-Objekt-Problem

Das Grundproblem für uns als Menschen ist die Subjekt-Objekt-Beziehung. Als ich diese Feststellung vor vielen Jahren zum erstenmal hörte, schien sie mir zu abstrakt und für mein Leben irrelevant. Aber es ist tatsächlich so, daß alle unsere Disharmonien und Schwierigkeiten von der Unwissenheit im Umgang mit der Subjekt-Objekt-Beziehung herrühren. Um es mit den Worten unserer Alltagssprache auszudrükken: Die Welt ist in Subjekte und Objekte aufgeteilt. Ich sehe Sie an, ich mache meine Arbeit, ich sitze auf einem Stuhl. In all diesen Fällen betrachte ich mich als Subjekt im Bezug zu einem Objekt: Sie, meine Arbeit, der Stuhl. Dabei wissen wir intuitiv, daß wir nicht von der Welt losgelöst sind und daß die Subjekt-Objekt-Trennung eine Illusion ist. Um zu diesem intuitiven Wissen zu kommen, üben wir.

Wenn wir den Subjekt-Objekt-Dualismus nicht verstehen, sehen wir die Objekte in unserer Welt als Ursache unserer Probleme: *Du* bist mein Problem, meine *Arbeit* ist mein Problem, mein *Stuhl* ist mein Problem. (Wenn ich *mich selbst* als das Problem ansehe, habe ich mich selbst zu einem Objekt gemacht.) So fliehen wir vor Objekten, die wir als Probleme betrachten, und suchen Objekte, die wir als Nicht-Problem ansehen. Von diesem Standpunkt aus besteht die Welt aus mir und aus den Dingen, die mir gefallen oder nicht gefallen.

Geschichtlich gesehen sind Zen und andere meditative Übungswege Versuche, die Subjekt-Objekt-Dualität dadurch aufzuheben, daß man das Objekt von allen Inhalten befreit.

So befreit beispielsweise die Arbeit mit Mu oder ähnlichen Koans das Objekt von der Konditionierung, die wir damit

verbunden haben. Wenn das Objekt so immer transparenter wird, sind wir nur noch ein Subjekt, das ein eigentlich leeres Objekt betrachtet. Dieser Zustand wird manchmal *Samadhi* genannt. Es ist ein glückseliger Zustand für uns, da das leere Objekt uns keine Schwierigkeiten mehr bereitet. Wenn wir diesen Zustand erreicht haben, geraten wir in Versuchung, uns zu unseren Fortschritten zu gratulieren.
Aber auch dieser Zustand des Samadhi ist noch dualistisch. Wenn wir ihn erreicht haben, sagt eine innere Stimme: »Das muß es sein!« oder »Jetzt mach' ich es richtig!« Es bleibt noch ein verborgenes Subjekt, das ein virtuell leeres Objekt beobachtet, was auf eine Subjekt-Objekt-Trennung hinausläuft. Wenn wir diese Trennung erkennen, versuchen wir uns auch dem Subjekt zuzuwenden und es von seinem Inhalt freizumachen. Und damit machen wir das Subjekt wieder zu einem Objekt, das nun von einem subtileren Subjekt betrachtet wird. Wir schaffen eine unendliche Folge von Subjekten.
Solche Samadhi-Zustände sind noch nicht Vorstufen einer wirklichen Erleuchtung, weil ein verschleiertes Subjekt darin von einem virtuell leeren Objekt getrennt ist. Kehren wir ins Alltagsleben zurück, löst sich das Glücksgefühl auf, und wir stehen wieder ratlos in einer Welt von Subjekten und Objekten. Üben und Leben stimmen nicht überein.
In einer klareren Übungspraxis versucht man nicht, sich vom Objekt zu befreien, sondern es als das zu sehen, was es ist. Wir lernen allmählich zu *sein* und zu *erfahren,* ohne daß es dabei noch Subjekt und Objekt gibt. Wir eliminieren nicht, sondern bringen die Dinge zusammen. Ich bin noch da, und du bist noch da, doch wenn ich einfach dich erlebe, fühle ich mich nicht von dir getrennt. Ich bin eins mit dir.
Mit dieser Art von Üben kommt man sehr viel langsamer weiter, weil man sich nicht nur auf ein einzelnes Objekt

konzentriert, sondern mit allem im Leben arbeitet. Alles, was uns ärgert oder aufregt (und das ist, wenn wir aufrichtig sind, sehr viel), wird zum Übungsmaterial. Wenn wir mit allem üben, führt das zu einer Praxis, die jeden Augenblick unseres Lebens durchdringt.

Wenn beispielsweise Ärger aufsteigt, wird in der traditionellen Zen-Praxis oft versucht, den Ärger auszulöschen, indem man sich zum Beispiel auf den Atem konzentriert. Aber auch wenn wir den Ärger beiseite geschoben haben, wird er immer wiederkehren, wenn wir kritisiert oder in irgendeiner Weise angegriffen werden. Im Gegensatz dazu geht es bei unserer Art des Übens darum, der Ärger selbst zu werden, ihn ganz zu erleben, ohne sich von ihm losgelöst zu empfinden oder ihn abzulehnen. Wenn wir so arbeiten, kommt Ruhe in unser Leben. Allmählich lernen wir, mit unangenehmen Objekten anders umzugehen. Unsere emotionalen Reaktionen werden allmählich schwächer; so verlieren Objekte, die wir gefürchtet haben, ganz allmählich ihre Kraft über uns, und wir können uns ihnen unbefangener nähern. Es ist faszinierend zu sehen, wie diese Veränderung vor sich geht. Ich sehe, wie sie bei anderen geschieht, aber auch bei mir selbst. Dieser Prozeß ist nie abgeschlossen, aber wir merken, wie wir allmählich immer bewußter und freier werden.

SCHÜLER/IN: Wie unterscheidet sich das, was Sie beschreiben, von der traditionellen *Shikantaza*-Übungsmethode?

JOKO: Es ähnelt Shikantaza sehr, wenn man es richtig versteht. Aber auch bei Shikantaza besteht die Neigung, den Geist leer zu machen. Man kann zu einer hell schimmernden Erfahrung gelangen, in die das Subjekt nicht eingeschlossen ist. Das ist nur eine andere Form von falschem Samadhi. Es werden Gedankenprozesse aus dem Bewußtsein ausgeschlossen, und wir löschen unsere Sinneswahrnehmungen aus wie irgendein anderes Bewußtseinsobjekt.

SCHÜLER/IN: Sie sagen, daß das wahre Ziel des Übens die Erfahrung unseres Einsseins mit allen Dingen oder eigentlich des Einsseins mit unserer eigenen Erfahrung ist, so daß wir beispielsweise einfach ganz im Einschlagen von ein paar Nägeln aufgehen, wenn wir gerade Nägel einschlagen. Aber liegt nicht auch noch ein Paradox darin, das zu versuchen?

JOKO: Ich stimme Ihnen zu: Wir können nicht *versuchen*, eins mit dem Hämmern zu sein. Indem wir es versuchen, trennen wir uns davon. Die Bemühung hebt sich selbst auf. Aber wir können etwas anderes tun: Wir können die Gedanken wahrnehmen, die uns von unserem Tun trennen. Wir können uns bewußt sein, daß wir nicht vollständig das tun, was wir tun. Das ist nicht so schwierig. Unsere Gedanken zu benennen hilft uns dabei. Anstatt zu sagen: »Ich werde eins mit dem Hämmern sein«, was dualistisch wäre – nämlich über die Aktivität nachzudenken, anstatt sich ihr hinzugeben –, können wir immer bemerken, wann wir das *nicht* tun. Mehr ist nicht notwendig.

Auf dem Übungsweg geht es nicht darum, Erfahrungen zu machen, nicht um großartige Erkenntnisse, nicht darum, irgendwo hinzugelangen oder etwas zu werden. Wir sind in Ordnung, so wie wir sind. Mit »in Ordnung« meine ich, daß wir einfach so sind. Beim Üben geht es nur darum, ein waches Gewahrsein aufrechtzuerhalten – das Gewahrsein unserer Aktivitäten und der Gedanken, die uns von unseren Aktivitäten trennen. Ob wir Nägel einschlagen oder sitzen, wir schlagen einfach Nägel ein oder sitzen. Da unsere Sinne offen sind, hören und fühlen wir auch anderes: Geräusche, Gerüche usw. Wenn Gedanken aufkommen, nehmen wir sie wahr und kehren zu unserer unmittelbaren Erfahrung zurück.

Dieses Gewahrsein ist unser wahres Selbst; das sind wir. Deshalb müssen wir nicht versuchen, Gewahrsein zu entwickeln; wir müssen nur bemerken, wie wir das Gewahrsein mit unseren Gedanken, Phantasien, Meinungen oder Urteilen blockieren: Entweder sind wir gewahr, was unser natürlicher Zustand ist, oder wir tun etwas anderes. Das Kennzeichen fortgeschrittener Schüler ist, daß sie die meiste Zeit nichts anderes tun. Sie sind einfach da und leben ihr Leben. Nichts Besonderes. Wenn wir offenes Gewahrsein werden, wächst unsere Fähigkeit, die notwendigen Dinge zu tun, und unsere gesamten Sinneswahrnehmungen werden heller und klarer. Nachdem man längere Zeit gesessen hat, sieht die Welt heller aus, die Geräusche sind deutlicher und unsere Sinneseindrücke reicher, was eigentlich unserem Naturzustand entspricht, wenn wir unsere Erfahrungen nicht durch unsere angespannten und sorgenvollen Gedanken blockieren.

Wenn wir zu üben beginnen, können wir dieses Gewahrsein nur sehr kurze Zeit aufrechterhalten; sehr bald schweifen wir aus der Gegenwart ab. Wir sind so in unsere Gedanken versunken, daß wir gar nicht merken, wie wir weggleiten. Dann fangen wir uns und kehren wieder zum Sitzen zurück. Zum Üben gehört sowohl das Gewahrsein unseres Sitzens wie das Gewahrsein unseres Abschweifens. Nach einigen Jahren des Übens schweifen wir immer seltener ab, aber es geschieht zuweilen doch wieder.

SCHÜLER/IN: Gehören Geräusche, Gerüche und unsere Emotionen und Gedanken ebenso zum Sitzen?

JOKO: Ja. Es ist normal, daß der Geist Gedanken produziert. Beim Üben geht es darum, uns unserer Gedanken bewußt zu sein, ohne uns in ihnen zu verlieren. Und wenn wir uns in ihnen verlieren, sollten wir auch das bemerken.

Zazen ist eigentlich nicht schwierig. Das wahre Problem liegt darin, daß wir es nicht tun wollen. Wenn mein Freund anfängt, sich für andere Frauen zu interessieren – wie lange bin ich dann bereit, das einfach wahrzunehmen? Wir haben alle immerzu Probleme, doch unsere Bereitschaft, einfach zu sein, steht auf unserer Prioritätenliste ganz unten, bis wir lang genug geübt haben, um Vertrauen in unser »Einfach-Sein« zu haben, so daß die Lösungen sich von ganz allein zeigen. Ein weiteres Kennzeichen des gereiften Übens ist die Entwicklung dieses Vertrauens.

SCHÜLER/IN: Was ist der Unterschied zwischen einem völligen Vertieftsein in das Nägeleinschlagen und dem Bewußtsein, daß ich völlig vertieft bin in das Nägeleinschlagen?

JOKO: Wenn man sich bewußt ist, daß man in das Nägeleinschlagen vertieft ist, so ist es immer noch dualistisch. Man denkt: »Ich bin ganz vertieft ins Nägeleinschlagen.« Das ist keine wahre Achtsamkeit. Bei der wahren Achtsamkeit tut man es einfach. Das Bewußtsein, daß man in eine Erfahrung vertieft ist, kann ein nützlicher Schritt auf dem Weg sein, aber es ist noch nicht alles, weil wir noch darüber nachdenken. Es besteht immer noch die Trennung zwischen dem Bewußtsein und dem Objekt des Bewußtseins. Wenn wir einfach Nägel einschlagen, denken wir nicht an das Üben. Beim guten Üben denken wir nie: »Ich muß üben.« Gutes Üben bedeutet einfach zu tun, was wir tun, und zu bemerken, wenn wir abschweifen. Wenn man jahrelang meditiert hat, merkt man fast augenblicklich, wenn dieses Weggleiten beginnt.

Sich auf etwas wie »Zen-Üben« zu konzentrieren ist nicht notwendig. Wenn wir uns vom Morgen bis zum Abend einer Sache nach der anderen zuwenden könnten, gründlich und vollständig und ohne zusätzliche Gedanken wie: »Ich bin die Richtige, um das zu tun«

oder »Ist es nicht wunderbar, daß ich mich um all das kümmern kann?«, dann wäre das ausreichend.

SCHÜLER/IN: Mein Leben scheint aus vielen Schichten von Aktivitäten zu bestehen, die alle gleichzeitig stattfinden. Wenn ich immer nur eine Sache auf einmal tun würde und danach die nächste, würde ich nie alles schaffen, was ich normalerweise an einem Tag tue.

JOKO: Da bin ich mir nicht sicher. Wenn man nur eine Sache zu einer Zeit tut und sich diesem Tun ganz hingibt, so ist das die effizienteste Weise zu leben, da dabei keinerlei Blockierungen im Organismus entstehen. Wenn wir so leben und arbeiten, bringen wir außerordentlich viel zustande, ohne Hetze. Das Leben fließt dann ungehindert.

SCHÜLER/IN: Aber wenn ich einerseits über etwas nachdenken muß, andererseits ans Telefon gehen und auch noch einen Brief schreiben muß …

JOKO: Trotzdem: Jedesmal, wenn wir uns einer neuen Aktivität zuwenden, geht sie uns schneller und besser von der Hand, wenn wir ganz gegenwärtig sind und nur das tun, was wir tun. Gewöhnlich begleiten wir jedoch jede Aktivität mit verschiedenen unterschwelligen Gedanken wie: »Ich muß auch noch diese anderen Sachen machen, sonst schaffe ich nicht alles.« Reine Aktivität ist etwas sehr Seltenes. Es liegt fast immer ein Schatten, ein Film darüber. Wir sind uns dessen vielleicht nicht bewußt, aber wir spüren eine gewisse Anspannung. In reiner Aktivität ist keine Anspannung über die physische Muskelanspannung hinaus, die zur Aktivität selbst notwendig ist.

Vor einigen Jahren hatte ich beim Sesshin öfters die Erfahrung, einfach das Kochen oder Jäten, oder was immer ich zu tun hatte, zu sein, aber trotzdem war da immer noch ein subtiles Subjekt dabei. Und natürlich, sobald das Sesshin ein wenig verblaßt war, war es bei mir wieder das alte Lied. Ich war nicht wirklich eins geworden mit dem Objekt.

SCHÜLER/IN: Zurück zum Beispiel des Nägeleinschlagens: Wenn wir es einfach tun, sind wir uns unserer selbst gar nicht bewußt, während wir, wenn wir daran denken, daß wir es tun, wieder in den Dualismus von Subjekt und Objekt verfallen und uns nicht einfach auf reine Aktivität einlassen. Bedeutet das aber nicht, daß wir einfach nicht mehr da sind, wenn wir nichts anderes tun als Nägel einzuschlagen? Wir existieren doch dann gar nicht mehr.

JOKO: Wenn wir uns in reine Aktivität versenken, sind wir eine Gegenwart, ein Gewahrsein. Aber das ist auch alles, was wir dann sind. Und das fühlt sich nicht nach irgend etwas Bestimmtem an. Die Leute meinen immer, daß die sogenannte Erleuchtung überfließt von Emotionen und liebevollen Gefühlen. Aber wahre Liebe oder wahres Mitgefühl bedeutet einfach, nicht vom Objekt getrennt zu sein. Es ist im Grunde ein Energiefluß, in dem wir nicht als ein von unserer Aktivität getrenntes Wesen existieren.

Auch das Üben, das noch vom Dualismus geprägt ist, hat immer einen gewissen Wert. Bei jeder Meditationsübung lernen wir etwas und erleben eine Dekonditionierung. Aber erst wenn wir über diesen Dualismus hinausgelangt sind, können wir wahre Freiheit erleben. Es gibt erst wahre Freiheit, wenn niemand mehr da ist.

Nun könnte uns der Gedanke kommen, daß uns an wahrer Freiheit in diesem Sinne gar nicht gelegen ist. In Wirklichkeit jedoch wollen wir diese Freiheit erlangen.

SCHÜLER/IN: Wenn ein Mensch von einem Gefühl der Liebe erfüllt ist und ein anderer von einem Gefühl des Hasses – ist die Art, in der sie üben sollten, dann verschieden?

JOKO: Nein: Wahre mitfühlende Liebe bedeutet die Abwesenheit solcher persönlich geprägten Emotionen. Nur eine Person kann im üblichen Sinne lieben oder hassen. Wenn keine Person da ist, wenn wir ganz dem Leben hingegeben sind, sind solche Emotionen nicht da.

Bei der Konzentrationsmethode, die ich vorhin beschrieben habe, ignorieren wir die Wut einfach, weil das Gefühl der Wut ein Objekt ist. Wir schieben die Emotion beiseite und lassen das Koan inhaltsleer werden. Das Problem bei diesem Vorgehen ist, daß wir bei der Rückkehr ins Alltagsleben nicht wissen, was wir mit unseren Emotionen anfangen sollen, weil sie nicht aufgelöst wurden; für die traditionelle Zen-Praxis sind sie ein unbekanntes Territorium. Beim Üben mit dem Gewahrsein erfahren wir dagegen den Emotionsgedanken und die ihn begleitenden Empfindungen. Die Ergebnisse sind sehr unterschiedlich.

SCHÜLER/IN: Beim Shikantaza, so wurde mir gesagt, seien die Emotionen Teil des Übens: Sie steigen auf, und wir meditieren mit ihnen.

JOKO: Ja, die Shikantaza-Übungspraxis kann so verstanden werden. Wir müssen uns nur über die Fallen im klaren sein, in die wir gehen können.

SCHÜLER/IN: In den längeren, schwierigeren Sesshins fühle ich mich manchmal wie jemand, der seine Hand über eine Kerze hält, um zu sehen, wieviel Schmerz er aushalten kann. In der alten Form der Samadhi-Praxis wurde, glaube ich, Samadhi durch die Fähigkeit bewiesen, durch Glückseligkeit und Konzentration den Schmerz auszulöschen.

JOKO: Richtig. Dabei wird das Objekt ausgelöscht.

SCHÜLER/IN: Bei der Art von Praxis wird das Sesshin zu so etwas wie einem Ausdauerwettbewerb. Könnten Sie etwas darüber sagen, was der Schmerz in diesem System für eine Funktion hat, wenn er nicht Masochismus sein soll?

JOKO: Maßvoller Schmerz ist ein guter Lehrer. Das Leben selbst konfrontiert uns mit Schmerz und Unannehmlichkeiten. Wenn wir nicht wissen, wie wir mit Schmerzen und Unannehmlichkeiten umgehen sollen, wissen wir auch nicht viel über uns selbst. Extremer Schmerz ist jedoch nicht notwendig.

Ist der Schmerz beim Sitzen extrem, dann kann man einen Hocker oder Stuhl verwenden oder sich sogar niederlegen. Trotzdem hat die Bereitschaft, der Schmerz zu *sein,* einen gewissen Sinn. Die Subjekt-Objekt-Trennung geschieht, weil wir nicht bereit sind, der Schmerz zu sein, den wir mit dem Objekt assoziieren. Deshalb distanzieren wir uns von ihm. Wenn wir uns selbst nicht in unserer Beziehung zum Schmerz verstehen, laufen wir vor ihm davon, wenn er auftritt, und verlieren den großen Schatz des Gewahrseins mit seiner unmittelbaren Lebenswahrnehmung. Deshalb ist es bis zu einem gewissen Punkt sinnvoll, mit dem Schmerz zu sitzen, um zu einem vollständigeren Gewahrsein unseres Lebens, wie es ist, zu gelangen.

Wenn ich beim *Daisan* mit Schülern zusammen bin, tun mir die meiste Zeit meine Knie weh. Sie tun also weh – so ist es nun einmal. Besonders wenn wir älter werden, ist es gut, wenn wir einfach bei unserer Erfahrung bleiben und unser Leben in der Fülle leben könne. Wir sind auch hier, um zu lernen, mit Unbequemlichkeiten und Unannehmlichkeiten zu leben. Maßvoller Schmerz ist ein großer Lehrer. Ohne ein gewisses Maß an Unbequemlichkeit würden die meisten von uns sehr wenig lernen. Schmerz, Unbequemlichkeit, Schwierigkeiten, sogar Tragödien können große Lehrer sein, vor allem, wenn wir älter werden.

SCHÜLER/IN: Ist im gewöhnlichen Bewußtsein alles außerhalb unserer selbst ein Objekt?

JOKO: Wenn wir uns das Selbst als ein Objekt unter anderen vorstellen, ist sogar das Selbst ein Objekt. Ich kann mich selbst beobachten, ich kann meine Stimme hören, ich kann mein Bein anfassen. Von diesem Standpunkt aus bin auch ich ein Objekt.

SCHÜLER/IN: So gehören zu den Objekten auch die Gefühle und Gedanken ebenso wie die Gegenstände in der Welt?

JOKO: Ja. Unsere Vorstellung, wir selbst seien ein Subjekt und alles andere ein Objekt, ist ein Irrtum. Wenn wir die Dinge voneinander trennen, wird alles zum Objekt. Es gibt nur ein wahres Subjekt – und das ist nichts. Was ist es?

SCHÜLER/IN: Bewußtsein.

JOKO: Ja. Bewußtsein, auch wenn das Wort es nicht ganz trifft. Bewußtsein ist nichts, aber trotzdem existiert das ganze Universum dadurch.

Es gibt eine traditionelle Zen-Geschichte über einen Meister, der gerade *Sutras* rezitierte, als plötzlich ein Dieb mit einem Schwert vor ihm stand und sein Geld oder sein Leben forderte.[9] Meister Kojun sagte dem Dieb, wo er das Geld finden könne, und bat ihn nur darum, daß er etwas zurücklasse, damit er seine Steuern zahlen könne, und daß er vor dem Weggehen dem Meister für die Gabe danken solle. Der Dieb willigte ein. Einige Tage später wurde er gefaßt und gestand verschiedene Verbrechen, einschließlich des Diebstahls an dem Zen-Meister. Aber der Meister beharrte darauf, daß er nicht das Opfer eines Diebes sei, weil er dem Mann das Geld freiwillig gegeben und der Mann ihm dafür gedankt habe. Nachdem der Dieb seine Gefängnisstrafe abgesessen hatte, kehrte er zu dem Meister zurück und wurde sein Schüler.

Solche Geschichten klingen romantisch und wunderbar. Aber nehmen wir einmal an, jemand leiht sich Geld von uns und gibt es nicht zurück. Oder jemand stiehlt uns unsere Kreditkarte und benutzt sie. Wie würden wir reagieren? Ein Problem bei alten Zen-Geschichten wie dieser ist, daß sie aus ferner Zeit und von weit her zu kommen scheinen. Durch diese Distanz von unserer heutigen Zeit wird unser Verständnis für den eigentlichen Sinn erschwert. Es geht nicht um den Gelddiebstahl oder darum, was der Meister getan hat. Es geht darum, daß der Meister den Dieb nicht verurteilte. Daraus folgt nicht, daß man grundsätzlich einem Dieb geben sollte, was er will; nicht immer ist das das beste Verhalten. Ich bin sicher daß der Meister die Situation ins Auge faßte und unmittelbar sah, wer der Mann war (vielleicht ein Junge, der sich ein Schwert geschnappt hatte, um schnell zu etwas Geld zu kommen), und er wußte intuitiv, was zu tun war. Es geht also nicht so sehr darum, *was* der Meister tat, sondern *wie* er es getan hat. Die Einstellung des Meisters war das Entscheidende. Anstatt ein Urteil zu fällen, setzte er sich einfach mit der Situation auseinander. Wäre die Situation anders gewesen, wäre wohl auch seine Reaktion anders gewesen.

Wir sehen nicht, daß wir alle Lehrer sind. Alles, was wir vom Morgen bis zum Abend tun, ist lehren: wie wir mit jemandem beim Essen sprechen, wie wir unsere Angelegenheiten auf der Bank abwickeln, unsere Reaktion, wenn ein Antrag angenommen oder abgelehnt wird – alles, was wir tun, und alles, was wir sagen, spiegelt wider, wie wir üben. Aber wir können nicht einfach wie Meister Kojun sein wollen. Das ist eine Falle, in die wir auf dem Übungsweg gehen können, wenn wir uns sagen: »So sollte ich sein.« Die Schüler richten großen Schaden an, wenn sie die Übungspraxis mit solchen Idealen belasten. Sie stellen sich vor: »Ich sollte selbstlos, großzügig und edel wie der große Zen-Meister sein.« Der Meister einer solchen Geschichte kann richtig handeln, weil er ist, was er ist. Er überlegt nicht lange. Wenn wir versuchen, etwas zu sein, was wir nicht sind, werden wir der Sklave starrer, festgelegter Gedanken und folgen irgendeiner Regel, wie die Dinge sein sollten. Wir bemerken unsere Gewalttätigkeit und unsere Wut nicht, weil wir so befangen sind in dem Bild davon, wie wir sein sollten. Wenn wir diese Geschichten richtig verwenden, sind sie wunderbar. Aber wir sollten nicht einfach versuchen, sie in unserem Leben nachzuahmen. Im Innersten sind wir genau so richtig, wie wir sind. Wir sind schon erleuchtet. Aber bevor wir das nicht wirklich begriffen haben, werden wir wahnhaft handeln.

In Zen-Zentren und anderen Orten, an denen eine spirituelle Praxis geübt wird, übersieht man oft, was mit einem

Menschen geschehen muß, damit wirkliche Erleuchtung stattfinden kann. Das erste, was geschehen muß – auf einem langen Weg voller Umwege und Irrtümer –, ist die Integration unseres Menschenseins, bei dem Geist und Körper eins werden. Viele Menschen brauchen schon für diesen Versuch ein ganzes Leben. Wenn Geist und Körper eins sind, werden wir nicht mehr ununterbrochen hin und her gerissen. Solange wir noch von unseren selbstsüchtigen Emotionen beherrscht werden (und die meisten von uns sind von Tausenden solcher Illusionen erfüllt), haben wir diesen Schritt noch nicht geschafft. Ein Mensch, der noch nicht zur Integration von Körper und Geist gekommen ist, kann natürlich eine eindrucksvolle Erfahrung machen, wenn er durch die enge Pforte der Konzentration zur Erleuchtung gestoßen wird, aber er kann dann nichts damit anfangen. Die Einheit des Universums für einen Augenblick zu sehen heißt noch nicht, daß unser Leben dadurch freier wird. Solange wir uns zum Beispiel noch Gedanken darüber machen, was uns jemand angetan hat, der uns zum Beispiel unser Geld weggenommen hat, sind wir noch nicht wirklich integriert. Wessen Geld ist es eigentlich wirklich? Und wieso gehört ein Stück Land überhaupt uns? Unser Besitzempfinden entsteht aus unserer Angst und Unsicherheit; deshalb möchten wir Dinge haben. Wir möchten auch Menschen besitzen. Wir möchten Ideen besitzen. Wir möchten unsere Meinungen besitzen. Wir möchten eine Lebensstrategie haben. Und solange wir all das tun, ist die Vorstellung, daß wir ganz von selbst wie Meister Kojun handeln könnten, sehr weit hergeholt.

Wichtig ist, wer wir in einem bestimmten Augenblick sind und wie wir mit dem umgehen, womit uns das Leben konfrontiert. In dem Maß, wie Körper und Geist integrierter werden, wird auch die Arbeit paradoxerweise viel leichter.

Unsere Aufgabe ist es, uns mit der ganzen Welt zu integrieren. Wie der Buddha sagte: »Die ganze Welt besteht aus meinen Kindern.« Wenn wir einmal relativen Frieden in uns gefunden haben, wird die Integration mit der übrigen Welt leichter. Was am meisten Zeit und Arbeit fordert, ist der Anfang. Wenn er irgendwann bis zu einem gewissen Grad gemacht ist, können viele Lebensbereiche die Qualität eines erleuchteten Lebens gewinnen. Die ersten Jahre sind schwieriger als die späteren. Das schwierigste ist das erste Sesshin, die schwierigsten Monate des Sitzens erleben wir im ersten Jahr; schon das zweite Jahr ist leichter, und so geht es weiter.

Später, vielleicht nach fünf oder zehn Jahren des Sitzens, kann eine weitere Krise auftreten, wenn wir zu verstehen beginnen, daß wir durch die Meditation nirgendwo hingelangen. Der Traum ist vorbei – der Traum der persönlichen Herrlichkeit, die wir durch das Üben zu erlangen glaubten. Das Ego verblaßt; das kann eine harte, schwierige Phase sein. Beim Lehren sehe ich, wie die persönlichen Pläne der Schüler zerbrechen. Das geschieht im ersten Teil der Reise. Es ist wunderbar, auch wenn es sehr hart ist. Das Üben wird unromantisch: Es ist dann nicht mehr so wie das, was wir in den Büchern lesen. Dann beginnt das wirkliche Üben: Augenblick für Augenblick sich einfach dem Augenblick stellen. Unser Verstand ist dann nicht mehr so widerspenstig; er dominiert uns nicht mehr. Wir beginnen wirklich, auf unsere persönlichen Pläne zu verzichten, auch wenn diese Entwicklung immer wieder durch schwierige Phasen unterbrochen wird. Der Weg ist nie gerade und leicht zu gehen. Ja, je steiniger er ist, desto besser. Das Ego braucht Steine als Herausforderung.

Wenn wir auf dem Übungsweg fortschreiten, bemerken wir, daß diese Phasen, die Steine auf dem Weg, nicht mehr so hinderlich sind, wie sie es früher gewesen wären. Wir haben nicht mehr dieselben Pläne und Vorstellungen wie früher, nicht mehr diesen Drang, wichtig zu sein oder zu urteilen. Auch wenn unser Gewahrsein beim Sitzen nur vierzigprozentig ist, bröckeln unsere persönlichen Vorstellungen allmählich ab. Je länger wir sitzen, desto weniger ereignisreich wird die Meditation. Wie lange können wir es aushalten, unseren Ego-Ballast anzusehen? Wie lange können wir ihn sehen, ohne ihn loszulassen und in die Gegenwart zurückzukehren? Es ist, als ob sich das Ego allmählich abnutze, wobei es nicht um einen Gewinn an Tugend, sondern um einen Gewinn an Einsicht geht.

Wir müssen nicht nur unsere Gedanken benennen, sondern auch an unseren Körperwahrnehmungen »dranbleiben«. Wenn wir an beidem mit größter Geduld arbeiten, öffnet sich uns allmählich ein neuer Blick auf das Leben.

Wir wollen ein reiches und umfassendes Leben, das so segensreich wie möglich ist. Wir alle haben die Anlage zu solch einem Leben. Intelligenz hilft uns dabei; die Menschen, die in die Zen-Zentren kommen, sind meist recht gescheit. Aber gescheite Leute neigen auch dazu, sich in zu vielem Denken und Analysieren zu verfangen. Gleichgültig, welche Disziplin wir pflegen – Kunst, Musik, Physik, Philosophie –, wir können sie pervertieren und dazu benutzen, dem Üben aus dem Weg zu gehen. Aber wenn wir nicht üben, gibt uns das Leben immer wieder die nötigen Anstöße, damit wir lernen, was wir zu lernen haben. Niemand kann uns dieses Üben abnehmen; das müssen wir schon selbst tun. Und unser Leben ist der einzige Prüfstein dafür, ob wir es tun.

Der Streit um Tomaten

Gerade bekam ich einen Anruf von der Ostküste, von einer Freundin, die im Sterben liegt. Sie sagte, daß sie vielleicht noch drei oder vier Tage zu leben hätte und daß sie mich anriefe, um sich zu verabschieden. Nach dem Gespräch mußte ich an die Kostbarkeit dieses Juwels denken, das wir »Leben« nennen – und daran, wie wenig wir es kennen oder schätzen. Und selbst wenn wir es ein wenig kennen, wie wenig sorgfältig gehen wir damit um!

Manche Menschen, vor allem jene, die in spirituellen Gemeinschaften leben, stellen sich vielleicht vor, daß das Juwel des Lebens keine Konflikte, keinen Streit, keine Aufregung kennt – nur Ruhe und Frieden. Das ist ein großer Irrtum, denn wenn wir nicht begreifen, wie Konflikte erzeugt werden, können wir unser Leben und das Leben anderer zerstören. Zunächst müssen wir sehen, daß wir alle Angst haben. Unsere Grundangst ist die Angst vor dem Tode, und diese Angst ist die Wurzel all unserer anderen Ängste. Die Angst vor unserer Auflösung in ein Nichts führt zu sinnlosen Verhaltensweisen, zum Beispiel zu der Bemühung, unser Selbstbild, unser Ego zu schützen. Aus diesem Bedürfnis, uns zu schützen, entsteht Wut. Aus der Wut entstehen Konflikte. Und Konflikte zerstören unsere Beziehungen zu anderen Menschen.

Ich will damit nicht sagen, daß in einem guten Leben keine heftigen Auseinandersetzungen, keine Meinungsverschiedenheiten vorkämen; das wäre töricht. Als junges Mädchen war ich gut bekannt mit zwei älteren Männern und ihren Familien. Unsere Familien waren miteinander befreundet und unternahmen oft gemeinsame Wochenendausflüge. Diese beiden Männer lagen ständig miteinander im Wettstreit, besonders während der Tomatensaison. Sie stellten beide ihre besten Tomaten auf der örtlichen Messe aus. Ihre Wortgefechte über die Tomaten waren klassisch, jeder pries die Vorzüge seiner Tomaten mit donnernder Stimme. Und tatsächlich gewannen beide den ersten Preis. Es war köstlich, ihnen zuzusehen, weil sie beide wußten, daß sie nur zum Vergnügen stritten. Ein Prüfstein für eine gute Auseinandersetzung, einen guten Meinungsaustausch ist, daß nach Beendigung des Konflikts kein Rest von Kälte oder Bitterkeit, kein Gefühl, den anderen besiegt zu haben, übrigbleibt. Auseinandersetzungen sind gut, aber nur, wenn sie vergnüglich sind. Wenn wir mit jemandem streiten, der uns nahesteht, und nachher so tun, als sei alles vergessen, in Wirklichkeit aber kühl und distanziert sind, ist es Zeit, ein bißchen genauer hinzusehen.

Ein Vers aus dem *Tao-Te-King* lautet: »Wer gut ist als Ritter, ist nicht streitbar; / Ein guter Kämpfer wütet nicht; / Wer gut ist als Feindbezwinger, wird nicht handgemein; / Wer Menschen gut verwendet, stellt sich ihnen unter.«[10] Diese Kämpfer wissen, was ein guter Kampf ist. Nicht daß sie den Kampf scheuten, aber sie sind spielerisch miteinander im Wettstreit. In dieser Hinsicht sind sie wie Kinder, in Harmonie mit dem *Tao*. Wenn wir in diesem Geiste streiten, dann ist es gut. Aber wie oft ist das schon der Fall?

Suzuki Roshi wurde einmal gefragt, ob Zorn ein frischer Wind sein könne, der alles reinige. Er sagte: »Ja, aber ich glaube nicht, daß es nötig ist, euch darüber Gedanken zu machen.« Er sagte, daß er selbst nie einen Zorn gehabt habe, der wie frischer Wind gewesen sei. Und auch unser Zorn ist bestimmt nicht so frisch und rein, denn darunter liegt Angst. Solange wir mit unserer Angst noch nicht in Berührung gekommen sind und sie noch nicht erfahren haben, wird unser Zorn Schaden anrichten.

Ein gutes Beispiel dafür ist unser Bemühen, aufrichtig zu sein. Aufrichtigkeit ist die absolute Grundlage unseres Übens. Aber was bedeutet das? Nehmen wir an, wir sagen zu jemandem: »Ich möchte aufrichtig zu dir sein. Ich möchte dir sagen, wie ich unsere Beziehung sehe.« Was wir da sagen, kann hilfreich sein. Aber oft kommt unser Bemühen, aufrichtig zu sein, nicht aus wahrer Aufrichtigkeit, aus einem spielerischen Geist, aus einer Einstellung, die den anderen mit einschließt – auch wenn wir vorgeben, es sei so. Solange wir die Absicht haben, recht zu haben, dem anderen etwas zu zeigen oder beizubringen, sollten wir vorsichtig sein. Solange unsere Worte noch im geringsten an unser Ego gebunden sind, sind sie nicht aufrichtig. Die wahren Worte kommen dann, wenn wir verstehen, was es bedeutet zu wissen, daß wir wütend sind, zu wissen, daß wir Angst haben, und wenn wir warten können. In den alten Schriften heißt es: »Hast du die Geduld zu warten, bis dein Geist sich beruhigt hat und das Wasser wieder klar ist? Kannst du dich still verhalten, bis das richtige Handeln sich von selbst ergibt?« Damit ist das Wesentliche wunderbar gesagt: Können wir einen Augenblick innehalten, bis die richtigen Worte sich von selbst ergeben – aufrichtige Worte, Worte, die niemanden verletzen? Solche Worte können sehr offen sei. Sie können genau das mitteilen, was wir sagen müssen. Es mögen sogar die gleichen Worte sein, die wir aus unserem Ego heraus gesprochen hätten, aber trotzdem wird es ganz anders sein. So zu leben ist nicht einfach; niemand von uns kann das andauernd tun. Unsere erste Reaktion entsteht aus dem Bedürfnis nach Selbsterhaltung und aus Angst, und sofort stellt sich Zorn ein. Unsere Gefühle sind verletzt, wir fürchten uns, und deshalb werden wir wütend.

Wenn wir die Geduld haben, so lange zu warten, bis sich der Staub (unser Verstand) gesetzt hat und das Wasser wieder klar ist, wenn wir innehalten, bis das richtige Handeln sich von selbst ergibt, werden auch die richtigen Worte sich ergeben, ohne daß wir darüber nachdenken müssen. Wir müssen unsere Worte dann nicht mit den verschiedensten Gründen rechtfertigen; es wird überhaupt keiner Begründung bedürfen. Die richtigen Worte kommen von selbst, wenn wir zur Ruhe gekommen sind. Ohne ernsthaftes Üben wird uns das nicht gelingen. Dazu müssen wir nicht unbedingt sitzen und meditieren; manchmal müssen wir nur tief einatmen, einen Augenblick warten, spüren, was in uns vorgeht, und dann sprechen. Wenn wir allerdings einen ernsthaften Konflikt mit jemandem haben, werden wir vielleicht mehr Zeit brauchen. Dann kann es einen ganzen Monat dauern, bis der richtige Augenblick gekommen ist, etwas zu sagen.

Meine alten Freunde, die über die Tomaten stritten, hatten keine Absicht, einander zu schaden. Trotz des Spektakels war ihr Ego praktisch nicht beteiligt. Sie hatten dieses Spiel schon jahrelang gespielt. Meine Schüler erzählen mir oft von Auseinandersetzungen mit Freunden, von Dingen, die schiefgegangen sind und die sie »berichtigen« wollen. »Mein Freund war gemein zu mir. Mein Freund hat sich falsch verhalten. Ich werde ihm sagen, wie ich das finde.« Im Hinblick auf solche Situationen sagte Jesus: »Wer ohne Sünde ist, werfe den ersten Stein.« Wir machen alle Fehler. Ich mache Fehler, Sie machen Fehler, wir alle machen Fehler. Aber unser Ego sagt uns nur, daß der andere Fehler macht. Meist besteht unsere Kommunikation mit anderen während eines Konfliktes hauptsächlich darin, ihnen zu sagen, was sie falsch gemacht haben. Dann wollen sie uns natürlich auch sagen, was wir falsch gemacht haben. Und so geht es hin und her, hin und her. Dabei wird nichts Nützliches oder Wahres mitgeteilt. Die beiden Personen, die miteinander sprechen, sind wie Schiffe, die nachts aneinander vorbeifahren. Keiner will warten, bis sich der Staub gesetzt hat; wir haben Angst, daß wir ausgenutzt werden. Aber können wir denn wirklich ausgenutzt werden?

SCHÜLER/IN: Wir können nicht ausgenutzt werden, aber wir glauben meistens, daß uns das passieren könnte.

JOKO: Wir haben oft das Gefühl, daß wir ausgenutzt werden. Nehmen wir an, jemand schuldet uns Geld und zahlt es uns nicht zurück. Oder jemand hält ein Versprechen nicht, das er uns gegeben hat. Oder jemand redet hinter unserem Rücken über uns. Und so weiter; wir alle tun solche Dinge: Ist solch ein Verhalten ein Grund, eine Freundschaft, einen Partner, ein Kind oder ein Elternteil zu verlassen? Haben wir die Geduld, zu warten, bis unser Staub sich gesetzt hat und das Wasser wieder klar ist? Können wir innehalten, bis das richtige Handeln sich von selbst ergibt? Manchmal ärgern wir uns über uns selbst. Wenn das geschieht, gebrauchen wir meist falsche Worte, die aus unserer Neigung entspringen, uns verletzt zu fühlen. Anstatt die ärgerlichen Worte an jemand anderen zu richten, richten wir sie an uns selbst. Aber nur aus dem Tao – der Leere, der Stille – können die richtigen Worte und das richtige Handeln entspringen. Die richtigen Worte und das richtige Handeln *sind* das Tao.

Wenn ich lehre, habe ich weniger Interesse an den Konflikten der Schüler als an der Art ihrer Worte und daran, woher ihre Worte kommen. Bei Menschen, die schon eine Weile auf dem Übungsweg sind, klingen die Worte vielleicht besser, aber sie kommen immer noch von der falschen Stelle. »Ich weiß, es liegt nur an mir. Ich weiß, es hat nichts mit dir zu tun. Ich will auch nicht kleinlich sein und herummäkeln, *aber* ...« Das Urteil ist immer noch da, nur verdeckt. So jemand könnte genausogut sagen: »Verdammt! Warum räumst du deine Kleider nicht auf?« Auch wenn aufgeräumte Kleider ganz schön sind – *so* wird man nichts erreichen. Können wir ruhig bleiben, können wir den Mund halten, bis das richtige Handeln oder das richtige Wort sich von selbst ergeben? Meistens schadet es nicht das geringste, *nichts zu tun.* Das meiste, was wir tun, bewirkt sowieso nichts, wir glauben nur, es würde etwas bewirken.

Wir sind alle ärgerlich, weil wir alle Angst haben. Glücklicherweise haben wir oft die Gelegenheit zu üben, wenn wir ärgerlich werden wegen Menschen, mit denen wir Schwierigkeiten haben. Wir versuchen dann vielleicht, ihnen aus dem Weg zu gehen, sie aus unserem Leben auszuschließen. Warum tun wir das?

SCHÜLER/IN: Um uns das Leben leichter zu machen.

SCHÜLER/IN: Weil sie nicht tun, was wir wollen.

SCHÜLER/IN: Weil sie uns vielleicht etwas von uns selbst zeigen, was wir nicht sehen wollen.

SCHÜLER/IN: Um unserem eigenen Schuldgefühl zu entgehen.

SCHÜLER/IN: Vielleicht wollen wir sie dadurch bestrafen.

SCHÜLER/IN: Vielleicht war unser letztes Zusammentreffen mit ihnen zu verwirrend und schmerzhaft, und wir wollen nicht mehr an diesen Punkt rühren.

JOKO: Wir müssen bereit sein, die Verwirrung und die Unannehmlichkeit auszuhalten, den Staub sich setzen zu lassen, bis wir klarer sehen. Durch solches Üben können wir den kostbaren Juwel unseres Lebens entdecken; dann wird es keinen Zank mehr geben. Vielleicht haben wir noch Auseinandersetzungen, aber sie werden wie bei den Tomatenstreitern spielerisch sein. Wenn wir unseren Zorn wirklich vollständig »studieren«, verschwindet er. Dogen Zenji sagte: »Den Buddhismus studieren heißt das Selbst studieren, und das Selbst studieren heißt das Selbst vergessen.« Wenn unsere Wut sich in nichts auflöst, gibt es kein Problem mehr; das richtige Handeln ergibt sich von selbst. In intensiven *Retreats* wird dieser Prozeß beschleunigt. Das auf sich selbst konzentrierte Selbst wird transparenter, klarer, alles kann sich erst einmal setzen. Und wenn sich der Staub gesetzt hat und das Wasser klarer wird, können wir den Juwel sehen – fast so, als wären wir im tropischen Meer und könnten in der Tiefe die bunten Fische und Pflanzen sehen. Dann können wir wahre Worte sprechen, die ganz etwas anderes sind als die selbstsüchtigen Worte, die immer Disharmonie entstehen lassen.

SCHÜLER/IN: Joko, was sagen Sie denn zu jemandem, der stirbt?

JOKO: Nicht viel; oder »Ich hab' dich lieb«. Auch wenn wir sterben, wollen wir an der menschlichen Erfahrungswelt teilhaben.

SCHÜLER/IN: Manchmal, wenn ich einen Konflikt habe und ich sage spontan etwas, so gut ich kann, dann lerne ich viel über mich selbst, was ich nicht wissen will, auch wenn es nicht perfekt war, und das ist sehr wertvoll. Und dann kann ich ehrlich damit umgehen, anstatt zu warten.

JOKO: Ja, ich verstehe. Wenn ich vom Warten spreche, meine ich kein Rezept. Ich spreche von einer Lernhaltung. Manchmal ist es nützlich, etwas zu sagen, bevor sich der Staub gesetzt hat; es hängt von der Einstellung und dem Geist der Worte ab. Auch wenn wir nicht die vollkommen richtige Einstellung haben, kann es trotzdem in Ordnung sein, wenn wir schnell dabei lernen. Wenn wir es schlecht gemacht haben, entschuldigen wir uns. Wir sollten immer bereit sein, uns zu entschuldigen; wir haben alle etwas, für das wir uns entschuldigen können.

SCHÜLER/IN: Oft glaube ich wirklich, ich wäre aufrichtig, aber im Rückblick sehe ich, daß ich mir sehr viel vorgemacht habe.

JOKO: Ja. Ob ein Konflikt gut war und nicht schädlich, erkennen wir daran, daß nichts hängenbleibt. Alle fühlen sich gut danach. Es ist klar. Es ist vorbei. Die Luft ist wieder rein. Das ist wunderbar, aber sehr selten.

SCHÜLER/IN: Aber es gibt anscheinend Dinge, die wir einfach nicht regeln können.

JOKO: Ich rede nicht vom Regeln; das würde bedeutet, daß wir die Welt im Griff haben, das Universum kontrollieren wollen.

SCHÜLER/IN: Manchmal lasse ich es zu, daß Leute mich schlecht behandeln. Wenn ich das tue, ist es wichtig für mich, etwas dazu zu sagen. Wenn ich etwas sage, mache ich manchmal gute Erfahrungen damit.

JOKO: Es ist gut, etwas zu sagen, uns zu wehren, wenn wir es mit aufrichtigen Worten tun können. Und wenn wir das Gefühl haben, schlecht behandelt, mißbraucht worden zu sein, müssen wir erkennen, daß wir das vielleicht zugelassen haben. Wenn wir das sehen, ist es manchmal gar nicht notwendig, etwas dazu zu äußern. Anstatt den anderen erziehen oder retten zu wollen (was nie unsere Sache ist), können wir einfach lernen.

Du sollst nicht urteilen

Im *Dhammapada,* Vers 50, heißt es: »Möge keiner Fehler beim anderen finden. Möge keiner Unterlassung und böse Tat beim anderen finden. Mögen wir unsere eigenen Taten sehen, geschehene wie ungetane.« Dies ist ein entscheidender Aspekt unseres Übens. Auch wenn wir uns durch unsere Übungspraxis unserer Neigung, andere zu verurteilen, bewußter werden, tun wir es im Alltagsleben doch immer wieder. Weil wir Menschen sind, urteilen wir über einander. Jemand tut etwas, das uns als grob oder unfreundlich oder gedankenlos erscheint, und wir können nicht anders, als es zu bemerken. Wie oft am Tag sehen wir, daß Menschen etwas tun, das auf irgendeine Weise fehlerhaft zu sein scheint?

Es verhält sich nun einmal nicht jeder richtig. Die Leute tun oft etwas, was uns mißfällt. Wenn sie tun, was sie tun, besteht deshalb noch keine Notwendigkeit für uns, sie zu verurteilen. Auch ich bin dagegen nicht immun; ich merke, daß ich immer wieder Leute verurteile. Wir alle tun das. Deshalb möchte ich eine Übung empfehlen, die uns helfen kann, uns beim Urteilen zu erwischen: Wir sollten jedesmal, wenn wir den Namen eines anderen Menschen nennen, achtgeben, was wir hinzufügen. Was sagen oder denken wir über diesen Menschen? Was für ein Etikett benutzen wir? Ordnen wir den Betreffenden in irgendeine Kategorie ein? Wir sollten niemanden in eine Schublade tun; unsere Vorlieben und Abneigungen jedoch verleiten uns immer wieder dazu. Ich nehme an, daß Sie bei dieser Übung merken werden, daß Sie keine fünf Minuten auskommen, ohne ein Urteil zu fällen. Es ist wirklich erstaunlich. Wir wollen, daß die anderen sich so verhalten, wie es uns paßt – und wenn sie das

nicht tun, beurteilen wir sie. Unser wahres Leben ist voll von solchen Urteilen.
Wenige von uns verletzen andere Menschen physisch. Wenn wir jemanden verletzen, dann meistens mit unserem Mund. Irgend jemand hat einmal gesagt: »Es gibt zwei Situationen, in denen man den Mund geschlossen halten sollte: beim Schwimmen und wenn man wütend ist.« Wenn wir über andere urteilen und feststellen, daß sie im Unrecht sind, haben wir recht – und das lieben wir.
Wie der oben zitierte Text besagt, sollten wir uns statt dessen mehr um unser eigenes Verhalten kümmern. »Mögen wir unsere eigenen Taten sehen, geschehene wie ungetane.« Anstatt dauernd Ausschau zu halten, was wir an anderen verurteilen können, sollten wir unser eigenes Verhalten in Augenschein nehmen: Was wir getan haben und was wir nicht getan haben. Wir müssen uns nicht verurteilen, aber wir sollten einfach wahrnehmen, was wir tun. Wenn wir beginnen, uns selbst zu verurteilen, haben wir uns ein Ideal aufgebaut, dem wir entsprechen zu müssen glauben. Auch das ist nicht sehr hilfreich. Wir müssen einfach sehen, was wir wirklich denken, uns bewußt sein, was unsere Wahrheit ist. Wenn wir das tun, werden wir bemerken, daß sich unser Körper immer verspannt, wenn wir ein Urteil fällen. Hinter dem Urteil steht ein selbstsüchtiger Gedanke, der eine körperliche Verspannung bewirkt. Im Lauf der Zeit wirkt sich diese Spannung schädlich für uns und indirekt auch für andere aus. Aber nicht nur die Verspannung ist schädlich, sondern auch die Urteile, die wir über andere (und uns selbst) fällen, sind schädlich.
Immer, wenn wir den Namen eines anderen Menschen nennen, ist es nützlich, wahrzunehmen, ob wir mehr als eine Tatsache festgestellt haben. Das Urteil »sie ist gedankenlos« beispielsweise geht über die Tatsachen hinaus. Die Tatsa-

chen sind, daß sie getan hat, was sie getan hat – daß sie beispielsweise gesagt hat, sie würde mich anrufen, ohne es dann zu tun. Daß sie gedankenlos war, ist mein eigenes negatives Urteil, das ich den Tatsachen hinzugefügth abe. Wir werden merken, daß wir immer und immer wieder solche Urteile fällen. Üben bedeutet, sich dessen bewußt zu werden. Es ist wichtig, daß wir nicht unbewußt über große Bereiche unseres Lebens hinwegschlittern, und das Reden über andere spielt eine große Rolle in unserem Leben.

SCHÜLER/IN: Ist es okay, wenn man sagt: »Sie sagte, sie würde anrufen, aber sie hat es nicht getan?«

JOKO: Das hängt davon ab, *wie* wir es sagen. Wenn wir die »Tatsachen« mit einem anklagenden Unterton »feststellen«, dann fällen wir ganz eindeutig ein Urteil, auch wenn die Worte nur Fakten wiederzugeben scheinen.

SCHÜLER/IN: Wenn wir sehen, was die anderen für Fehler machen, hilft uns das zu erkennen, was man *nicht* tun sollte. In gewisser Weise sollten wir ihnen für ihre Irrtümer dankbar sein.

JOKO: Es ist nützlich, die anderen als unsere Lehrer zu sehen. Aber wenn es zu unserem Lernen gehört, zu sehen, daß die anderen sich falsch verhalten, sind wir immer noch im Urteilen befangen.

Wenn wir wach sind und nicht von unseren Emotionen gefangen, können wir lernen. Fast immer aber regen wir uns auf irgendeine Weise auf. Aus dieser Aufregung heraus verurteilen wir andere und uns selbst. Beides ist schädlich und unfruchtbar.

SCHÜLER/IN: Ich halte meistens meinen Mund, wenn es um andere geht. Aber wenn ich ärgerlich oder aufgeregt bin, merke ich, daß ich meine Urteile indirekt durch meine Haltung und durch passiv-aggressives Verhalten zum Ausdruck bringe. Ich finde es sehr schwer, damit umzugehen.

JOKO: Der Schlüsselsatz ist: »Mögen wir unsere eigenen Taten sehen, geschehene wie ungetane.« Das bedeutet einfach, daß wir unsere Haltung, unsere Gedanken und unser Verhalten wahrnehmen. Und, was ganz wichtig ist, daß wir zu unserer körperlichen Wahrnehmung der Wut zurückkehren, daß wir sie wirklich spüren.

SCHÜLER/IN: In der Arbeit passiert es öfters, daß wir uns über den Chef beklagen und über ihn herziehen. Wenn ich daran nicht teilnehme, sieht es aus, als wäre ich arrogant und würde mich für besser als die anderen halten.

JOKO: Das ist eine schwierige Situation. Eines der Kennzeichen dafür, daß man richtig geübt hat, ist, daß man präsent ist, ohne an schädlichen Aktionen teilzunehmen. Das würde für Sie bedeuten, in einer Gruppe zu sein, die Urteile fällt und kritisch ist, sich herauszuhalten und trotzdem nicht als jemand zu erscheinen, der anders sein will und sich für besser hält. Das ist möglich.

Wie könnte man das schaffen? Was wäre dabei hilfreich?

SCHÜLER/IN: Humor.

JOKO: Ja, Humor hilft. Und was sonst noch?

SCHÜLER/IN: Die anderen nicht zu beurteilen, die kritisieren.

JOKO: Ja. Wenn alle anderen sich in Klatsch und Tratsch ergehen und wir beschlossen haben, das nicht zu tun, fühlen wir uns wahrscheinlich überlegen, besser als die anderen. Vielleicht sind wir auch ärgerlich. Wenn unsere Haltung Ärger oder Überlegenheit ausdrückt, wird dieses Urteil spürbar sein. Aber wenn wir ernsthaft mit unserem Ärger geübt haben, kann es sein, daß er nur ganz minimal ist und kein Problem darstellt. Wir können auf ganz natürliche Weise einfach ein Teil der Gruppe sein.

SCHÜLER/IN: Ich habe bemerkt: Wenn ich in einer Gruppe bin, die über andere redet oder sie kritisiert und ich sie einfach reden lasse, ohne ein Urteil zu fällen, daß sie dann oft irgendwann zu mir kommen, um auch die andere Seite zu sehen. Aber wenn ich am Anfang versuche, die Sache im Keim zu ersticken, dann steigern sie sich nur noch mehr ins Urteilen hinein. Wenn ich argumentiere oder versuche, auf die positiven Eigenschaften des Menschen hinzuweisen, den sie kritisieren, kommt nichts Gutes dabei heraus.

JOKO: Ja. Je klarer wir auf unserem eigenen Übungsweg werden, desto eher gelingt es uns, mit allem, was uns begegnet, zurechtzukommen.

SCHÜLER/IN: Anstatt über den zu reden, der kritisiert wird, ist es hilfreich, zu demjenigen zurückzugehen, der kritisiert, und Verständnis für seine Gefühle zu zeigen. Wenn jemand beispielsweise sagt: »Er kommt immer zu spät«, können wir sagen: »Es muß schwierig für dich sein, immer warten zu müssen. Ich verstehe, daß dich das ärgert.«

SCHÜLER/IN: Und wie ist es mit positiven Urteilen? Es gibt eine psychologische Richtung, die der Ansicht ist, daß es für Kinder nicht gesund ist, sie überhaupt zu beurteilen, sei es negativ oder positiv. Wenn wir sagen: »Du bist so ein braver Junge!« oder »Wie gescheit du bist!«, stecken wir sie in eine Schublade.

JOKO: Es ist besser, jemanden überhaupt nicht zu beurteilen. Wir können aber das loben, was sie getan haben. Zu einem Kind könnten wir sagen: »Das ist eine wunderschöne Zeichnung!« Je genauer wir das formulieren, desto besser. Anstatt »Ein toller Aufsatz!« können wir zum Beispiel sagen: »Du hast hier gute Beispiele gefunden, um deine Ansichten zu untermauern.«

Kinder wirken weniger bedrohlich auf uns als Erwachsene. Von Erwachsenen erwarten wir, daß sie wissen, was sie tun, und deshalb sind wir gleich bereit, sie zu beurteilen und Fehler bei ihnen zu finden. Genauso uns selbst gegenüber: Wir denken, daß wir wissen sollten, was wir tun.

SCHÜLER/IN: Was soll ich tun, wenn ich merke, daß ich andere beurteile?

JOKO: Wenn wir uns beim Urteilen erwischen, müssen wir bemerken, aus welchen Gedanken das Urteil besteht, wie beispielsweise »Ich denke, daß sie dumm ist«, und dabei die

Spannung in unserem Körper spüren. Hinter unserem Urteilen liegt immer Angst oder Furcht. Es ist sehr hilfreich, diese Angst unmittelbar wahrzunehmen, anstatt unser Handeln von ihr bestimmen zu lassen.

Das Problem ist, daß es uns Spaß macht, kritisch über Menschen zu reden. Daraus entstehen dauernd Schwierigkeiten. Wenn etwas geschieht, dem wir relativ neutral gegenüberstehen, können wir meist ganz gut damit umgehen. Aber den meisten Dingen stehen wir nicht besonders neutral gegenüber. Deshalb ist das Üben so wertvoll.

SCHÜLER/IN: Ich habe bemerkt, daß mein Urteil meine ganze Beziehung zu einem Menschen färbt, wenn ich ihn bei der ersten Begegnung beurteilt habe. Ich neige dann dazu, an diesem Urteil festzuhalten, und vergesse ganz, damit zu üben.

JOKO: Ja. Wir bilden uns eine feste Vorstellung. Das nächstemal, wenn wir diesem Menschen begegnen, ist diese Vorstellung schon fixiert, und wir können noch weniger wahrnehmen, wie dieser Mensch wirklich ist.

SCHÜLER/IN: Wenn man auch noch mit einem Dritten kritisch über diesen Menschen spricht, scheint das das Urteil noch mehr zu verfestigen. Wenn ich mir beispielsweise mit jemand anderem darüber einig bin, daß ein bestimmter Mensch gedankenlos ist, wird das Urteil noch unabänderlicher und unerschütterlicher.

JOKO: Ja. Vieles, was wir Freundschaft nennen, ist im

Grunde nichts anderes als gemeinsames Urteilen über andere Menschen und Ereignisse und eine gemeinsame kritische Einstellung.

SCHÜLER/IN: Sind Urteile nicht immer falsch? Wir sehen doch nur so wenig von einem Menschen.

JOKO: Ich würde nicht sagen, daß wir uns immer täuschen. Wir sind unvollkommen. So ist beispielsweise jeder manchmal gedankenlos; wir denken die Dinge einfach nicht ganz durch, wir sind nicht wirklich aufmerksam. Aber wenn wir jemand anderen als »gedankenlos« etikettieren, sehen wir die vielen, vielen anderen Dinge, die er tut, nicht mehr. Wir sind dann oft nur noch an dem interessiert, was uns unmittelbar angeht. Deshalb erinnern wir uns, wenn wir an unsere Kindheit zurückdenken, immer an die schlimmen Dinge. An dem Guten, das wir von Menschen erfahren haben, sind wir nicht so interessiert. Wir erinnern uns vor allem an alles Bedrohliche. Wenn jemand uns verletzt, sind wir nicht mehr daran interessiert, was er sonst noch tut. Was uns betrifft, ist dieser Mensch nicht akzeptabel. Wenn wir uns über ihn bei anderen beklagen und sie mit uns einer Meinung sind, bildet sich ein festes Netz von Urteilen. Die negative Einstellung, die wir diesem Menschen gegenüber haben, vergiftet die Wahrnehmung der anderen von ihm, auch der, die noch gar keine persönlichen Erfahrungen mit ihm haben. Sie haben den Klatsch gehört, und damit ist er für sie erledigt. Dieses Anhäufen von Urteilen ist das Schlimmste, was die Menschen einander antun. Wir beurteilen andere und lehnen sie ab, ohne sie überhaupt zu kennen.

Haben Sie schon einmal erlebt, wie jemand beschrieben wird, dem Sie noch nie begegnet sind? Sie haben das Gefühl, diesen Menschen zu kennen, ohne ihn gesehen zu haben. Und wenn Sie ihn dann kennenlernen, ist er völlig anders, als er Ihnen beschrieben wurde. Es ist erstaunlich.

SCHÜLER/IN: Manchmal hilft es mir sehr, wenn ich ein offenes Ohr finde, um über eine schwierige Situation, die ich mit einem anderen habe, zu sprechen. Ist das auf jeden Fall falsch?

JOKO: Es kann in Ordnung sein, wenn wirklich niemand anders etwas davon erfährt. Und selbst dann ist es besser, wenn wir das Verhalten des anderen sachlich beschreiben und anschließend über unsere eigenen Gefühle sprechen. Wir müssen sehr vorsichtig sein. Wenn wir es dabei belassen können zu sagen: »Ich merke, daß ich Sie für rücksichtslos halte« oder »Ich bin furchtbar verärgert und angespannt«, dann ist das gut so. Doch wenn daraus ein »Sie ist doch wirklich rücksichtslos, findest du nicht?« wird, sind wir von unserem Übungsweg abgekommen.

SCHÜLER/IN: Ich glaube, es ist wichtig, daran zu denken, was Sie uns sagten: daß wir uns selbst weh tun, wenn wir schlecht über jemand anderen sprechen. Wir verkrampfen uns, wenn wir schlecht über jemanden sprechen oder sogar nur schlecht über ihn denken.

JOKO: Ja. Unser Körper und unser Geist sind dann verkrampft. Wir müssen auf vielerlei Weise immer dafür bezahlen. Auch andere Leute bezahlen dafür. Deshalb schlage ich vor, daß wir im selben Augenblick, in dem wir den Namen von irgend jemandem aussprechen, beobachten, was wir hinzufügen. Ist es eine Tatsache, die wir ausgesprochen haben? Oder ist es ein Urteil? Wenn Lisa beispielsweise etwas liegengelassen hat, über das ich stolpern könnte, kann ich sagen: »Lisa hat etwas liegengelassen, über das ich stolpern könnte. Ich muß aufpassen«, oder ich könnte sagen: »Lisa ist schrecklich. Wie rücksichtslos von ihr!« Das ist keine Tatsache, sondern mein Urteil.

SCHÜLER/IN: Meine Urteile scheinen sehr hartnäckig zu sein. Ich habe Zeiten, wo ich immer und immer wieder negativ über jemanden denke. Es kommt mir dann vor, als würde es mir tausendmal wieder passieren, obwohl ich meine Gedanken schon tausendmal benannt habe.

JOKO: Ja. Manchmal müssen wir es unendlich oft tun, bevor es sich allmählich auflöst.

SCHÜLER/IN: Ich frage mich, was der Unterschied zwischen Tatsachen und Urteilen ist. Nehmen wir an, daß jemand mich dauernd kritisiert. Wenn ich sage: »Sie kritisiert mich dauernd«, ist das dann eine Tatsache oder ein Urteil?

JOKO: Der Unterschied liegt darin, wie wir es sagen und was wir dabei empfinden. Wenn wir einfach feststellen: »Ja, es stimmt. Sie kritisiert mich«, ist das eine schlichte Tatsache. Wenn wir uns beklagen, ist es ein Urteil. Der Tonfall unserer Stimme ist das Entscheidende.

SCHÜLER/IN: Wenn wir uns dabei erwischen, daß wir gerade ein Urteil über jemand fällen wollen, und dann nichts sagen, müssen wir doch eigentlich bereit sei, in diesem Augenblick selbst nichts zu sein.

JOKO: Das stimmt. Wenn wir urteilen, bestärken wir uns in unserer abgegrenzten Identität als urteilende Person. Wenn wir unseren Mund halten, müssen wir diese Identität für einen Augenblick aufgeben. Deshalb ist die Technik, die ich vorgeschlagen habe, wirklich eine Übung in dem, was der Buddhismus »Nicht-Selbst« nennt.

SCHÜLER/IN: Wenn ich Menschen begegne, die ich nicht kenne, und dann bewußt nichts über sie sage, schaffe ich es irgendwie gar nicht, mir eine Meinung über sie zu bilden. Daran merke ich, wie wichtig das Aussprechen beim Bilden von Urteilen ist.

JOKO: Ja, aber wir können auch Urteile bilden, ohne sie auszusprechen. Auch dann müssen wir bemerken, was für ein Urteil wir gefällt haben. Wir müssen uns daran erinnern, daß es beim Üben letztlich immer um *Güte* geht. Was bedeutet Güte in solchen und anderen Situationen?

IV
VERÄNDERUNG

Den Boden bereiten

Von Zeit zu Zeit hat einer meiner Schüler oder eine meiner Schülerinnen einen kleinen Durchbruch, eine kleine Erkenntnis oder *Kensho*. Manche Zen-Zentren stellen solche Erfahrungen in den Mittelpunkt und machen viel Wind darum. Das ist bei uns nicht der Fall. Aber solche Erfahrungen sind doch interessant: Wenn jemand für einen Augenblick in die absolute Gegenwart eintritt, kommt es zu einer Bewußtseinsveränderung. Aber diese Veränderung hält nicht an; wir fallen immer wieder zurück in unsere alten Verhaltensweisen. Immerhin: Für eine Weile – vielleicht nur für eine Sekunde, vielleicht für eine Stunde, vielleicht für eine Woche – ist alles, was ein Problem war, kein Problem mehr. Krankheiten und Schwierigkeiten aller Art haben plötzlich nicht mehr das alte Gewicht. Das Leben ist für einen Augenblick ganz umgekrempelt; wir sehen die Dinge, wie sie wirklich sind.

Solch eine Erfahrung bedeutet für sich genommen nicht viel. Aber sie kann uns zeigen, wie es ist, mehr und mehr in der absoluten Gegenwart zu sein. Und um dieses Leben in der Gegenwart geht es beim Sitzen und auf unserem Übungsweg im allgemeinen: Wir können uns dann klüger im Leben verhalten, mitfühlender, mehr auf das orientiert, was getan werden muß.

Wir können unsere Arbeit effektiver tun. Solche Ergebnisse sind wunderbar; aber wir können sie nicht anstreben oder herbeizwingen. Alles, was wir tun können, ist, die notwendigen Bedingungen dafür zu schaffen. Wir müssen sicher sein, daß der Boden bereitet ist, locker und fruchtbar, damit ein Same, der hineinfällt, schnell aufgehen kann. Aufgabe des Schülers ist es nicht, Ergebnissen nachzujagen, sondern den

Weg zu bereiten. In der Bibel heißt es: »Bereitet den Weg für den Herrn.« Das ist unsere Arbeit.
Im gewissen Sinn ist unser Weg gar kein Weg. Das Ziel ist nicht, irgendwo hinzugelangen. Es gibt eigentlich auch kein großes Geheimnis; was wir zu tun haben, ist einfach und schlicht. Aber das heißt nicht, daß es leicht ist; der »Übungsweg« ist keine breite Straße. Er ist übersät mit spitzen Steinen, über die wir stolpern oder die uns die Sohlen zerschneiden können. Das Leben selbst ist gefährlich. Die Begegnung mit Gefahren ist das, was die Menschen meist dazu bringt, in ein Zen-Zentrum zu gehen. Der Lebensweg scheint vor allem aus Schwierigkeiten zu bestehen. Aber je länger wir üben, desto besser verstehen wir allmählich, daß die spitzen Steine auf der Straße in Wirklichkeit kostbare Edelsteine sind; sie helfen uns, die richtige Grundlage für unser Leben zu finden.
Diese Steine sind für jeden Menschen anders. Der eine sehnt sich vielleicht verzweifelt nach mehr Zeit für sich selbst; ein anderer sehnt sich verzweifelt danach, mehr mit anderen Menschen zusammensein zu können. Die spitzen Steine könnten die Zusammenarbeit mit einem böswilligen Menschen bedeuten, oder das Zusammenleben mit jemandem, mit dem schwierig auszukommen ist. Die spitzen Steine könnten Ihre Kinder, Ihre Eltern oder sonst jemand sein. Daß Sie sich nicht wohl fühlen, könnte Ihr spitzer Stein sein. Oder daß Sie Ihre Stelle verlieren oder eine neue anfangen und sich Sorgen machen, wie es weitergehen wird. Überall liegen spitze Steine. Was sich im Lauf der Jahre durch die Übungspraxis verändert, ist, daß man eine neue Erkenntnis gewinnt: Es gibt keine spitzen Steine – die Straße ist mit Edelsteinen bedeckt. Was gibt es sonst noch für spitze Steine, die in Wirklichkeit Edelsteine sind?

SCHÜLER/IN: Der Tod meines Ehemannes.
SCHÜLER/IN: Termindruck.
SCHÜLER/IN: Krankheit.
JOKO: Ja, gut.

Was ist notwendig für uns, damit wir zu erkennen beginnen, daß die spitzen Steine auf unserem Lebensweg in Wirklichkeit Edelsteine sind? Was sind einige der Voraussetzungen dafür, daß wir uns auf den Übungsweg begeben können?

Wenn wir gerade mit dem Üben angefangen haben, ist es vielleicht unmöglich für uns, ein großes Trauma als Geschenk zu sehen, einen scharfkantigen Felsbrocken als Edelstein. Meist ist es am besten, mit dem Üben zu beginnen, wenn man in einer relativ ruhigen Lebensphase ist. Wenn man beispielsweise gerade ein Kind bekommen hat, ist der erste Monat kein guter Zeitpunkt, um mit dem Üben zu beginnen – davon kann ich ein Lied singen. Außerdem sollte man einigermaßen gesund sein. Kleinere gesundheitliche Störungen machen das Üben nicht unmöglich, aber eine ernsthafte Krankheit würden den Anfang sehr erschweren. Es ist hilfreich, wenn man einigermaßen bei Kräften ist. Das Üben ist physisch recht anstrengend.

Je länger wir üben, desto weniger wichtig sind diese Voraussetzungen. Doch ohne sie sind am Anfang die Steine auf dem Weg einfach zu groß. Wir wissen dann gar nicht, wie wir mit dem Üben anfangen sollen. Wenn man die ganze Nacht wach war, weil das Baby geschrien hat, ist es nach zwei Stunden Schlaf kein guter Zeitpunkt, mit Zazen zu beginnen. Auch wenn man sich körperlich elend fühlt, ist das kein guter Zeitpunkt, um anzufangen. Aber je länger wir üben, desto eher können wir gerade die Schwierigkeiten, die das Leben uns präsentiert, als Edelsteine sehen. Allmählich stellen sich die Probleme der Übungspraxis nicht mehr in den Weg, sondern sind sogar noch hilfreich. Wir finden dann nicht mehr, daß das Üben zu schwierig ist und daß wir zu viele Probleme haben, sondern wir sehen, daß die Probleme selbst die Edelsteine sind, und wir setzen uns mit ihnen auf eine Weise auseinander, wie wir es früher nie für möglich gehalten hätten.

In den Gesprächen mit meinen Schülern höre ich immer wieder von solchen Umschwüngen: »Vor drei Jahren wäre ich mit dieser Situation nie klargekommen, aber jetzt ...« Das ist das Wenden, das Vorbereiten des Bodens. Das ist notwendig, damit sich Körper und Geist wirklich wandeln können. Es ist nicht so, daß die Probleme jetzt verschwinden oder daß das Leben »besser wird«, aber es verändert sich allmählich – und die spitzen Steine, die wir gehaßt haben, werden zu Edelsteinen, die uns willkommen sind. Wir sind vielleicht nicht begeistert, wenn wir auf sie stoßen, aber wir wissen die Gelegenheit zu schätzen, die sie uns geben, und so nehmen wir sie an, anstatt vor ihnen davonzulaufen. Das ist das Ende der Klagen über unser Leben. Selbst die schwierigen Menschen, die einen kritisieren, die die eigene Meinung nicht respektieren oder was auch immer – jeder hat so jemanden oder so etwas, hat solch einen spitzen Stein. Solch ein Stein ist kostbar; er ist eine Gelegenheit, ein Edelstein, den man bereitwillig annehmen sollte.

Niemand sieht die Edelsteine sofort; niemand sieht sie vollständig. Manchmal sehen wir sie in einem Bereich, aber nicht in einem anderen. Manchmal können wir sie plötzlich sehen, und dann sehen wir sie absolut nicht. Manchmal weigern wir uns, sie überhaupt zu sehen; wir wollen nicht das geringste mit ihnen zu tun haben.

Auf jeden Fall müssen wir mit diesem grundsätzlichen Problem immerzu kämpfen. Weil wir Menschen sind, wollen wir meistens gar nichts davon wissen. Warum? Weil damit zu kämpfen bedeutet, daß unser Leben sich den Schwierigkeiten öffnet, anstatt sich vor ihnen zu verstecken. Gewöhnlich versuchen wir, die Schwierigkeiten durch irgend etwas zu verdrängen. Wenn wir beispielsweise genug von unseren Kindern haben, würden wir sie am liebsten loswerden und ganz andere haben. Aber selbst wenn wir sie behalten, finden wir subtile Methoden, sie »loszuwerden«, anstatt die Wirklichkeit dessen, wie sie sind, anzunehmen. Mit anderen Problemen gehen wir genauso um: Wir haben subtile Methoden, den Dingen auszuweichen, uns nicht mit ihnen auseinanderzusetzen.

Der Kampf mit der Realität unseres Lebens gehört zur nie endenden Vorbereitung des Bodens. Manchmal bereiten wir ein kleines Stück Erde gut vor. Wir haben vielleicht kleine Einsichten, außergewöhnliche Momente. Aber es gibt immer noch viele Morgen Land, die nicht bearbeitet sind – und so machen wir weiter und öffnen immer mehr Bereiche unseres Lebens. Und das ist auch das einzige, worauf es wirklich ankommt. Das menschliche Leben sollte wie ein Gelübde sein, daß an sich der Entdeckung des Lebenssinns weihen will. Der Sinn des Lebens ist in Wirklichkeit gar nicht kompliziert; aber durch die Art, wie wir unsere Schwierigkeiten betrachten, ist er vor uns verborgen. Es bedarf äußerst geduldigen Übens, um durch die Schleier hindurchsehen zu können, die darüberliegen, und zu entdecken, daß die spitzen Steine in Wirklichkeit Edelsteine sind.

All das hat nichts mit einem Urteil zu tun, damit, ob wir »gute« oder »schlechte« Menschen sind. Wir tun in jedem Augenblick einfach, soviel wir können; was wir nicht sehen, das sehen wir eben nicht. Darum geht es beim Üben: dieses kleine »Guckloch«, das sich uns manchmal eröffnet, immer weiter zu vergrößern. Niemand hat immerzu den »Durchblick«. Ich bestimmt auch nicht.

In gewisser Hinsicht macht Zazen Spaß: Mein eigenes Leben zu betrachten und es aufrichtig zu sehen macht Spaß. Es ist schwierig, demütigend, entmutigend; und doch, in einem gewissen Sinn macht es auch Spaß – weil es etwas Lebendiges ist. Mich selbst und mein Leben zu sehen, wie es wirklich ist, macht Freude. Nach all dem Kämpfen und Vermeiden und Verleugnen und In-die-falsche-Richtung-Laufen ist es tief befriedigend, das Leben für einen Augenblick anzunehmen, wie es ist. Diese Zufriedenheit ist unser innerster Kern. Wer wir sind, geht über alle Worte hinaus – wir sind einfach diese offene Lebenskraft, die sich unaufhörlich auf die verschiedenste und interessanteste Weise manifestiert, selbst in unserem Elend und unserer Not. Das Ringen ist hart und heilsam. Es ist das Beackern des Bodens. Wir brauchen uns keine Sorgen zu machen, ob diese kleinen Augenblicke der Öffnung kommen. Wenn wir einen fruchtbaren, gut vorbereiteten Boden haben, wird alles aufgehen, was wir säen.

Wenn wir diese Arbeit geduldig tun, nehmen wir unser Leben anders wahr. Ich bekam neulich einen Anruf von einem weiter entfernt wohnenden Schüler, der mir sagte: »Ich kann es nicht glauben. Mein Leben ist die meiste Zeit richtig erfreulich.« Ich dachte, ja, das ist großartig, aber das ist eigentlich gar nichts Besonderes ... das Leben *ist* etwas Erfreuliches. Zu einem erfreulichen Leben gehören Kopfschmerzen, Enttäuschungen, Kummer. All das ist Teil des Lebensflusses, es gehört dazu, daß wir diese Erfahrungen annehmen. Sie kommen und gehen, und der Kummer löst sich schließlich in etwas anderes auf. Aber wenn wir uns beklagen und anklammern und starr werden (was wir so gerne tun), dann haben wir sehr wenig Freude. Wenn wir uns des Lebensprozesses bewußt sind, einschließlich der Augenblicke, die wir hassen, und uns auch des Hassens bewußt sind – »Ich will es nicht tun, aber ich tue es trotzdem« –, dann ist gerade dieses Bewußtsein das Leben selbst. Wenn wir in diesem Bewußtsein bleiben, haben wir nicht mehr das Gefühl der Gegnerschaft; wir tun es einfach. Und dann beginnen wir für einen Augenblick zu sehen: »Ach, es ist schrecklich, aber zugleich bin ich eigentlich froh.« Wir machen weiter, bereiten den Boden. Das ist genug.

Von der Erfahrung zum Erfahren

Wir stehen in jeder Sekunde vor einer Weggabelung: Der eine Weg führt zur Unbewußtheit, der andere zur Bewußtheit, der eine zur Abwesenheit, der andere zum Gegenwärtigsein – der eine zu äußeren Erfahrungen und der andere zum wirklichen Erfahren. Beim Üben geht es darum, von den Erfahrungen zum Erfahren, zum Erleben zu kommen. Was ist damit gemeint?

Wir neigen dazu, das Wort *Erfahrung* überzustrapazieren, und wenn wir sagen »Bleibe bei deiner Erfahrung«, so benutzen wir die Sprache etwas sorglos. Wir sehen unser Leben gewöhnlich als eine Reihe von Erfahrungen und Erlebnissen an. Beispielsweise mache ich mit dem einen oder anderen Menschen Erfahrungen, ich habe Erlebnisse beim Essen oder im Büro. Von diesem Standpunkt aus ist mein Leben nichts als eine Folge von Erfahrungen. Jede dieser Erfahrungen hat vielleicht einen bestimmten Glorienschein oder ist mit neurotischen Emotionen verschleiert. Dieser Schleier nimmt oft die Gestalt von Erinnerungen, Phantasien oder Hoffnungen für die Zukunft an – das sind die Assoziationen, die wir in unsere Erfahrung als Ergebnis unserer Konditionierung in der Vergangenheit einbringen. Wenn wir Zazen üben, kann unsere Erfahrung von unseren Erinnerungen beherrscht werden, und das kann uns überwältigen.

Ist das denn falsch? Die Menschen haben nun einmal Erinnerungen, Phantasien und Hoffnungen; das ist ganz natürlich. Wenn wir unsere Erfahrungen jedoch in diese Assoziationen hüllen, wird die Erfahrung zum Objekt: Sie ist dann ein Substantiv und kein Verb. So wird unser Leben zu einer Begegnung mit lauter Objekten: Personen, das Mittagessen, das Büro. Erinnerungen und Hoffnungen ähneln sich: Das Leben wird zu einer Reihe von Dingen außerhalb unserer selbst, denen wir begegnen. Das Leben wird dualistisch: Subjekt und Objekt, ich und es.

Problematisch wird dieser Prozeß, wenn wir daran glauben. Denn wenn wir wirklich glauben, daß wir den ganzen Tag Objekten begegnen, sind wir versklavt. Warum? Weil jedes Objekt »dort draußen« mehr oder weniger durch einen emotionalen Kontext verschleiert ist. Und dann reagieren wir entsprechend unseren emotionalen Assoziationen. Im traditionellen Zen heißt es, daß wir durch Gier, Zorn oder Unwissenheit versklavt werden. Wenn wir die Welt nur so sehen, leben wir in Ketten. Wenn unsere Welt nur aus Objekten besteht, wird unser Leben davon bestimmt, was wir von jedem dieser Objekte erwarten können: »Mag er mich?«, »Ist das zu meinem Vorteil?«, »Muß ich Angst vor ihr haben?« Unsere Vergangenheit und unsere Erinnerungen nehmen überhand, und wir teilen die Welt in Dinge auf, denen wir aus dem Weg gehen müssen, und in Dinge, nach denen es sich zu streben lohnt.

Problematisch an dieser Lebensweise ist die Tatsache, daß das, was mir jetzt guttut, mich später verletzen kann und umgekehrt. Die Welt verändert sich unaufhörlich, und deshalb führen uns unsere Assoziationen in die Irre. In der Welt der Objekte gibt es keine Sicherheit. Wir sind immer auf der Hut, sogar vor den Menschen, von denen wir sagen, daß wir sie lieben und ihnen nahe sind. Solange ein anderer Mensch bloß ein Objekt für uns ist, können wir sicher sein, daß es keine wirkliche Liebe, kein wirkliches Mitgefühl zwischen uns geben kann.

Wenn also unsere alltägliche Welt aus Erfahrungen besteht, worin besteht dann die andere Welt, der andere Weg? Was ist der Unterschied zwischen Erfahrungen und dem Erfahren? Was ist wirkliches Hören, Spüren, Schmecken, Sehen und so weiter?

Wenn wir wirklich etwas erfahren, also *wahrnehmen*, so gibt es in diesem Augenblick weder Raum noch Zeit. Es kann sie nicht geben, denn wenn wir etwas in Raum und Zeit erfahren, dann haben wir ein Objekt daraus gemacht. Wenn wir etwas berühren, wenn wir sehen und hören, dann erschaffen wir eine Welt des Raums und der Zeit; aber das wirkliche Leben, das wir führen, existiert nicht in Raum und Zeit – es ist Er-Leben. Die Welt des Raums und der Zeit entsteht daraus, daß das Erleben auf eine Reihe von Erfahrungen reduziert wird.

In dem Augenblick beispielsweise, in dem wir etwas hören, gibt es nur und ausschließlich dieses Hören, wodurch wir das Geräusch des Flugzeugs oder etwas anderes wahrnehmen. Es ist das absolute Hören. Das ist unser Leben, so schaffen wir unsere Welt. Wir erschaffen sie so rasch durch unsere Sinne, daß wir den Vorgang gar nicht verfolgen können. Die Welt unserer Erfahrungen entsteht aus dem Nichts, in jeder Sekunde.

In einer unserer Rezitationen heißt es: »Unaufhörliche Veränderung dreht das Rad des Lebens weiter.« Erfahren, Erfahren, Erfahren; Veränderung, Veränderung, Veränderung. »Unaufhörliche Veränderung dreht das Rad des Lebens weiter, und so erscheint die Wirklichkeit in all ihren Formen. Friedliches Verweilen im Verändern selbst befreit die leidenden, fühlenden Wesen und führt sie zu großer Freude.« Friedliches Verweilen im Verändern selbst bedeutet das Empfinden des stechenden Schmerzes in meinen Beinen, das Hören des Geräuschs, das ein Auto macht: einfach Erleben, Erleben, Erleben. Im Erfahren selbst verweilen. Auch der Schmerz verändert sich in jedem Augenblick. »Friedliches Verweilen im Verändern selbst befreit die leidenden, fühlenden Wesen und führt sie zu großer Freude.«

Wenn dieser Prozeß uns absolut klar wäre, müßten wir uns nicht auf den Übungsweg begeben. Der erleuchtete Zustand besteht nicht darin, eine Erfahrung zu *haben;* er ist die Abwesenheit jeder Erfahrung. Die Erleuchtung ist reines Erlebnis. Und das ist etwas völlig anderes als »ein Erleuchtungserlebnis haben«. Erleuchtung ist die Zerstörung aller Erfahrungen, die aus Gedanken, Phantasien, Erinnerungen und Hoffnungen entstehen. Aber wir haben nun einmal kein Interesse daran, unser Leben, wie wir es gewöhnlich kennen, zu zerstören. Wir zerstören die falschen Strukturen unseres Lebens, indem wir unsere Gedanken benennen, indem wir uns zum fünfhundertstenmal sagen: »Dieser Gedanke handelt davon, daß das und das geschehen wird.« Wenn wir es fünfhundertmal gesagt haben, dann sehen wir, was es ist. Es ist einfach leere Energie, die aus unserer Konditionierung stammt und keine Realität hat. Es liegt keine Wahrheit darin; es gibt nur Veränderung, Veränderung, Veränderung.

Es ist leicht für uns, über diesen Prozeß zu sprechen, aber im Grunde sind wir an nichts weniger interessiert, als unsere Phantasiegebilde zu zerstören. Wir haben die geheime Angst, daß von uns selbst nichts übrigbleibt, wenn wir sie alle zerstört haben.

Es gibt eine alte Sufi-Geschichte von einem Mann, der nachts auf der dunklen Straße seinen Schlüssel verlor und dann auf der anderen Straßenseite unter der Laterne, wo es hell war, danach suchte. Als ein Freund ihn fragte, warum er unter der Laterne suche und nicht dort, wo er den Schlüssel verloren habe, antwortete er: »Ich suche hier, weil es hier heller ist.« Genau das machen wir mit unserem Leben: Wir suchen immer im vertrauten Rahmen. Wenn wir ein Problem haben, befolgen wir das vertraute Rezept: denken, grübeln, analysieren, unser verrücktes geschäftiges Leben aufrechterhalten, denn daran sind wir gewöhnt. Wir lassen uns nicht davon irritieren, daß es nicht funktioniert. Wir suchen nur noch entschlossener im Licht der Laterne. Wir haben kein Interesse an dem Leben außerhalb von Raum und Zeit, während wir die Welt von Raum und Zeit ununterbrochen erschaffen. Es interessiert uns nicht, ja es erschreckt uns sogar.

Was treibt uns dazu, dieses Melodrama aufzugeben, all diese Verwirrung »auszusitzen«? Letztlich das Unbehagen, das uns unsere Lebensweise bereitet. Jenseits des Lebens voller Erfahrungen liegt ein Leben des Erfahrens, ein Leben des Mitgefühls und der Freude. Wahres Mitgefühl und wahre Freude sind keine Erlebnisse, die wir haben können. Unser wahrer Meister ist einfach: Veränderung, Veränderung, Veränderung; Erfahren, Erfahren, Erfahren. Der Meister ist nicht in Raum und Zeit zu finden – und ist doch nichts anderes als Raum und Zeit. Unser Er-Leben ist auch das Erschaffen des Lebens selbst. »Unaufhörliche Veränderung dreht das Rad des Lebens weiter, und so erscheint die Wirklichkeit in all ihren Formen.«

Ein Gedicht von W. H. Auden spricht von dem Zustand, in dem wir gewöhnlich leben:

> *Lieber gehen wir unter, als uns zu ändern,*
> *lieber sterben wir in unserer Angst,*
> *als das Kreuz des Augenblicks zu ersteigen*
> *und unsere Illusionen sterben zu lassen.*[11]

Lieber gehen wir unter, als uns zu ändern – obwohl wir doch aus Veränderung bestehen. Wir sterben lieber in unserer Angst, unserer Furcht, unserer Einsamkeit, als das Kreuz des

Augenblicks zu ersteigen und unsere Illusionen sterben zu lassen. Und das Kreuz ist auch die Kreuzung, die Weggabelung, die Entscheidung. Wir sind hier, um diese Entscheidung zu treffen.

Das kalte Lager

Im unmittelbaren Erleben verlieren wir unsere scheinbar duale Beziehung zu anderen Menschen und Dingen, die sich in Sätzen ausdrückt wie: »Ich sehe dich, ich rede über dich, ich habe Gedanken über dich und mich« und ähnliches. Es ist nicht schwer, über duale Beziehungen zu sprechen; viel schwieriger ist es dagegen, die nicht-duale Beziehung, das unmittelbare Erleben, zu beschreiben. Betrachten wir einmal, wie wir uns vom Leben in der Erfahrung entfernen, wie wir aus dem Garten Eden vertrieben werden.

Jeder heranwachsende Mensch stellt irgendwann fest, daß er eine Strategie braucht, da er nicht erwachsen werden kann, ohne in Opposition zu geraten zu dem, was wir das »Nicht-Selbst« nennen können, das, was scheinbar außerhalb unserer selbst liegt. Oft geraten wir in scheinbare Gegnerschaft zu unseren Eltern, Freunden und Verwandten und anderen Menschen. Manchmal ist diese scheinbare Gegnerschaft heftig, manchmal nur gering. Doch es gibt niemanden, der nicht im Lauf seiner Entwicklung eine Strategie entwickelt, mittels derer er damit umzugehen versucht.

Vielleicht entscheiden wir, daß der beste Weg zum angenehmen Überleben darin besteht, ein angepaßter, »netter« Mensch zu sein. Wenn das nicht zu funktionieren scheint, lernen wir vielleicht, daß Angriff die beste Verteidigung ist, oder wir ziehen uns zurück. Das sind die drei wichtigsten Strategien der Auseinandersetzung: Anpassung, Angriff oder Rückzug. Jeder wendet auf irgendeine Weise eine dieser Strategien an.

Um unsere Strategie aufrechtzuerhalten, müssen wir denken. Deshalb verläßt sich das heranwachsende Kind mehr und mehr auf das Denken, um seine Strategie auszuarbeiten. Es beginnt, jede Situation oder jeden Menschen, dem es begegnet, vom Standpunkt der gewählten Strategie aus zu beurteilen. Und schließlich begegnen wir allem, als wäre es auf dem Prüfstand, und fragen uns: »Wird dieser Mensch oder dieses Ereignis mir weh tun oder nicht?« Auch wenn es mit einem höflichen Lächeln im Gesicht geschieht, wir stellen diese Frage angesichts von allem, dem wir begegnen. Schließlich vervollkommnen wir unsere Strategie so, daß sie uns nicht mehr bewußt ist; sie ist uns nun in Fleisch und Blut übergegangen. Nehmen wir an, wir hätten eine Strategie des Rückzugs entwickelt. Sobald wir jemandem oder etwas begegnen, spannen wir unseren Körper an; diese Reaktion tritt gewohnheitsmäßig auf. Vielleicht verspannen wir unsere Schultern, unser Gesicht, unseren Magen oder eine andere Körperpartie. Jeder hat da seine ganz persönliche Art. Und wir wissen noch nicht einmal, daß wir es tun, denn wenn diese Verspannung einmal »eingefleischt« ist, ist jede unserer Körperzellen davon betroffen. Wir müssen gar nichts davon wissen; sie ist einfach da. Obwohl die Reaktion unbewußt ist, läßt sie unser Leben unerfreulich werden, weil sie ein Rückzug vom Leben, eine Trennung von ihm ist. Die Verspannung ist schmerzhaft.

Doch jeder hat sie. Auch wenn wir glauben, wir seien relativ glücklich, können wir eine gewisse Anspannung im ganzen Körper wahrnehmen. Es ist nichts Spektakuläres und kann sehr geringfügig sein. Wenn alles gut läuft, fühlen wir uns auch nicht schlecht; die leichte Anspannung jedoch hört nie auf. Sie ist immer da, bei jedem Menschen.

Kinder lernen ihre Strategie auszuarbeiten, indem sie alles, was geschieht, in den Rahmen ihres persönlichen Systems einfügen. Unsere Wahrnehmungen werden selektiv, nehmen die Ereignisse auf, die in unser System passen, und schalten die aus, die nicht hineinpassen. Da das System die Aufgabe hat, uns zu sichern, sind wir nicht daran interessiert, es durch widersprüchliche Informationen zu schwächen. Wenn wir erwachsen geworden sind, identifizieren wir uns völlig mit diesem System. Es ist das, was wir das Ego nennen. Aus ihm heraus leben wir unser Leben, wir versuchen, Menschen, Situationen, eine Arbeit zu finden, die unsere Strategie bestärken, und gehen dem aus dem Weg, was sie bedroht.

Solche Manöver sind nie ganz befriedigend, weil wir, solange wir leben, nie genau wissen, was als nächstes geschehen wird. Selbst wenn wir den größten Teil unseres Lebens unter Kontrolle bekommen, wissen wir nie, wie wir das vollständig bewerkstelligen können, und wir wissen, daß wir es nicht wissen. Deshalb gibt es immer ein Element der Angst. Es muß vorhanden sein. Der durchschnittliche Mensch, der nicht weiß, was er nun tun soll, sucht überall nach einer Antwort. Wir haben ein Problem, und wir durchschauen es nicht wirklich. Das Leben wird für uns zu einem Versprechen, das nie eingehalten wird, weil die Antwort sich uns entzieht. An diesem Punkt begeben wir uns vielleicht auf den Übungsweg. Nur wenige glückliche Menschen auf der Erde beginnen zu sehen, was geschehen muß, um den Garten Eden wiederzuerlangen, unser ursprüngliches funktionstüchtiges Selbst.

Vielleicht finden wir einen neuen Partner, der einfach wunderbar ist. (Vor allem in Beziehungen herrscht die Selbsttäuschung.) Dann heiraten wir oder leben zusammen und ... schwups! Wenn wir üben, kann dieses »Schwups« außerordentlich interessant und lehrreich sein. Üben wir nicht, denn trennen wir uns vielleicht wieder von diesem Partner und suchen einen neuen. Es scheint, als sei das Versprechen nicht gehalten worden. Oder wir finden eine neue Stelle oder eine neue Aufgabe. Zunächst ist alles wunderbar, aber dann beginnen wir, einige harte Realitäten zu sehen, und die Desillusionierung setzt ein. Wenn wir unserer Strategie gemäß leben, scheint nichts zu funktionieren, weil die Erscheinungswelt per Definition ein Versprechen ist, das nie gehalten wird. Wenn wir uns einen Wunsch erfüllen, sind wir für einen Augenblick glücklich, aber die Erfüllung eines Wunsches erzeugt sofort einen neuen Wunsch und wieder einen neuen und wieder einen. Es gibt keine Möglichkeit, uns von diesem Druck oder Streß zu befreien. Wir können uns nicht zur Ruhe setzen. Wir finden keinen Frieden.

Beim Sitzen enthüllt uns das endlose Kreisen in unseren Köpfen unsere Strategie. Wenn wir unsere Gedanken lang genug benennen, werden wir unsere Strategie erkennen. Es ist die Strategie selbst, die die schwirrenden Gedanken hervorbringt. Nur etwas in unserem Leben wird von dieser Strategie nicht erfaßt, und das ist das physische, organische Leben unseres Körpers.

Natürlich wird der Körper auch bestraft, denn er spiegelt ja unsere Selbstsucht wider. Der Körper muß dem Verstand gehorchen, und wenn der Verstand sagt, daß die Welt ein schrecklicher Ort ist, sagt der Körper: »Ach, ich bin so deprimiert!« Im selben Augenblick, in dem die Bilder auftauchen – das Denken, das Phantasieren, das Hoffen –, muß der Körper reagieren. Es ist ein chronisches Reagieren, und manchmal steigert es sich zu Depression oder Krankheit.

Der wichtigste Lehrer, den ich in meinem Leben hatte, war ein Buch. Es ist vielleicht das beste Buch über Zen, das je geschrieben wurde. Aber es ist aus dem Französischen übersetzt, es ist nicht leicht lesbar, die Sätze sind halbe Seiten lang. Nachdem Sie einen solchen Satz gelesen haben, fragen Sie sich vielleicht verwirrt: »Was hat er nun eigentlich gesagt?« Es ist also ein schwieriges Buch; aber es ist die beste Beschreibung des menschlichen Problems, die ich je gefunden habe. Ich habe mich zehn oder fünfzehn Jahre lang gründlich damit beschäftigt. Meine Ausgabe sieht aus, als wäre sie aus Versehen in die Waschmaschine geraten. Das Buch, von dem schon vorher einmal die Rede war, heißt *The Supreme Doctrine* (deutsch: *Die Hohe Lehre*) von Hubert Benoit, einem französischen Psychiater, der nach einem schweren Unfall jahrelang völlig hilflos war. Er konnte nichts anderes tun als dazuliegen. Das menschliche Problem beschäftigte ihn zutiefst, und so benutzte er die Jahre der Genesung, um sich gründlich damit auseinanderzusetzen.

Benoits Ausdruck für die emotionale Verspannung, die aus unserer Bemühung entsteht, uns zu schützen, ist »Krampf«. Er nennt das unaufhörliche Plappern unseres inneren Dialogs den »imaginären Film«. Der Wendepunkt tritt für ihn dann ein, wenn man erkennt, »daß dieser Krampf, den ich unnormal genannt habe, auf dem Weg zu *Satori* (Erleuchtung) ist ... Man kann tatsächlich sagen, daß man unter dem imaginären Film eine gewisse tiefgreifende Empfindung von Verkrampfung, eine lähmende Umklammerung, eine Kälte, die einen erstarren läßt, erkennen sollte ... und daß unsere Aufmerksamkeit auf dieses harte, starre und kalte Lager gerichtet bleiben sollte, als streckten wir unseren Leib ruhig auf einem harten, aber freundlichen Felsen aus, der genau unserer Form nachgebildet ist.«[12]

Benoit sagt damit: Wenn wir friedlich bei unserem Schmerz verweilen, ist eben dieses Verweilen die »torlose Schranke«. Aber gerade dort wollen wir am allerwenigsten sein; es ist nicht angenehm, und unsere ganze Strategie treibt uns dazu, das Angenehme zu suchen. Nein, wir wollen jemanden, der uns tröstet, uns rettet, uns Frieden gibt. Unser unaufhörliches Denken, Planen und Sorgen dreht sich einzig darum. Nur wenn wir bei dem ausharren, was unter dem imaginären Film liegt, kommen wir allmählich auf die richtige Spur. Meistens erkläre ich es so: Anstatt bei unseren Gedanken zu bleiben, benennen wir sie, bis sie sich ein wenig beruhigt haben, und dann tun wir, was wir können, um auszuhalten, was wirklich ist, die Nicht-Dualität, die Wahrnehmung unseres Lebens in diesem Augenblick. Dagegen sträubt sich alles in uns, und es ist genau das Gegenteil von dem, was unsere Kultur uns lehrt. Aber es ist die einzige wirkliche Lösung, das einzige Tor zum Frieden.

Wenn wir uns auf unsere Schmerzempfindung einlassen, finden wir sie so abstoßend, daß wir wieder weggleiten. In dem Augenblick, in dem wir wirklich beim Schmerz angekommen sind, trudeln wir wieder zurück in den imaginären Film. Wir wollen einfach nicht in der Realität dessen sein, was wir sind. Das ist menschlich, es ist weder gut noch schlecht, und es bedarf jahrelangen geduldigen Übens, um allmählich immer mehr mit dieser Realität in Berührung zu kommen, sich in ihr wohl zu fühlen – bis sie schließlich, wie Benoit sagt, einfach ein harter und freundlicher Felsen ist, der unserer Form entspricht und wo wir endlich zur Ruhe und zum Frieden gelangen können.

Manchmal kommen wir für kurze Zeit zur Ruhe, aber weil wir so daran gewöhnt sind, kehren wir bald zu dem zurück, was sich die ganze Zeit in unserem Kopf abspielt. Und so durchlaufen wir diesen Prozeß immer wieder. Im Lauf der Zeit gelangen wir gerade durch diesen unaufhörlichen Prozeß zum Frieden. Wenn er vollendet ist, kann er Satori oder Erleuchtung genannt werden.

Der imaginäre Film erzeugt den Krampf, und der Krampf erzeugt den imaginären Film. Es ist ein endloser Zyklus, der nur durchbrochen wird, wenn wir bereit sind, bei unserem

Schmerz zu bleiben. Dazu fähig zu sein bedeutet, daß wir in gewisser Weise desillusioniert sind und nicht mehr hoffen, durch unsere Gedanken und Gefühle eine Lösung für alle Probleme zu finden. Solange wir die Hoffnung haben, daß das Versprechen gehalten werden wird, können wir nicht bei den schmerzhaften Körperempfindungen verweilen.

So hat das Üben also zwei Seiten. Die eine ist endlose Enttäuschung. Alles in unserem Leben, das uns enttäuscht, ist ein guter Freund. Und wir werden alle auf die eine oder andere Weise enttäuscht. Wenn wir nicht enttäuscht werden, läßt unser Wunsch nie nach, zuletzt immer wieder Oberwasser zu bekommen. Letztlich gewinnt niemand; niemand überlebt. Aber danach streben wir immer, das ist unsere Strategie. Sie kann nur durch jahrelanges Sitzen und durch das Leben überwunden werden; deshalb müssen unser Übungsweg und unser Leben eins sein.

Wir haben die Illusion, daß andere Menschen uns glücklich machen werden, daß sie dafür sorgen werden, daß unser Leben reibungslos verläuft. Solange wir diese Illusion nicht aufgegeben haben, wird es keine wirkliche Lösung geben. Andere Menschen sind zu ihrer Freude da, zu keinem anderen Zweck. Sie sind Teil des Wunders, das wir Leben nennen; aber sie sind nicht dazu da, etwas für uns zu tun. Solange diese Illusion nicht aufgelöst ist, können wir uns nicht damit zufriedengeben, den Krampf, die emotionale Verspannung wahrzunehmen und auszuhalten. Wir sind – schwups – wieder bei unseren Gedanken: »Ja, aber wenn ich dies oder jenes tue, wird alles besser ...«

Das Leben ist eine endlose Reihe von Enttäuschungen, und das ist wunderbar, einfach weil uns das Leben nicht das gibt, was wir wollen. Damit zu leben, erfordert Mut, und viele Menschen werden es in diesem Leben nicht schaffen. Wir sind alle verschieden weit auf dem Weg; und das ist gut so.

Nur sehr wenige, die außerordentlich ausdauernd sind und die alles im Leben als Gelegenheit sehen und nicht als Kränkung, werden irgendwann verstehen. Wenn wir aber unsere ganze Mühe in den Versuch setzen, unsere Strategie besser funktionieren zu lassen, dreht sich alles weiter im Kreis. Unser Elend geht weiter, bis zu dem Tag, an dem wir sterben.

Es gibt also nichts im Leben als Gelegenheiten, nichts anderes. Und dazu gehört alles, was wir uns vorstellen können. Solange wir nicht die Illusionen über den imaginären Film verloren haben, den wir unaufhörlich in unseren Köpfen abspulen (es beginnt schon am Morgen, bevor wir die Augen geöffnet haben), kommen wir nicht hin zur Wahrnehmung des Krampfes. Wir spulen den Film weiter ab. Ich nehme an, daß das mit dem Rad des Karma gemeint ist.

Ich erwarte nun nicht, daß jemand diese Beschreibung der Dinge als eine Art Weltanschauung annimmt. Die einzige Möglichkeit, die Realität dieses Übungswegs kennenzulernen, ist, ihn selbst zu gehen. Dann werden ein paar Menschen, manchmal nur vorübergehend, schließlich aber die meiste Zeit, das finden, was die Christen den Frieden nennen, »der über alle Vernunft geht«.

In schwierigen Zeiten hat es mir oft geholfen, an dieses kalte, starre Lager zu denken und, anstatt zu kämpfen, bereit zu sein, darauf zu verharren. Im Lauf der Zeit merken wir, daß das Lager der einzige Ort ist, an dem wir Frieden finden, die Quelle klaren Handelns.

Ich weiß, daß das alles abschreckend klingt. Aber die Menschen, die unaufhörlich üben, sind diejenigen, die sich des Lebens erfreuen. Das ist das torlose Tor zur Freude.

Menschen, die dies verstehen und den Mut haben, so zu handeln, sind diejenigen, die letztlich erfahren, was Freude ist.

Ich spreche nicht von unaufhörlichem Glück (so etwas gibt es nicht), aber von Freude.

SCHÜLER/IN: Haben Sie öfters bemerkt, daß Menschen, die eine der Strategien gewählt hatten, im Lauf der Zeit vielleicht zu einer anderen übergehen? So daß jemand, der sich beispielsweise entschlossen hat, sich zurückzuziehen und herauszuhalten, stärker wird und dann beschließt: »Na ja, vielleicht kann ich mich ein bißchen anpassen und etwas zugänglicher sein.«

JOKO: Ich habe oft bemerkt, daß Menschen, die abhängig und angepaßt waren, plötzlich eine falsche Unabhängigkeit suchen. Das ist natürlich, es ist ein Stadium, das wir durchmachen, bevor wir wirklich wir selbst sein können. Je mehr wir mit dem Krampf üben, desto schneller geht die Transformation vor sich. Vom Standpunkt der Welt der Phänomene aus machen wir einen Fortschritt, auch wenn wir im absoluten Sinne bereits so in Ordnung sind, wie wir sind.

SCHÜLER/IN: Wenn wir unseren unangenehmen Empfindungen nicht ausweichen, merken wir dann, daß es gar nicht so gefährlich ist und daß wir uns ein bißchen weiter vorwagen können?

JOKO: Ja. Wir lernen beispielsweise, daß wir deprimiert sein können und trotzdem funktionieren. Wir machen einfach weiter und tun, was nötig ist. Wir müssen uns nicht gut fühlen, um das zu tun. Je mehr wir unser starres System überwinden können, desto besser.

SCHÜLER/IN: Wenn Sie von dem Krampf sprechen, so klingt das, als wäre er Teil des starren Systems.

JOKO: Nein, er wird durch das starre System hervorgebracht, aber er ist der einzige Teil des Systems, das die Öffnung für eine neue Möglichkeit bietet. Wenn wir beispielsweise ärgerliche Gedanken haben, muß sich der Körper verspannen. Wir können keinen ärgerlichen Gedanken über jemanden haben, ohne uns zu verspannen. Und wenn wir häufig eine Strategie des Ärgers und des Angriffs verfolgen, wird der Körper die meiste Zeit verkrampft sein. Aber es ist der einzige Teil dieses Systems, der uns einen Ausweg eröffnet: Weil wir diesen Krampf wahrnehmen und loslassen können, ist die Möglichkeit zur Öffnung da. Das kann fünf Jahre dauern, aber es wird irgendwann geschehen.

SCHÜLER/IN: Ich habe neulich gelesen, daß es gut ist, unseren Hauptcharakterzug, was es auch sein mag, zu übertreiben. Das würde bei mir aber bedeuten, daß ich sehr zornig wäre und andere angreifen würde.

JOKO: Sie können das auch ganz für sich tun.

SCHÜLER/IN: Aber wenn ich den Zorn und die Angriffslust wirklich auf die Spitze treibe, um sie mir bewußter zu machen, verletze ich dann nicht jemanden damit?

JOKO: Nein. Denken Sie bitte daran, daß die einzige Möglichkeit zum Übertreiben darin besteht, das *Wahrnehmen* des Krampfes zu übertreiben. Wir sollten kein aggressives Verhalten ausleben. Da das System völlig unbewußt ist, kann der Krampf sich auflösen, wenn wir ihn bewußt wahrnehmen und spüren.

SCHÜLER/IN: Ich habe erlebt, daß ich in einer schrecklichen Verkrampfung bin und daß sie sich dann ganz persönlich ändert. Irgend etwas öffnet sich, und ich bin in einem Raum, in dem ich mich offen und frei fühle, aber dann gerate ich wieder ohne offensichtlichen Grund in meinen Ärger zurück.

JOKO: Offensichtlich kehren Sie dann zu Ihrem gewöhnlichen egozentrischen Denken zurück.

SCHÜLER/IN: Manchmal kommt es mir vor wie ein Muskel, der verkrampft war und sich dann entspannt.

JOKO: Ja, aber die wahre Ursache hat nichts mit Muskeln zu tun. Es ist unser grundlegendes Bedürfnis zu überleben, was unseren Schwierigkeiten zugrunde liegt. Wenn es eine Möglichkeit gäbe, durch die Muskeln Einfluß zu üben, würden alle Körpertherapeuten erleuchtete Wesen hervorbringen.

SCHÜLER/IN: Ich finde, daß die unangenehme Wahrnehmung kein statischer Zustand ist. Sie ist dauernd im Fluß und verändert sich die ganze Zeit. So bin ich einmal darin gefangen und dann wieder frei, weil es reine Energie und nichts Statisches ist.

JOKO: Das einzige, was diesen Fluß hemmt, ist die Tatsache, daß wir unseren Gedanken glauben. Und das ist schon eine feste Gewohnheit. Wir müssen viele Jahre üben, bevor wir nicht mehr an unsere Gedanken glauben. Denn das tun wir wirklich.

SCHÜLER/IN: Solange wir den Versuch nicht aufgeben, uns

selbst gegen das Leben zu schützen und gegen die Dinge zu kämpfen, wie sie uns im Augenblick begegnen, werden wir immer wieder in den Zustand der Verspannung zurückkehren, in dem wir sagen: »Das gefällt mir nicht!« Es geschieht die ganze Zeit.

SCHÜLER/IN: Wo sitzt der Krampf?

JOKO: Immer dort, wo Sie ihn spüren. Es kann das Gesicht sein, die Schultern, irgendein anderer Teil des Körpers. Sehr häufig ist es der untere Bereich der Wirbelsäule.

SCHÜLER/IN: Mir wird immer bewußter, daß manche meiner Gedanken scheinbar Gegebenheiten sind, Bilder, die ich von mir selbst habe, die nicht wie Gedanken erscheinen oder die so gut klingen, daß ich sie nicht benenne. Und dann gibt es Gedanken, die ich deshalb nicht benenne, weil sie scheinbar etwas mit guter Zen-Praxis zu tun haben.

JOKO: Ja; gerade der Gedanke, der uns entgeht, führt die Regie in unserem Kopf.

SCHÜLER/IN: Meine Konditionierung scheint mir zum großen Teil unbewußt oder unterbewußt zu sein. Ich kann mich also bewußt sehr klar und leicht fühlen, aber die Konditionierung ist trotzdem da und zwingt mich zurück in den Krampf oder auf das harte Lager, obwohl ich gar nicht merke, daß in meinen bewußten Gedanken etwas vorgeht.

JOKO: Richtig. Wir dürfen nicht vergessen, daß es in gewisser Weise so etwas wie ein Unbewußtes gar nicht gibt, doch was wir entdecken, kann sehr subtil sein. Vieles, von dem wir sprechen, ist keine große Verkrampfung von der Art eines richtigen Muskelkaters.

SCHÜLER/IN: Sie sagten, daß beim richtigen Üben das Benennen der Gedanken mit dem Erfahren einhergeht. Bedeutet das, daß der Gedanke, der einem entgeht, sich dann zeigt, wenn man den Krampf wirklich wahrnimmt?

JOKO: Ja. Je mehr wir üben und je mehr wir uns bewußtmachen, desto eher werden die Gedanken, deren wir uns nicht bewußt sind, allmählich an die Oberfläche kommen. Ganz plötzlich wird uns klar: »Oh, das habe ich bisher gar nicht bemerkt.« Es steigt einfach an die Oberfläche.

SCHÜLER/IN: Was bedeutet die sich wiederholende Verkrampfung oder das Zittern, das manchmal bei dieser Art von Üben auftritt?

JOKO: Wenn wir die Verkrampfung wahrnehmen, beginnt der Körper oft zu zittern, oder wir müssen weinen, denn wenn wir unsere Aufmerksamkeit wirklich auf den Körper lenken und ihm die Freiheit lassen, er selbst zu sein, beginnt er sich zu öffnen, und die Energie, die blockiert war, tritt zutage. Das kann sich in der Form von Tränen, Zittern oder unwillkürlichen Bewegungen äußern.

SCHÜLER/IN: Könnten Sie etwas über die Gefühle sagen?

JOKO: Gefühle sind einfach Gedanken plus Körperempfindungen.

SCHÜLER/IN: Und wenn ein Gefühl aufsteigt?

JOKO: Lösen Sie es auf. Finden Sie entweder heraus, welche Gedanken dahinterstehen, oder gehen Sie in den Körper.

SCHÜLER/IN: Werden durch das bewußte Erfahren Erinnerungen oder Erkenntnisse ausgelöst?

JOKO: Ja, manchmal. Wenn wir beim Erfahren bleiben, bricht der Krampf manchmal auf. Wir sehen dann bestimmte Bilder aus der Vergangenheit, aber man sollte sich darüber keine Sorgen machen. Lassen Sie sie einfach kommen und gehen. Beim Üben geht es nicht darum, uns selbst zu analysieren, weil es kein Selbst gibt. Aber bei einer auf dem Erfahren basierenden Übungspraxis wird unser Leben immer mehr aus dem Nicht-Selbst entspringen, es wird ein Leben des unmittelbaren und sinnvollen Wirkens und – ja! – des klaren und guten Denkens sein. Das Erfahren ist der Schlüssel dazu.

Eiswürfel schmelzen

Es ist nützlich, die technische Seite des Zazen, die theoretische Basis des Sitzens zu verstehen. Aber die Schüler mögen technische Erklärungen oft nicht so gern und wünschen sich konkrete Analogien. Manchmal kann man am besten durch einfache, sogar etwas alberne Metaphern etwas klarmachen. Deshalb möchte ich von der Zen-Praxis als vom »Weg des Eiswürfels« sprechen.

Stellen wir uns einen Augenblick vor, daß die Menschen große Eiswürfel sind, etwa einen Kubikmeter groß, mit kleinen Köpfen und dünnen Beinen. So leben wir Menschen nämlich die meiste Zeit: Wir laufen herum wie Eiswürfel, die hart aneinanderprallen. Oft kracht und knackt es dabei an den Kanten. Um uns selbst zu schützen, frieren wir so fest ein, wie wir können, und hoffen, daß wir beim Zusammenstoß mit anderen härter sind als sie. Wir sind eiskalt, weil wir Angst haben. Unsere Angst macht uns starr, unbeweglich und hart, und es gibt ein ziemliches Chaos, wenn wir mit anderen zusammenstoßen. Jedes Hindernis, jede unerwartete Schwierigkeit kann uns in Stücke zerbrechen lassen.

Eiswürfel verletzen. Eiswürfel haben es schwer. Wenn wir hart und starr sind, können wir noch so vorsichtig sein, wir laufen Gefahr, auszurutschen und die Kontrolle zu verlieren. Wir haben scharfe Kanten, die Schaden anrichten, und wir verletzen nicht nur andere, sondern auch uns selbst.

Weil wir gefroren sind, haben wir kein Wasser zu trinken, und deshalb sind wir die ganze Zeit durstig. Auf Cocktailparties trinken wir etwas und weichen ein bißchen auf, aber das ist nicht wirklich befriedigend, weil immer noch die Angst da ist, die uns einfriert und vor Durst verschmachten läßt. Das Weichwerden ist nur vorübergehend und oberflächlich.

Einige der intelligenteren Eiswürfel suchen nach anderen Auswegen aus ihrem elenden Leben. Weil sie merken, daß sie scharfe Kanten haben und immer mit den anderen zusammenstoßen, versuchen sie, nett und freundlich zu sein. Das hilft zwar ein bißchen, aber ein Eiswürfel bleibt trotzdem ein Eiswürfel und behält seine Kanten.
Wenige Glückliche begegnen vielleicht einem Eiswürfel, der schon geschmolzen und zu einer Pfütze geworden ist. Was passiert, wenn ein Eiswürfel einer Pfütze begegnet? Das wärmere Wasser in der Pfütze beginnt, den Eiswürfel zu schmelzen. Jetzt ist der Durst allmählich kein Problem mehr. Der Eiswürfel merkt, daß er nicht hart, starr und kalt sein muß, sondern daß es eine andere Daseinsmöglichkeit gibt. Der Eiswürfel lernt, wie er selbst Wärme erzeugen kann, einfach dadurch, daß er beobachtet. Das Feuer der Aufmerksamkeit beginnt, seine Härte zu schmelzen. Wenn er wahrnimmt, wie er mit anderen zusammenstößt und sie verletzt, wenn er seine eigenen scharfen Ecken sieht, beginnt der Eiswürfel zu spüren, wie kalt und starr er immer war. Und etwas Seltsames geschieht. Wenn Eiswürfel ihr eigenes Verhalten zu bemerken beginnen, ihr »Eiswürfel-Dasein« beobachten, dann werden sie weicher und einsichtiger, nur durch diese Selbstwahrnehmung.
Die Ergebnisse sind ansteckend. Nehmen wir an, zwei Eiswürfel sind verheiratet. Jeder schützt sich selbst und versucht, den anderen zu verändern. Aber keiner kann den anderen wirklich verändern oder »zurechtstutzen«, weil beide starr und hart sind und scharfe Kanten haben. Beginnt jedoch ein Eiswürfel zu schmelzen, so wird auch der andere weich – wenn er ihm überhaupt nahekommt. Und dann dämmern auch ihm gewisse Erkenntnisse. Anstatt den anderen Eiswürfel als das Problem zu sehen, beginnt er, sich seines eigenen Eiswürfel-Daseins bewußt zu werden. Beide

lernen, daß das bewußte Wahrnehmen des eigenen Tuns wie ein Feuer wirkt. Das Feuer kann aber nicht durch Anstrengung geschürt werden; man kann nicht gezielt versuchen, sich selbst zu schmelzen. Das Schmelzen kommt durch das Gewahrsein in Gang, was in gewissem Sinn nichts und in einem anderen Sinn alles ist. – »Der Vater ist in mir«, sagte Christus. Das Bewußtsein, der innere Zeuge ist »der Vater« – unser wahres Sein. Um den Zeugen wirksam sein zu lassen, dürfen wir allerdings nicht damit beschäftigt sein, uns noch starrer und härter zu machen, mit unserem ganzen Gewicht mit anderen zusammenzustoßen und zu versuchen, sie zu verändern. Und wenn wir es tun, müssen wir uns wenigstens dessen bewußt sein, damit der Zeuge seine Arbeit tun kann.

Manche Eiswürfel ahnen, worum es geht, und tun die notwendige Arbeit. Vielleicht weichen sie ein wenig auf. Das erste, was ich bei Zen-Schülern bemerke, die sich auf den Übungsweg begeben haben, ist, daß ihre Gesichter sich verändern. Sie werden weicher. Sie lachen anders. Sie weichen ein wenig auf. Aber die Arbeit ist hart, und manche Eiswürfel haben bald genug davon, auch wenn die Kanten schon zu schmelzen beginnen. Sie sagen: »Ich möchte wieder ein bequemer Eiswürfel sein. Ich bin dann zwar einsam und friere, aber ich muß nicht soviel leiden. Ich möchte einfach nicht mehr bewußt sein.« In Wirklichkeit kann man aber nicht wieder hart werden, wenn man begonnen hat, ein bißchen weich zu werden und zu schmelzen. Man könnte sagen, das ist eines der »Eiswürfel-Gesetze« (die Physiker mögen entschuldigen). Ein Eiswürfel, der schon einmal etwas weich geworden war, kann das nicht mehr vergessen. Deshalb sage ich den Leuten: »Übt nicht, wenn ihr nicht für das nächste Stadium bereit seid.« Wir können nicht zurück. Haben wir uns einmal auf den Übungsweg begeben, haben wir ein wenig zu schmelzen begonnen, dann sind wir einfach weicher. Wir glauben vielleicht, daß wir in das frühere Leben zurückkehren können, und versuchen es möglicherweise auch, aber wir können diesen Prozeß, das »Eiswürfel-Gesetz«, nicht aufheben. Sind unsere Kanten ein wenig aufgeweicht, dann bleiben sie weich.

Manche Eiswürfel, die nur gelegentlich üben, verändern sich in ihrem ganzen Leben nur ein wenig, sie weichen nur ein kleines bißchen auf. Aber jene, die verstehen, worum es auf diesem Weg geht, und sorgfältig üben, werden wirklich zu einer Pfütze. Das Merkwürdige an solch einer Pfütze ist, daß auch die anderen Eiswürfel, die durch sie hindurchlaufen, zu schmelzen beginnen und ein wenig weich werden. Auch wenn wir nur ein bißchen schmelzen, werden die anderen davon angesteckt. Das ist ein faszinierender Vorgang.

Viele meiner Schüler sind weich. Sie sind oft keineswegs davon begeistert, diesen Prozeß durchzumachen. Aber die Aufgabe eines Eiswürfels ist es nun einmal, zu schmelzen. Wenn wir noch ganz starr gefroren sind, glauben wir, unsere Aufgabe bestünde darin, mit anderen Eiswürfeln zusammenzukrachen oder von ihnen gestoßen zu werden. In solch einem Leben begegnet niemand je wirklich dem anderen. Wie beim Autoscooter prallen wir aufeinander und fahren dann weiter. Es ist ein sehr einsames und kaltes Leben. In Wirklichkeit sehnen wir uns danach, zu schmelzen. Wir wollen eine Pfütze sein. Vielleicht kann man gar nicht mehr über das Üben aussagen, als daß wir dabei zu schmelzen lernen. Gelegentlich sagen wir zwar immer noch: »Laß mich in Ruhe, ich möchte nur ein Eiswürfel sein, weiter nichts.« Doch wenn wir einmal zu schmelzen begonnen haben, können wir es nicht mehr vergessen. Unser Eiswürfel-Dasein löst sich allmählich auf. Aber wenn der Eiswürfel eine Pfütze

geworden ist, ist er dann wirklich zerstört? Wir könnten zwar sagen, daß er nun kein Eiswürfel mehr ist, aber sein wahres Selbst hat sich verwirklicht.
Natürlich ist es albern, das menschliche Leben mit einem Eiswürfel zu vergleichen. Ich sehe aber immer wieder, wie die Leute mit anderen zusammenprallen und hoffen, dabei etwas zu gewinnen. Sie können nie etwas dabei gewinnen. Einer muß aufhören mit dem Herumstoßen und mit der Tatsache sitzen, daß er ein Eiswürfel ist. Wir müssen einfach sitzen und beobachten und spüren, was es bedeutet, das zu sein, was wir sind – es wirklich erfahren. Was die anderen Eiswürfel anbelangt, können wir wenig tun. Das ist auch gar nicht unsere Aufgabe. Das einzige, was wir tun können, ist, den Zeugen immer mehr in Aktion treten zu lassen. Wenn wir uns dem Zeugen zuwenden, beginnen wir zu schmelzen. Wenn wir schmelzen, tun es auch die anderen Eiswürfel ganz allmählich. Es ist aber auch ganz natürlich, daß wir uns dem Schmelzen widersetzen, sobald es einmal begonnen hat, daß wir in den gefrorenen Zustand zurückkehren wollen und versuchen wollen, all die anderen gefrorenen Geschöpfe, denen wir begegnen, zu kontrollieren und zu manipulieren. Ich mache mir darüber keine großen Sorgen, denn jeder, der eine Weile geübt hat, weiß zuviel. Wir können nicht wieder erstarren, weil wir tief in unserem Inneren etwas erfahren haben, was wir vorher nicht kannten. Wir können nicht zurück.
Das nächstemal, wenn wir eine spitze Bemerkung machen oder uns beklagen oder versuchen, andere zu korrigieren oder zu analysieren, spielen wir ein sinnloses Eiswürfelspiel, bei dem wir nicht mehr weit kommen. Wir kommen weiter, wenn wir den Zeugen pflegen, der immer da ist, auch wenn wir ihn nicht sehen können, weil wir so sehr damit beschäftigt sind, gegen andere Eiswürfel zu prallen. Auch wenn wir

dem Zeugen keinen Platz in unserem Leben einräumen wollen, ist er immer da. Er ist, was wir sind. Wir versuchen, ihm dauernd auszuweichen, aber wir können es nicht. Wenn wir immer mehr schmelzen, merken wir, daß eine Pfütze viele andere Eiswürfel anzieht. Manchmal möchte allerdings auch eine Pfütze lieber ein Eiswürfel sein. Je mehr wir wie eine Pfütze werden, desto mehr Arbeit ist zu tun. Eine Pfütze wirkt als Magnet für all die Eiswürfel, die selbst schmelzen wollen. Je mehr sich der Eiswürfel also auflöst, desto mehr Arbeit ziehen wir an, und das ist gut so.

SCHÜLER/IN: Die Analogie gefällt mir, denn wenn eine Pfütze klar ist, umfaßt sie das Ganze als Spiegelbild. Könnten Sie noch etwas mehr darüber sagen, wie der Zeuge entsteht?

JOKO: Der Zeuge ist immer da. Doch solange einem Eiswürfel nichts anderes einfällt, als mit anderen Eiswürfeln zusammenzustoßen oder ihnen aus dem Weg zu gehen, erscheint es, als könne der Zeuge seine Funktion nicht ausüben. Etwas muß sich im Eiswürfel verändern, damit er sich seines eigenen Tuns bewußt werden kann. Solange unser Bewußtsein ganz auf das gerichtet ist, was die anderen Eiswürfel tun, kann der Zeuge nicht erscheinen, selbst wenn er immer gegenwärtig ist. Sobald wir beginnen zu erkennen: »Oh, das Problem liegt nicht bei den anderen Eiswürfeln. Ich glaube, ich muß bei mir selbst suchen«, erscheint der Zeuge ganz von selbst. Wir beginnen zu erkennen, daß das Problem nicht irgendwo »da draußen« liegt. Es ist immer da.

SCHÜLER/IN: Im Eiswürfel-Zustand kann ich die Illusion aufrechterhalten, daß nichts zu mir durchdringen kann und ich geschützt bin. Wenn das Weichwerden beginnt, merke ich, daß alles eindringt – auch Umweltverschmutzung, Krieg, Hoffnungslosigkeit und so weiter. Die Einsicht in diese Tatsache kann erschreckend und entmutigend sein. Könnten Sie etwas über die Angst und die anderen emotionalen Zustände sagen, die auftreten, wenn man sich auf dem Weg vom Eiswürfel zur Pfütze befindet?

JOKO: Das stimmt, das Zwischenstadium des Weichseins bringt viel Angst und Widerstand mit sich. In gewisser Hinsicht schien das Eiswürfel-Dasein ja zu funktionieren. Allerdings war der Eiswürfel einsam und durstig. Wenn wir weich werden, sind wir verletzlicher. Wenn wir nicht sehen, was wirklich geschieht, wächst unsere Angst. Deshalb ist das Stadium des Weichwerdens, mit dem das Schmelzen beginnt, immer von Widerstand begleitet, von der Angst, daß die Welt uns überwältigen könnte. Wir wollen wieder starr werden, weil Forderungen an uns gestellt werden, mit denen wir zunächst nicht umzugehen wissen. Diese Forderungen können uns sehr unwillkommen sein. Unser Widerstand wird sich dann zu verfestigen versuchen. Aber auch der Widerstand wird nicht von Dauer sein.

Manchmal sagen mir Leute: »Ich übe jetzt sechs Monate lang, und mein Leben ist in jeder Hinsicht schlechter geworden.« Bevor sie sich auf den Übungsweg begaben, hatten sie die Illusion zu wissen, wer sie sind. Jetzt sind sie verwirrt, und das ist kein angenehmes Gefühl – es kann sogar ganz schrecklich sein. Aber es ist absolut notwendig. Bevor wir das nicht erkannt haben, sind wir vielleicht völlig entmutigt.

Das Üben ist manchmal außerordentlich unangenehm. Die Vorstellung, daß alles immerzu besser werden und es immerzu mit uns aufwärtsgehen müsse, ist falsch.

SCHÜLER/IN: Als ich mit dem Sitzen anfing, fühlte ich mich eine Zeit lang vom Hals an abwärts wie tot. Ich war wie der Eiswürfel, den Sie beschrieben haben. Oben der Kopf, unten die Füße und dazwischen ein toter Computer, der herumlief. Das Üben hat viele Gefühle in mir befreit; ich habe beispielsweise viel geweint, und das fühlt sich an wie das Zerschmelzen zu einer Pfütze.

JOKO: Gut. Ich beobachte bei den meisten meiner Schüler dieses Schmelzen. Das ist oft nicht angenehm, aber in gewisser Hinsicht ist es auch wunderbar. Wir spüren, daß wir mehr zu dem werden, der wir sind. Aber es gibt auch immer Widerstand. Beides geht Hand in Hand. Die Menschen halten Widerstand für etwas Schreckliches. Aber der Widerstand ist untrennbar mit dem Üben verbunden. Er gehört einfach dazu.

SCHÜLER/IN: Kann man auch dadurch weich werden, daß man Mutter ist? Ich stelle mir vor, daß Mütter sich ihren Kindern öffnen müssen und daß das den Eiswürfel vielleicht zum Schmelzen bringen kann.

JOKO: Kinder zu haben kann ein ausgezeichnetes Training sein. Aber ich habe auch Mütter kennengelernt, die trotzdem ganz schöne Eiswürfel waren, und dazu habe auch ich einmal gehört.

Die Burg und der Wallgraben

Seit ich lehre, bin ich sehr wenigen Menschen begegnet, die nicht in irgendeiner Weise mit etwas beschäftigt waren, das sie als Problem betrachteten. Es ist, als wäre unser Leben unter einer dicken schweren Wolke begraben oder als säßen wir in einem dunklen Raum, mit unserem Schicksal ringend. Wenn uns dieser Kampf gefangennimmt, schließen wir die Welt aus. Wir haben ja gar keine Zeit für sie, weil wir so mit unseren Sorgen beschäftigt sind. Uns geht es einzig und allein darum, unser Problem zu lösen. Wir durchschauen die Illusion nicht, die darin besteht, daß das Problem, das uns beschäftigt, gar nicht das *wirkliche* Problem ist. Ich bekomme so viele Variationen zu hören: »Ich bin so einsam«, »Das Leben ist leer und sinnlos«, »Ich habe alles, aber ...« und vieles mehr. Wir sehen nicht, daß unser scheinbares Problem nur die Spitze des Eisbergs ist. Das, was wir für unser Problem halten, ist in Wirklichkeit nur ein Pseudoproblem.

Aber für uns fühlt sich das natürlich nicht so an. Wenn ich beispielsweise verheiratet bin und mein Mann mich plötzlich verläßt, halte ich das bestimmt nicht für ein Pseudoproblem. Es wird lange Zeit dauern, bis ich erkenne, daß das, was ich »mein Problem« nenne, nicht das wirkliche Problem ist. Das wirkliche Problem ist nicht der Teil, den wir unmittelbar vor Augen haben – es ist der Teil des Eisbergs unter dem Wasser. Bei dem einen könnte der Eisberg der vorherrschende Glaube sein: »Ich muß alles unter Kontrolle haben«; beim anderen vielleicht: »Ich muß in allem perfekt sein.« In Wirklichkeit kann ich die Welt nicht dadurch unter Kontrolle halten, daß ich hilfsbereit bin, ich kann sie auch nicht unter Kontrolle halten dadurch, daß ich hilflos bin;

ich kann sie weder durch meinen Charme noch durch meinen Erfolg noch durch meine Aggressivität unter Kontrolle halten, auch nicht durch meine Sanftheit und Verbindlichkeit oder meine dramatische Aufopferung. Unter dem augenscheinlichen Problem liegt ein grundlegenderes Muster, mit dem wir uns vertraut machen müssen. Das zugrundeliegende Problem ist eine chronische, vorherrschende Haltung dem Leben gegenüber, eine alte Entscheidung, die aus unseren kindlichen Ängsten heraus getroffen wurde. Solange wir sie nicht sehen und uns weiter in dem Versuch verlieren, das Pseudoproblem zu bekämpfen, das sich uns darbietet, bleiben wir Menschen und Ereignissen gegenüber blind.

Erst wenn wir mit unserer Blindheit dem Leben gegenüber nicht mehr weiterkommen, beginnen wir zu ahnen, daß unser Pseudoproblem eine düstere Burg ist, in der wir gefangensitzen. Der erste Schritt beim Üben ist die Erkenntnis, *daß* wir gefangen sind. Die meisten Menschen haben davon keine Ahnung: »Es ist doch alles in Ordnung bei mir.« Erst wenn wir zu erkennen beginnen, daß wir gefangen sind, können wir nach einer Tür suchen und das Gefängnis verlassen. Wir sind dann wach genug, um überhaupt zu merken, daß wir in einem Gefängnis sitzen.

Es ist so, als wäre mein Problem eine finstere, unheimliche Burg, von Wasser umgeben. Ich finde ein kleines Boot und beginne wegzurudern. Beim Wegrudern schaue ich zur Burg zurück. Sie wird durch den Abstand, den ich jetzt habe, kleiner. Der Wallgraben ist enorm breit, aber schließlich gelange ich doch an das andere Ufer. Wenn ich jetzt zur Burg zurückschaue, sieht sie sehr klein aus. Weil sie weiter weg ist, ist sie jetzt nicht mehr so interessant für mich wie bisher. Ich kann mich mehr dem zuwenden, wo ich jetzt im Augenblick bin. Ich sehe das Wasser, die Bäume, die Vögel.

Vielleicht rudern andere Leute auf dem Wasser herum und genießen das schöne Wetter. Ich freue mich über den Anblick, und eines Tages schaue ich zu der Burg hinüber und stelle fest, daß sie verschwunden ist.

Das Üben ist wie das Rudern über den Burggraben. Zunächst sind wir in unserem speziellen Pseudoproblem gefangen. An einem gewissen Punkt jedoch erkennen wir, daß das, was das Problem zu sein schien, keineswegs das Problem ist – sondern daß es viel tiefer liegt. Ein Licht geht uns auf. Wir können nach einer Tür suchen, die nach draußen führt, Abstand gewinnen und unsere Mühen und Sorgen aus einer anderen Perspektive sehen. Das Problem steht vielleicht immer noch wie eine riesige, düstere Burg da und wirft seinen drohenden Schatten auf uns, aber wir haben die Burg bereits verlassen und sehen zu ihr hinauf. Wenn wir wegzurudern beginnen, ist das Wasser vielleicht noch wild bewegt und das Rudern schwierig. Vielleicht wirft uns auch ein Sturm ans Ufer zurück, so daß wir eine Zeitlang nicht aufbrechen können. Aber wir versuchen es immer wieder, und irgendwann gelingt es uns, Abstand zu der düsteren Burg zu bekommen. Wir finden allmählich Gefallen an dem Leben außerhalb der Burg. Schließlich macht uns das Leben vielleicht so viel Freude, daß die Burg selbst irgendwo klein und unbedeutend in der Ferne liegt.

Was ist Ihre Burg? Was ist Ihr Pseudoproblem? Und aus was besteht der Eisberg, das zugrundeliegende Problem, das Ihr Leben bestimmt? Burg und Eisberg sind ein und dasselbe. Was bedeuten sie für Sie?

Darauf muß jeder eine andere Antwort geben. Wenn wir allmählich sehen, daß das augenscheinliche Problem, das uns bewegt, nicht das wirkliche Thema unseres Lebens, sondern nur das Symptom eines tieferliegenden Musters ist, beginnen wir unsere Burg allmählich kennenzulernen.

Wenn wir sie gut genug kennen, finden wir allmählich den Weg hinaus.
Wir könnten fragen, warum wir in der Burg gefangenbleiben. Wir bleiben gefangen, weil wir weder die Burg erkennen noch die Möglichkeit, unsere Freiheit zu gewinnen. Der erste Schritt beim Üben besteht immer darin, unsere Burg oder unser Gefängnis zu sehen und zu erkennen. Die Menschen sind auf vielerlei Weise gefangen. Eine Burg kann beispielsweise die dauernde Suche nach einem aufregenden Leben voller neuer, begeisternder Dinge sein. Menschen, die so leben, sind zwar anregend, aber auch anstrengend. Das Leben in der Burg muß also nicht unbedingt voller Sorgen, Ängste und Depressionen sein. Die subtileren Gefängnisse sehen ganz anders aus. Je erfolgreicher wir in der äußeren Welt sind, desto schwerer kann es für uns sein, die Burg zu erkennen, in der wir gefangensitzen. Erfolg ist an sich nichts Schlechtes; aber wenn wir uns selbst nicht erkennen, kann er ein Gefängnis sein. Ich habe Menschen kennengelernt, die auf ihrem Gebiet weltberühmt waren und die doch in ihrer eigenen Burg gefangensaßen. Solche Menschen begeben sich erst auf den Übungsweg, wenn in ihrem Leben etwas zusammenzubrechen beginnt – aber auch dieses Zusammenbrechen wird durch den äußeren Erfolg oft schwer erkennbar und annehmbar. Wenn in der Mauer der Burg breite Risse erscheinen, fangen wir vielleicht an, unser Leben zu erforschen. In den ersten Jahren des Übens lernen wir die Burg kennen, in der wir gefangen sind, und finden dann das Ruderboot. Der Weg über den Graben kann voller Hindernisse sein, vor allem am Anfang. Stürme und hohe Wellen können uns bedrohen, wenn wir uns entfernen von unserem Traum, wie wir sind und wie unser Leben unserer Meinung nach sein müßte.
Nur eines hilft uns auf dieser Reise: Bewußtsein für das, was

geschieht. Die Fähigkeit, das Bewußtsein wachzuhalten, wenn Pseudoprobleme auftauchen, wächst allmählich durch Übung, aber nicht durch Bemühung. Wenn etwas geschieht, was uns nicht gefällt, schaffen wir Pseudoprobleme und lassen uns von ihnen einfangen: »Du hast mich gekränkt! Jetzt bin ich natürlich wütend!« »Ich bin so einsam. Niemand kümmert sich um mich.« »Ich habe es immer so schwer gehabt. Man hat mich ausgenutzt.« Unsere Reise ist erst dann beendet (und in einem Menschenleben vielleicht nie ganz beendet), wenn wir sehen, daß es keine Burg und kein Problem gibt. Die Wasserfläche, die wir mit unserem Boot überqueren, ist einfach so, wie sie ist. Wieso gibt es da ein Problem? Mein »Problem« ist, daß ich es anders haben will, daß mir das Leben so, wie es ist, nicht paßt. Deshalb entsteht aus meinen Meinungen, Reaktionen und Urteilen die Burg, in der ich mich selbst gefangenhalte.

Das Üben hilft mir, diesen Prozeß zu verstehen. Anstatt mich in meinem Ärger zu verlieren, nehme ich meine Gedanken und die Verspannung in meinem Körper wahr. Ich beginne zu sehen, daß das Ereignis, das mich aufgeregt hat, nicht das wirkliche Problem ist, sondern daß meine Aufregung aus der Art und Weise entsteht, wie ich das Leben betrachte. Ich sehe mir sie genauer an und beginne, meinen Traum zu zerstören. Allmählich gewinne ich eine neue Perspektive. Mein Ruderboot entfernt sich von der Burg, die ich selbst erbaut habe, und ich bin nicht mehr gefangen.

Je länger wir üben, desto rascher durchlaufen wir jedesmal diesen Prozeß. Die Arbeit geht am Anfang entmutigend langsam vonstatten, aber wenn unsere Einsicht und Fähigkeit wächst, geht alles schneller, und wir sehen dann, daß es kein Problem gibt. Vielleicht werden wir krank, vielleicht verlieren wir das wenige Geld, das wir haben; dennoch gibt es kein Problem.

Doch so sehen wir das Leben nicht. In dem Augenblick, in dem etwas auftritt, das uns nicht gefällt, haben wir, von unserem Standpunkt aus, ein Problem. Beim Zen-Übungsweg geht es aber nicht darum, mit dem Problem fertig zu werden, sondern darum, zu sehen, daß es gar nicht besteht. Das ist ein ganz anderer Weg als der, an den die meisten von uns gewöhnt sind. Wir versuchen meistens nur, uns mit der Burg herumzuschlagen, anstatt sie zu durchschauen und den Wallgraben zu finden, auf dem wir uns von ihr wegbewegen können – denn darum geht es ja beim Üben.

In Wirklichkeit wollen die meisten von uns die Burg gar nicht verlassen. Wir merken es vielleicht nicht, aber wir lieben unsere Probleme. Wir wollen in unseren Konstruktionen gefangen bleiben, uns um uns selber drehen und Opfer sein, uns selbst leid tun. Irgendwann kommen wir vielleicht dahin, zu sehen, daß solch ein Leben nicht besonders gut funktioniert. Wir fangen an, nach dem Wallgraben zu suchen. Aber selbst dann machen wir uns immer noch etwas vor und suchen Lösungen, die die Burg intakt lassen und bei denen wir eingesperrt bleiben. Wenn beispielsweise eine Beziehung das Problem zu sein scheint, stürzen wir uns vielleicht in eine neue Beziehung, anstatt das zugrundeliegende Muster zu entdecken, unsere fundamentale Einstellung dem Leben gegenüber, die Burg, die wir uns gebaut haben.

»Ich habe mir das Bein gebrochen.« »Ich ärgere mich über meine Freundin.« »Meine Eltern verstehen mich nicht.« »Mein Sohn nimmt Drogen.« Und so weiter. Was ist es, das uns jetzt im Augenblick vom Leben trennt und uns daran hindert, die Dinge zu sehen, wie sie sind? Nur wenn wir das Leben in allen Augenblicken schätzen, können wir sagen, daß wir etwas über religiöses Leben wissen.

Einsicht ist der Schlüssel. Aber es bedarf vielen Übens, um

einzusehen, was ich hier beschreibe, und es braucht Mut, den Graben zu überqueren und sich von der Burg zu entfernen. Solange wir in der Burg bleiben, können wir uns wichtig fühlen. Um den Graben schnell und gut zu überwinden, müssen wir Fähigkeiten entwickeln, die sich durch unermüdliches Üben ergeben. Aber wir sind nicht wirklich bereit, die Burg zu verlassen. Auch wenn wir schrecklich depressiv sind, ist die Depression zumindest das, was wir kennen, und das wollen wir um keinen Preis aufgeben. Es macht uns angst, in unser kleines Boot zu steigen und alles hinter uns zu lassen, was wir als unser Leben betrachtet haben. In der Burg eingesperrt, leben wir gefangen auf einem begrenzten kleinen Raum. Unser Leben ist dunkel und bedrückend, ob wir es merken oder nicht. Glücklicherweise hört die Freiheit (unser wahres Selbst) nie auf, uns zu rufen.

SCHÜLER/IN: Ich glaube, es gibt keine Möglichkeit, in das Boot zu steigen und den Graben zu überqueren, solange die Magie des Übens nicht monatelang oder sogar ein Jahr lang stattgefunden hat.

JOKO: Manche Menschen fangen zu üben an, wenn ihr Leben zerbricht und ihr persönlicher Traum scheitert. Sie sind dann oft bereit, gleich mit dem Zerstören der Burg zu beginnen. Bei den anderen geht dieser Prozeß langsamer vonstatten. Auf jeden Fall bedeutet der Prozeß des Sitzens einen Angriff auf unsere Burg; nach einiger Zeit beginnen wir, Sprünge und Risse zu sehen, auch wenn sie vorher ganz intakt zu sein schien. Es bedeutet oft einen Schock, diesen ersten Riß zu sehen.

SCHÜLER/IN: Wenn ein Problem sich wie ein Problem *anfühlt*, ist es dann nicht ein wirkliches Problem? Wodurch wird daraus ein falsches Problem?

JOKO: Nehmen wir an, jemand, den ich liebe, wird für zwei Jahre nach Europa versetzt, aber meine Arbeit hält mich hier fest. Das sieht für mich wie ein Problem aus. Mein Leben ist mit diesem Menschen eng verbunden, und ich bin über die Trennung sehr unglücklich. Von meinem persönlichen Standpunkt aus ist das ein wirkliches Problem; vom Standpunkt des Lebens selbst aus jedoch ist mein Lebenspartner einfach in Europa, und ich bin einfach hier. Punkt. Das einzige »Problem« ist meine Meinung darüber.

SCHÜLER/IN: Meinen Sie, man sollte nichts dagegen tun, sondern alles einfach passiv annehmen, was geschieht?

JOKO: Nein, keineswegs; darum geht es nicht. Wenn ich die Möglichkeit habe, nach Europa zu ziehen, um bei meinem Freund zu sein, und wenn das für alle Beteiligten in Ordnung ist, dann ist es gut. Aber oft befinden wir uns in Situationen, an denen wir nichts ändern können. Wir können die Welt nicht immer auf den Kopf stellen, weil uns etwas nicht paßt. Das Üben hilft uns, mit den Dingen umzugehen, wie sie sind, und dem nichts hinzuzufügen.

SCHÜLER/IN: Wie finden wir heraus, was unsere Burg ist? Was für eine Strategie gibt es da?

JOKO: Der Schlüssel ist: zu bemerken, was uns ärgert

oder verstört. Die Burg besteht aus Emotionen, die um uns selbst kreisen. Was für Beispiele gibt es dafür?

SCHÜLER/IN: Wut; jemand sagt etwas, was mir nicht gefällt.

SCHÜLER/IN: Depression.

JOKO: Depression ist meist ein Zeichen dafür, daß das Leben nicht unseren Wünschen entspricht.

SCHÜLER/IN: Eifersucht. Ich mag es nicht, wie er sie ansieht.

SCHÜLER/IN: Groll, weil ich alles getan habe und dafür nicht anerkannt wurde.

JOKO: Bei Eltern heißt es häufig: »Ich habe alles für dich getan, und was ist der Dank? Ich habe dir die besten Jahre meines Lebens gegeben!«

Jede Burg hat mit einem ganz persönlichen Verhaltensmodus zu tun. Sie kann auf guten Absichten aufgebaut sein, bei dem einem die selbstsüchtigen Gedanken entgehen. Wenn wir beispielsweise etwas für Obdachlose tun, dann vielleicht, um uns selbst und anderen zu beweisen, daß wir gute Menschen sind, daß wir uns um andere kümmern. (Die Frage ist nicht, ob wir den Obdachlosen helfen, sondern *warum* wir es tun.)

SCHÜLER/IN: Kann etwas, das uns glücklich macht, Teil der Burg sein? Wenn wir beispielsweise schöne Musik hören, um mit unserem Ärger fertig zu werden?

JOKO: Ja, wenn die Musik als Ausflucht benutzt wird, ist sie Teil der Burg.

SCHÜLER/IN: Für die Leute, die in ihnen leben, sehen die

Burgen doch immer aus, als wären sie etwas Reales, oder?

JOKO: Ja, aber sie sind es nicht. Unsere unterschwellige Überzeugung, daß das Leben so sein müsse, erschafft die Burg. Wenn diese Überzeugung auf irgendeine Weise in Frage gestellt wird, dann wird die Burg erschüttert.

SCHÜLER/IN: Unsere Überzeugung rührt doch von einer Erfahrung in der Vergangenheit her, oder nicht?

JOKO: Ja, aber wir erinnern uns vielleicht gar nicht an diese Erfahrung.

SCHÜLER/IN: Können wir mehr als eine Burg haben? Oder lebt jeder nur in einer Burg?

JOKO: Die meisten Menschen leben nur in einer Burg, aber die hat viele Zimmer. Bei den meisten entsteht diese Burg durch eine Grundentscheidung dem Leben gegenüber, aber diese Entscheidung kann sich auf vielerlei Art äußern. Wir müssen die vielen Arten entdecken, in denen wir diese Entscheidung ausleben; wir müssen unsere Burg gut kennenlernen.

SCHÜLER/IN: Heißt »die Burg kennenlernen«, daß man sich der Spannung in seinem Körper bewußt wird?

JOKO: Ja, und daß wir unsere Gedanken sehen und benennen. Während wir das tun, schließen wir langsam das Tor zur Burg auf und finden den Weg zum Boot, das uns über den Graben bringt. Es ist ein allmählicher Prozeß, bei dem es keine scharfen Trennlinien gibt. Und wir verlassen unsere Burg auch nicht ein für allemal. Manchmal erscheint sie uns weit entfernt, und dann ist plötzlich wieder etwas da, das wir noch nicht durchschaut haben, und wir sind wieder gefangen. Niemand kennt wirklich alle einzelnen Räume in der Burg.

SCHÜLER/IN: Die Analogie mit der Burg und dem Graben ist zwar hilfreich, aber ich weiß, daß ich in dem Augenblick, in dem ich mit dem Sitzen aufhöre und wieder ins übliche Leben zurückkehre, all meine Klarheit verliere.

JOKO: Beim Sitzen und bei einem Gespräch wie diesem geht es gerade darum, die Probleme zu klären, denen wir begegnen, wenn wir zum üblichen Leben zurückkehren, und uns beim Umgang mit ihnen zu helfen. Wenn wir genug üben, wächst diese Fähigkeit im Lauf der Zeit. Natürlich können wir leicht in unsere alten Muster zurückfallen. Ein Vortrag wie dieser kann an sich noch nichts bewirken; was zählt, ist einzig, was die Leute damit machen. Können wir frank und frei anschauen, was uns ärgert, und uns dabei beobachten, wie wir uns ärgern? Können wir Abstand dazu gewinnen? Das ist der Sinn des Wallgrabens: auf die Burg zurückzuschauen und sie klarer zu sehen. Auch wenn das einfach klingt, ist es unglaublich schwierig, vor allem am Anfang. Aber diese Schwierigkeit ist nichts Schlechtes; sie ist einfach eine Tatsache.

SCHÜLER/IN: Würden Sie sagen, daß die Burg die gesamte Persönlichkeit ist? Ober besteht sie nur aus bestimmten Meinungen und persönlichen Verhaltensweisen?

JOKO: *Persönlichkeit* meint eine feste oder dauerhafte innere Struktur. Unsere Persönlichkeit ist die Strategie, die wir entwickelt haben, um mit dem Leben zurechtzukommen. In diesem Sinn *ist* die Burg unsere Persönlichkeit. Im Lauf der Zeit werden durch das Sitzen vorherrschende Persönlichkeitszüge schwächer. Bei Menschen, die schon lange auf dem Übungsweg sind, verschwindet die Persönlichkeit in diesem Sinn allmählich, und es bleibt Offenheit. In gewissem Sinn kann man sagen: Je mehr wir sitzen, desto weniger Persönlichkeit haben wir.

SCHÜLER/IN: Ich kenne Sie schon viele Jahre, und es scheint mir, als hätten Sie jetzt noch mehr Persönlichkeit als früher.

JOKO: Richtiges Üben macht uns im Lauf der Zeit empfänglicher und verständnisvoller für das, was geschieht. Anstatt jedoch immer gleich darauf zu reagieren, können wir jetzt freier und beweglicher auf die Situation eingehen. Das Üben fördert unsere Fähigkeit, angemessen zu reagieren. Die Persönlichkeit steht dem nicht mehr im Weg.

V
BEWUSSTSEIN

Das Paradox des Bewußtseins

Wenn wir sitzen, ist es wichtig, so weit wie irgend möglich absolut still zu werden: uns unserer Zunge in der Mundhöhle bewußt zu werden, der Augäpfel, der Unruhe in unseren Fingern. Wenn sie sich bewegen, sollten wir uns der Bewegung bewußt sein. Wenn wir denken wollen, bewegen sich unsere Augäpfel. Wir haben sehr subtile Methoden, um uns selbst zu entfliehen. Absolutes Stillhalten ist für uns eine einschränkende und unangenehme Forderung. Für mich ist das auch so. Wenn ich mehrere Runden lang gesessen habe, möchte ich etwas tun, etwas in Ordnung bringen, mich um etwas kümmern. Wir sollten nicht steif und verkrampft sein, sondern einfach so gut stillhalten, wie wir können. Doch einfach das zu sein, was wir sind, ist das letzte, was wir wollen.

Wir alle haben große Wünsche: Wir suchen Wohlbefinden, Erfolg, Liebe, Erleuchtung, Buddhaschaft. Sobald ein Wunsch aufsteigt, strengen wir uns an und versuchen, das Leben in eine andere Richtung zu drängen. Deshalb ist Stille das letzte, nach dem wir streben. In der absoluten Stille werden wir uns unseres Unwillens bewußt, zu sein, was wir sind, in dieser Sekunde. Das ist uns nämlich außerordentlich unangenehm; wir wollen es einfach nicht. Meister Rinzai sagte: »Verschwendet auch nicht einen Gedanken an die Jagd nach Buddhaschaft.« Das bedeutet, wir selbst zu sein, wie wir sind, in jedem Augenblick, Augenblick für Augenblick. Mehr bedarf es gar nicht, aber der Mensch hat den Wunsch, hinter irgend etwas herzujagen. Was sind solche Dinge, hinter denen wir herjagen, wenn wir sitzen?

SCHÜLER/IN: Trost.

SCHÜLER/IN: Der Versuch, nicht zu denken.

JOKO: Wir versuchen nicht zu denken, anstatt uns unseres Denkens bewußt zu sein.

SCHÜLER/IN: Eine Art intensiver Körpererfahrung, ein veränderter Bewußtseinszustand.

SCHÜLER/IN: Frieden.

SCHÜLER/IN: Wacher zu sein, nicht so müde. Oder die Wut loszuwerden: »Sobald ich diese Wut los bin, werde ich der Buddhaschaft näher sein.«

JOKO: Oder wir erinnern uns an eine Zeit, in der es uns gutging, und wollen dieses Gefühl wieder zurückholen. Wenn wir keinen Gedanken an die Jagd nach Buddhaschaft verschwenden, was tun wir dann?

SCHÜLER/IN: Wir hängen an nichts.

JOKO: Wir hängen an nichts, und wir sind bereit ...

SCHÜLER/IN: ... zu sein, wer wir sind und wo wir sind.

JOKO: Ja: Wer wir sind und wo wir sind, hier und jetzt. Wenn wir sitzen, sind wir ungefähr drei Sekunden lang bereit, das zu tun; dann ist ganz plötzlich wieder der Wunsch da, uns zu bewegen, etwas mit den Fingern zu tun, zu denken.

Kurz gesagt gibt es zwei Übungswege. Auf dem einen geht es darum, sich allmählich zu verbessern. Wir steigern unsere Energie. Wir essen gesünder. Wir läutern uns auf irgendeine Weise. Wir zwingen uns dazu, einen klaren Kopf zu bekommen. Die Leute meinen, daß Erleuchtung das Ergebnis solcher Bemühungen sei, aber das ist nicht so. Natürlich ist es gut, richtig zu essen, zu üben und alles zu tun, was uns gesünder macht. Das Bemühen, unser Leben zu verbessern, einem Weg zu folgen, der uns irgendwohin führt, kann Menschen hervorbringen, die etwas sehr Heiliges haben, sehr ruhig und sehr eindrucksvoll sind.

Vom Standpunkt des zweiten Übungsweges jedoch ist die Vorstellung, daß wir aus uns etwas anderes und Besseres machen könnten, Unsinn. Warum? Weil es gut ist, daß wir sind, wie wir sind. Aber weil es sich nicht gut anfühlt, wie wir sind, sind wir verwirrt, aufgeregt, ärgerlich. Die Feststellung, wir seien gut, so wie wir sind, erscheint uns nicht sinnvoll.

Wir können es auch anders sagen. Wenn wir uns unserer Gedanken bewußt sind, verschwinden sie allmählich. Wir können uns nicht unseres Denkens bewußt sein, ohne daß das Denken allmählich nachläßt. Ein Gedanke ist nur ein kurzes Radarsignal unserer Energie, aber wir fügen dem Gedanken unsere konditionierten Überzeugungen hinzu und versuchen ihn festzuhalten. Wenn wir unsere Gedanken mit unpersönlichem Bewußtsein betrachten, verschwinden sie. Betrachten wir jedoch einen Menschen, verschwindet der dann auch? Nein, er bleibt. Und das ist der Unterschied zwischen Realität und der illusionären Vorstellung von Realität, die wir haben, wenn wir in unseren Gedanken leben: Wenn wir es ernsthaft betrachten, bleibt das eine, und das andere verschwindet. Das persönliche Lebensmodell löst sich einfach auf. Was wir wollen, ist einfach, reales Leben *zu sein.* Da ist aber etwas anderes als ein heiliges Leben.

Wir fühlen uns alle zur ersten Art des Übungswegs hingezogen: Wir wollen jemand anderes werden, als wir sind. Wir glauben, wenn wir in einem Sesshin sitzen, etwas Höheres aus uns machen zu können. Auch wenn wir es besser wissen, ist der Wunsch tief in uns verankert, etwas anderes zu wollen als das, was ist. Wir müssen uns nicht von unseren persönlichen Gedanken befreien; wir müssen sie nur ansehen, immer wieder ansehen. Wenn wir das tun, lösen sie sich auf. Alles, was sich auflöst, ist nicht sehr real. Aber die Wirklichkeit verschwindet nicht einfach, wenn wir sie betrachten.

SCHÜLER/IN: Müssen wir nicht irgendwelche Ziele haben, um überhaupt einen Prozeß in Gang zu setzen, etwas zu erreichen?

JOKO: Was meinen Sie mit »Prozeß«?

SCHÜLER/IN: Etwas zu tun.

JOKO: Ist Bewußtsein ein Tun? Es gibt einen Unterschied zwischen diesem Tun – beispielsweise: »Ich will ein guter Mensch werden« – und dem einfachen Wahrnehmen dessen, was ich tue. Nehmen wir an, ich klatsche über jemanden. Dieser Klatsch ist eine Tätigkeit, aber die Wahrnehmung dieser Tätigkeit ist keine Tätigkeit, kein Versuch, etwas in Gang zu setzen. Die Grundlage des Handelns ist ein Gedanke, der anstrebt, daß die Dinge anders sein sollen, als sie sind.

Anstatt mir selbst zu sagen: »Ich muß ein besserer Mensch werden« und es zu versuchen, sollte ich mir einfach bewußt sein, was ich tue – beispielsweise wahrnehmen, daß ich jedesmal, wenn ich einem bestimmten Menschen begegne, ihm ausweiche. Wenn ich hundertmal beobachtet habe, wie ich das tue, geschieht etwas. Das Verhaltensmuster fällt weg, ich bin ein besserer Mensch, ohne nach dem Vorsatz gehandelt zu haben: »Ich sollte ein besserer Mensch sein.« Bewußtsein hat keine Vorsätze, keine Gedanken in diesem Sinne; es ist einfach waches Gewahrsein. Und darum geht es beim Sitzen: daß wir uns nicht von unseren Gedanken einfangen lassen, von unserem Bemühen, ein Ziel zu erreichen, ein Buddha zu werden.

SCHÜLER/IN: Das scheint ein wenig paradox. Auf einer Ebene tut unser Verstand aktiv etwas, und auf einer anderen nehmen wir wahr, was unser Verstand tut. Worum geht es bei diesem Gewahrsam?

JOKO: Beim gewöhnlichen Denken hat der Verstand immer ein Ziel, etwas, das er erreichen will. Wenn wir in diesem Wünschen und Wollen gefangen sind, haben wir kein Gewahrsein für die Realität. Wir haben das Gewahrsein durch einen persönlichen Traum ersetzt. Gewahrsein verändert sich nicht, wird nicht verdeckt von Träumen; es bleibt, was es ist.

Die Unterscheidung zwischen gewöhnlichem Denken und wachem Gewahrsein erscheint uns zunächst subtil und schwer greifbar. Durch die Übungspraxis jedoch werden wir den Unterschied allmählich deutlicher sehen: Wir bemerken mehr und mehr, wie unsere Gedanken mit dem Bemühen beschäftigt sind, irgendwohin zu gelangen, und wie wir uns so von ihnen gefangennehmen lassen, daß wir die Wirklichkeit unseres Lebens gar nicht mehr wahrnehmen.

SCHÜLER/IN: Wir nehmen also entweder wahr, was geschieht, oder bleiben am Inhalt unserer Gedanken haften.

JOKO: Richtig. Ein Gedanke an sich ist nichts Schlechtes; er ist einfach ein energetisches Signal. Aber wenn wir uns in seinem Inhalt verlieren, in seinen Worten, dann haben wir ihn zu etwas Persönlichem gemacht und wollen an ihm festhalten.

SCHÜLER/IN: An einem Gedanken festzuhalten bedeutet auch, an ihn zu glauben. Gestern nacht war ich auf der Reise, und mein Kopf war voll von Gedanken und Gefühlen. Ich glaubte, ich würde üben: Ich wußte, daß ich ärgerlich war; ich wußte, daß ich angespannt war; ich wußte, daß ich in Hetze war; und ich merkte, daß es immer schlimmer wurde. Plötzlich sagte ich mir: »Was bedeutet das Üben jetzt in diesem Augenblick?« Und plötzlich sah ich blitzlichtartig, was in meinem Kopf vorging. Aus einer völlig unpersönlichen Perspektive war immer noch das gleiche da, die Wut, die Hetze, die körperliche Anspannung, aber es hatte nichts mit mir zu tun. Es war fast so, als beobachtete ich eine Schabe auf dem Küchenboden.

JOKO: Wenn wir die Gedanken und Gefühle zu beobachten beginnen, lösen sie sich allmählich auf. Ohne unseren Glauben an sie können sie sich nicht aufrechterhalten.

SCHÜLER/IN: Wenn wir so stark in unseren Gedanken gefangen sind, wird unsere Welt enger. Wir haben keinen Überblick über das Ganze. Wenn wir unser Bewußtsein auf unsere Gedanken lenken, weitet sich alles, die einschränkenden Gedanken beginnen sich aufzulösen.

JOKO: Ja. Wenn unser Leben sich durch das Üben nicht verändert, dann machen wir irgend etwas falsch.

SCHÜLER/IN: Wenn wir uns von unseren Gedanken gefangennehmen lassen, erzeugen wir doch Angst, oder?

JOKO: Ja. Angst ist immer eine Kluft zwischen dem, wie die Dinge sind, und dem, wie wir glauben, daß sie sein müßten. Angst ist etwas, das sich zwischen dem Wirklichen und dem Unwirklichen erstreckt. Unser menschlicher Wunsch ist es, dem Realen auszuweichen; wir ziehen unsere Vorstellungen von der Welt vor: »Ich bin furchtbar.« »Du bist furchtbar.« »Du bist wunderbar.« Die Vorstellung ist von der Realität getrennt, und Angst ist die Kluft zwischen unserer Vorstellung und der Wirklichkeit, daß die Dinge so sind, wie sie sind. Wenn wir aufhören, an das Objekt zu glauben, das wir uns geschaffen haben – und das sozusagen etwas neben der Realität steht –, kommen die Dinge wieder zurück ins Zentrum. Das bedeutet »zentriert sein«. Die Angst verschwindet dann.

SCHÜLER/IN: Ich glaube, ich verkrampfe mich ziemlich, wenn ich versuche, am Gewahrsein festzuhalten.

JOKO: Wenn Sie versuchen, am Gewahrsein festzuhalten, ist das ein Gedanke. Wir benutzen ein Wort wie Gewahrsein oder *Bewußtsein*, und dann machen die Leute irgend etwas Besonderes daraus. Wenn wir nicht denken (versuchen Sie es einmal zehn Sekunden lang: Hören Sie einfach zu denken auf), entspannt sich unser Körper, und wir können alles hören und wahrnehmen, was geschieht. In dem Augenblick, in dem wir mit Denken aufhören, werden wir gewahr. Gewahrsein ist nicht etwas, das wir herbeizwingen müssen; es ist eher die Abwesenheit von etwas. Die Abwesenheit wovon?

SCHÜLER/IN: Ändern wir nicht nur den Schwerpunkt unseres Gewahrsein? Haben wir nicht gesagt, daß wir immer gewahr sind? Ich glaube, daß das Leben immer Gewahrsein ist; wir nehmen immerzu irgend etwas wahr. Wenn wir sitzen (und das ist in gewisser Weise paradox), haben wir dabei ein Ziel: Wir versuchen, unser Gewahrsein zu lenken, vielleicht für etwas ganz Bestimmtes zu schärfen.

JOKO: Nein, denn dann wäre Gewahrsein eine Handlung. Gewahrsein ist wie die aufsteigende Hitze an einem Sommertag: Die Wolken am Himmel verschwinden einfach. Wenn wir gewahr sind, verschwindet das Unwirkliche einfach; dazu müssen wir gar nichts tun.

SCHÜLER/IN: Haben wir nach einem Sesshin mehr Gewahrsein?

JOKO: Nein. Der Unterschied ist, daß wir es jetzt nicht mehr blockieren. Gewahrsein ist, was wir sind. Aber wir blockieren es durch egozentrisches Denken: durch Träumen, durch Phantasieren, durch alles, was wir gern tun wollen. Der Versuch, gewahr zu sein, ist nur gewöhnliches Denken, nicht wirkliches Gewahrsein. Alles, was wir tun müssen, ist, unserer egozentrischen Gedanken gewahr zusein. Schließlich lösen sie sich auf, und was bleibt, sind wir. Auch wenn es so scheint, als würden wir aktiv etwas tun – Gewahrsein ist weder ein Gegenstand noch ein Wesen. Gewahrsein ist Leben, wenn wir nichts anderes tun.

SCHÜLER/IN: Einfaches Gewahrsein ist nichts als es selbst. Es hat weder Raum noch Zeit noch sonst etwas.

JOKO: Ja, Gewahrsein hat weder Raum noch Zeit noch Identität – und doch ist es das, was wir sind. In dem Augenblick, in dem wir über es sprechen, ist es nicht mehr da. Beim Üben müssen wir nicht versuchen, bewußt zu sein. Was wir tun müssen, ist, unsere Gedanken zu beobachten. Wir sollten nicht versuchen, bewußt zu sein; wir sind immer bewußt, wenn wir nicht in unserem ichbezogenen Denken befangen sind. Deshalb ist es so wichtig, unsere Gedanken zu benennen.

SCHÜLER/IN: Also sind wir manchmal bewußt, ohne es zu merken.

JOKO: Richtig.

SCHÜLER/IN: Vielleicht ist der Unterschied zwischen normalen Gedanken, an die wir glauben, und Gewahrsein, daß ein Gedanke, an den wir glauben, uns nicht bewußt ist; wir erkennen ihn nicht als bloßen Gedanken.

JOKO: Richtig. Er wird nicht als das Energiefragment erkannt, das er ist. Wir halten ihn für real, und wir glauben an ihn; und schon beginnt er alles zu beherrschen, anstatt daß das Gewahrsein alles beherrscht, wie es das sollte.

SCHÜLER/IN: Ich nehme das Bewußtsein meist deutlicher wahr, wenn ich einen Augenblick unbewußt war. Beispielsweise: Ich merke plötzlich, daß ich an meiner Arbeitsstelle bin, und weiß nicht, wie ich dorthin gekommen bin – und dann wache ich auf.

JOKO: Bei allen außer Buddha schwankt der Grad der Bewußtheit. Aber je länger wir üben, um so größer ist der Teil unseres Lebens, den wir bewußt erleben. Ich bezweifle, daß irgend jemand wirklich immer in vollem Bewußtsein lebt.

SCHÜLER/IN: Sie sagen: »Je länger wir üben«, aber Sie meinen doch wahrscheinlich die Ausdauer, mit der wir unsere Aufmerksamkeit der Gegenwart zuwenden?

JOKO: Ja. Man kann zwanzig Jahre lang sitzen und trotzdem keine Ahnung haben, worum es beim Sitzen geht. Doch wenn wir beim Sitzen und Üben unser ganzes Leben einschließen, dann wächst der Grad der Bewußtheit. Ich habe früher die Hälfte meiner Zeit mit Tagträumen verbracht. Es war »angenehm«.

SCHÜLER/IN: Jahrelang bestand meine Übungspraxis darin, erst die Umgebung auszublenden, dann meinen Körper auszublenden und dann immer wieder *Mu* zu rezitieren. Ich war mir des Nichts vollkommen bewußt.

JOKO: Ja, das ist eine Form konzentrierten Übens, die bei manchen rasche und sehr eindrucksvolle Wirkungen erzielt, und die sind durchaus angenehm. Aber im Leben bewirkt es nicht viel. *Mu* muß nicht so geübt werden.

SCHÜLER/IN: Wenn ich mich auf das wache Gewahrsein konzentriere, scheine ich mehr Schmerzen im Körper wahrzunehmen. Aber wenn ich einfach »abhebe«, habe ich kein Problem mit Schmerzen; ich spüre sie einfach nicht. Doch dann wache ich auf, nehme wieder bewußt wahr, und der Schmerz ist wieder da. Warum geht der Schmerz weg, wenn ich »abhebe«?

JOKO: Unsere Träume sind starke Betäubungsmittel. Deshalb lieben wir sie so sehr. Unsere Träume und Phantasien machen süchtig, genauso wie Suchtstoffe.

SCHÜLER/IN: Bringt es nicht auch eine Trennung von der Wirklichkeit mit sich, wenn wir Schmerz empfinden?

JOKO: Nicht, wenn wir ihn restlos spüren.

SCHÜLER/IN: Wenn ich wirklich der Schmerz werde, verschwindet er einfach. Aber sobald ich darüber nachdenke, leide ich. Wenn ich den

Schmerz wahrnehme und den Gedanken habe, daß er schmerzhaft ist, bleibt das Leiden. Aber wenn ich ihn einfach als starke Empfindung wahrnehme, verschwindet das Leiden.

JOKO: Wenn wir den Schmerz einfach als dauerhafte Empfindung mit vielen kleinen Variationen sehen können, wird er interessant und sogar schön. Aber wenn wir mit dem Gedanken darangehen, daß wir ihn zum Verschwinden bringen wollen, ist das nur wieder ein Versuch, der Buddhaschaft nachzujagen.

SCHÜLER/IN: Wenn ich mit dem Sitzen beginne, merke ich meistens, daß ich sehr angespannt bin und mein Körper heftig schmerzt. Es fühlt sich an, als wäre es nur knapp außerhalb meines Gewahrseins. Jahrelang sagten die Leute zu mir: »Du bist so angespannt.« Und ich sagte dann: »Ich bin doch gar nicht angespannt.« Jetzt merke ich, daß diese Spannung durchaus da war, aber ich sie nicht wahrnahm. Ich habe meine Gedanken benutzt, um sie aus dem Bewußtsein zu verdrängen. Die Spannung und der Schmerz waren da, aber einfach nicht im Gewahrsein.

JOKO: Sind Spannung und Schmerz real? Es ist etwas da, aber was ist es? Neulich ging ich nachts am Meer entlang, und das Mondlicht schien aufs Wasser. Ich konnte einen Lichtschimmer auf dem Meer sehen, aber war das wirklich das Mondlicht? Was bedeutet dieser Schimmer? Ist er wirklich oder nicht? Weder ja noch nein. Von meiner Perspektive aus war das Mondlicht auf dem Wasser. Aber wenn ich näher an der Wasseroberfläche gewesen wäre, hätte ich kein Mondlicht mehr darauf gesehen. Ich hätte etwas anderes gesehen, was man von dem näheren Punkt aus wahrnimmt. Mondlicht kann nicht wirklich auf dem Wasser sein. Bei Wolken ist es ähnlich: Wenn wir uns in einer Wolke befinden, nennen wir sie Nebel. Ebenso geben wir unseren Gedanken eine falsche Realität. Natürlich leben wir immer in einer bestimmten Perspektive. Beim Üben lernen wir, mit dieser relativen Realität zu leben, uns ihrer zu erfreuen, aber sie als das zu sehen, was sie ist. Wie Mondlicht auf dem Wasser ist sie zwar da, von einem bestimmten relativen Standpunkt aus – aber sie ist nicht real, sie ist nicht das Absolute. Selbst das Wasser hat nur eine relative Realität. Wenn kein Licht auf das Wasser fällt, erscheint es schwarz. Ich saß beim Abendessen in einem Restaurant am Meer und sah, wie das Wasser sich von hellem Blau zu dunklem Blau und zu Violett verfärbte und dann nicht mehr zu sehen war. Was ist real? Absolut gesehen ist nichts davon real. Beim Üben müssen wir jedoch mit unserer Erfahrung beginnen, mit dieser sehr genauen Bewußtseinsarbeit. Wir müssen zur Wirklichkeit unseres Lebens zurückkehren. Wir haben Schmerzen, wir haben Schwierigkeiten, wir mögen manche Menschen und mögen andere nicht: Das ist der Stoff unseres Lebens. Hier beginnt unsere Arbeit mit dem Gewahrsein.

Bei Sinnen sein

Wir alle sehnen uns nach Ganzheit. Wir wollen ganze Menschen sein; wir wollen ein Gefühl der Vollständigkeit haben; wir wollen uns in unserem Leben wohl fühlen. Wir versuchen, das Problem zu lösen und uns durch Denken zur Ganzheit zu bringen. Die Bemühungen scheitern aber; wir müssen einen anderen Weg finden.
Nehmen wir an, wir wandern in den Bergen und ruhen uns irgendwo am Ufer eines Baches aus. Was würde es in diesem Augenblick bedeuten, »ganz« zu sein?

SCHÜLER/IN: Ganz zu sein würde bedeuten, die Luft auf meiner Haut zu spüren und die Geräusche um mich zu hören.
JOKO: Ja …
SCHÜLER/IN: Über mich selbst nachzudenken.
JOKO: Wenn wir über uns selbst nachdenken, trennen wir uns von unserer Erfahrung und sind nicht mehr ganz.
SCHÜLER/IN: Spüren, daß ich auf dem Boden sitze, in Berührung komme mit den Blättern und der Erde. Mich selbst dabei beobachten, wie ich über mich nachdenke.
JOKO: Ja, das ist Gewahrsein.
SCHÜLER/IN: Den Bach sehen, die natürlichen Gerüche der Erde riechen, die Sonne auf meinem Rücken spüren.
JOKO: Ja, das alles gehört zur Erfahrung dieses Augenblicks.
SCHÜLER/IN: Das spüren, was nicht da ist. Wenn ich an einem friedlichen Platz sitze, spüre ich viel-

leicht die Abwesenheit von Schmerz. Das ist ein gutes Gefühl, daß kein Schmerz da ist.

JOKO: Das ist eine Form des Denkens, die uns vom Gewahrsein oder der Ganzheit wegbringt. Es ist nichts dagegen zu sagen, aber es gehört eigentlich nicht dazu. Es ist, wie wenn man beim Betrachten eines wunderschönen Sonnenuntergangs sagen würde: »Ach, ist das ein wunderschöner Sonnenuntergang!« Dann haben wir uns schon wieder ein wenig distanziert.

Während wir am Bach sitzen, haben wir wahrscheinlich keine Geschmackswahrnehmungen. Aber nehmen wir an, wir sind zu einem festlichen Essen eingeladen: Es ist überraschend, wie wenig Leute wirklich schmecken, was sie essen.

SCHÜLER/IN: Wenn ich an einem Bach sitze, dann scheint es manchmal, als könnte ich den Bach fast in meinem Körper spüren.

JOKO: Sie sprechen da möglicherweise nicht über eine Wahrnehmung, sondern über einen sehr subtilen Gedanken, einen Gedanken, der Leute beispielsweise dazu bringt, Bücher über das Leben in der Natur zu schreiben.

Aber wenn wir einfach am Bach sitzen und alles spüren, was es zu spüren gibt, dann ist das keine große Angelegenheit: Wir sitzen einfach da. Aber nehmen wir nun an, daß wir über unsere Schwierigkeiten im Leben nachzudenken beginnen. Wir vertiefen uns in unsere Gedanken und brüten darüber nach, wie es uns mit unseren Problemen geht und wie wir sie lösen können. Und plötzlich spüren wir nichts mehr von dem, was wir noch vor einem Augenblick wahrgenommen haben. Wir sehen das Wasser nicht mehr, riechen das Holz nicht mehr, spüren unseren Körper nicht mehr. Die Wahrnehmungen sind verschwunden. Wir haben unser Leben in diesem Augenblick geopfert, um über Dinge nachzudenken, die nicht gegenwärtig und hier und jetzt nicht real sind.

Wenn Sie das nächstemal zu einem festlichen Essen eingeladen sind – oder überhaupt irgend etwas essen –, fragen Sie sich, ob Sie die Speisen wirklich schmecken. Die meisten von uns sind beim Essen nur mit halber Aufmerksamkeit dabei.

Ohne bewußtes Wahrnehmen sind wir nicht wirklich lebendig. Das Leben ist für die meisten Menschen unbefriedigend, weil sie den größten Teil der Zeit nicht in der Gegenwart ihrer Wahrnehmung sind. Wenn wir ein paar Jahre lang geübt haben, kommt es nicht mehr ganz so oft vor. Aber ich kenne niemand, der wirklich die ganze Zeit vollständig präsent ist.

Wir sind wie der Fisch, der herumschwamm, nach dem großen Ozean des Lebens suchte und dabei seine Umgebung nicht wahrnahm. Wie der Fisch denken wir über den Sinn des Lebens nach und sind nicht wach dafür, daß wir vom Wasser umgeben sind, daß wir der Ozean sind. Der Fisch begegnete schließlich einem Lehrer, der sah, was mit ihm los war.

Der Fisch fragte: »Was ist der große Ozean?« Aber der Lehrer lachte nur. Warum?

SCHÜLER/IN: Weil der Fisch schon im Ozean war und es nur nicht merkte.

JOKO: Ja. Der Ozean *ist* sein Leben. Wenn man einen Fisch vom Wasser trennt, gibt es kein Leben mehr für ihn. Ebenso ist es, wenn wir uns selbst von unserem Leben trennen, das aus dem besteht, was wir sehen, hören, spüren, riechen und so weiter, dann haben wir den Kontakt mit dem verloren, was wir eigentlich sind.

Unser Leben ist einfach immer *dieses* Leben. Unser persönlicher Kommentar zum Leben – all die Meinungen, die wir darüber haben – ist die Ursache unserer Schwierigkeiten. Wir hätten gar keine Sorgen und Probleme, wenn wir nicht an unserem Leben vorbeileben würden, das heißt an unserem Hören, Sehen, Schmecken, Fühlen, an der kinästhetischen Wahrnehmung unseres Körpers. Warum ist das so?

SCHÜLER/IN: Weil wir dann in der Gegenwart wären.

JOKO: Ja. Wir können gar keine Probleme haben, wenn uns unser Kopf nicht durch unreale Gedanken aus der Gegenwart entfernen würde. Immer wenn wir Probleme haben, sind wir buchstäblich draußen: Wir sind von allem getrennt. Wir sind wie ein Fisch, den man aus dem Wasser geholt hat. Wenn wir ganz gegenwärtig und bewußt sind, können wir keine Gedanken haben wie: »Ach wie schwierig ist mein Leben. Es ist so sinnlos!« Wenn wir so denken, haben wir uns schon vom Leben getrennt.

Ein guter Schüler erkennt, wenn er »abgedriftet« ist, und kehrt zur unmittelbaren Erfahrung zurück. Manchmal schütteln wir einfach den Kopf und kehren zur Lebensgrundlage zurück, der Verankerung in der Erfahrung. Aus dieser Verankerung wird genau das richtige Denken, Handeln und Schaffen entspringen. Es entsteht genau in diesem Raum des Erfahrens, in dem wir einfach alle Sinne öffnen.

Als ich sechzehn oder siebzehn war, spielte ich mit Vorliebe Bach-Choräle auf dem Klavier. Einer, von dem ich bereits erzählt habe und den ich besonders liebte, hatte folgenden Text: »Unter Deinem Schirmen / bin ich vor den Stürmen / aller Feinde frei.« Auch wenn der Text aus der christlichen Tradition stammt, die oft dualistisch ist, geht es in diesem Choral um das Gegenwärtigsein und das Bewußtsein. Es gibt einen Ruheplatz in unserem Leben, einen Ort, an dem wir sein müssen, wenn wir richtig funktionieren wollen. Dieser Ruheplatz – unter »dem Schirmen« Gottes, wenn Sie so wollen – ist einfach hier und jetzt: unser Leben, wie es ist, sehen, hören, berühren, riechen, schmecken. Wir können sogar das Denken hinzufügen, wenn wir Denken als einfaches sachliches Denken und nicht als Denken, das auf Angst und Abhängigkeit beruht, betrachten. Zum sachlichen Denken gehört abstraktes Denken, kreatives Denken oder das Planen der konkreten Aufgaben des Tages. Viel zu häufig jedoch verlieren wir uns in unsachlichem, egozentrischem Denken, das uns in Schwierigkeiten bringt und uns aus »dem Schirmen« Gottes reißt.

Ein Leben, das »stimmt«, steht auf sechs Beinen: den fünf Sinnen plus dem sachlichen Denken. Wenn unser Leben

auf diesen sechs Säulen ruht, kann uns kein Problem, keine Sorge erreichen.
Einen Dharma-Vortrag über diese Wahrheiten zu hören ist eine Sache; danach zu leben eine andere. Sobald uns etwas als Problem erscheint, sind wir im Kopf und versuchen, damit fertig zu werden. Wir wollen unsere Sicherheit durch Denken wiedergewinnen. Wir fragen uns, wie wir uns selbst oder etwas außerhalb unserer selbst verändern können, und sind schon verirrt. Um unser Leben wieder auf eine sichere Grundlage zu stellen, müssen wir immer und immer wieder zu diesen sechs Beinen zurückkehren. Nur das müssen wir üben. Wenn ich auch nur den leisesten ärgerlichen Gedanken über jemand habe, versuche ich nicht sofort, die Situation in der Vorstellung zu regeln, sondern mich einfach zu fragen: »Höre ich die Autos auf der Straße wirklich?« Wenn wir einen einzelnen Sinn wie das Gehör voll einsetzen, setzen wir alle ein, weil sie alle in der Gegenwart funktionieren. Sobald wir ganz gewahr sind, sehen wir, was in der Situation zu tun ist. Handeln, das aus wachem Erfahren entsteht, ist fast immer befriedigend. Es »stimmt.«
Vielleicht sagen Sie jetzt: »Das kann ja bei einfachen Problemen zutreffen, aber ich zweifle daran, daß es bei den großen komplexen Problemen funktioniert, die ich habe.« Es funktioniert aber tatsächlich immer, gleichgültig, wie »groß« das Problem ist. Vielleicht finden wir nicht die Lösung, nach der wir gesucht haben, oder keine sofortige Lösung, aber wir werden sehen, welcher Schritt als nächstes zu tun ist. Im Lauf der Zeit lernen wir, diesem Prozeß zu vertrauen, daran zu glauben, daß alles so gut wird, wie es unter diesen Umständen möglich ist. Jemand, auf den wir uns verlassen haben und der nicht gekommen ist, die Stelle, die wir nicht gekriegt haben, die Krankheit, die uns zu schaffen macht:

Wenn wir diese Probleme nicht immerzu in unserem Kopf kreisen lassen, sondern wieder zur Grundlage unseres Lebens in der unmittelbaren Erfahrung zurückfinden, werden wir sehen, welches Handeln gefordert ist.
Ich will damit nicht sagen, daß wir blind und rein impulsiv handeln sollten. Wir müssen uns schon informieren, die Tatsachen, die mit dem Problem zusammenhängen, kennen; wir müssen unsere natürliche Intelligenz, unser funktionales Denken einsetzen. Nehmen wir beispielsweise an, ich habe Zahnschmerzen. Wenn ich jetzt anfange, mir die Behandlung beim Zahnarzt vorzustellen, das Bohren und die Spritzen, die ich so hasse, kreist es unaufhörlich in meinem Kopf, und ich mache ein Riesenproblem daraus. Wenn ich aber zur Grundlage meines Lebens in der unmittelbaren Erfahrung zurückkehre, werde ich mir sagen: »Jetzt im Augenblick tut mir dieser Zahn weh. Ich werde darauf achten und mit dem weitermachen, was gerade zu tun ist. Wenn der Schmerz bleibt oder schlimmer wird, rufe ich den Zahnarzt an und mache einen Termin aus.« Wenn ich mich so verhalte, ordnet sich alles von selbst.

SCHÜLER/IN: Wenn ich zu meinem normalen Empfinden zurückkehre, dann ist bei mir die Gefahr, daß ich meine Angst oder Sorge vollständig ausblende, als gäbe es sie gar nicht.

JOKO: Die Angst besteht aus nichts anderem als aus bestimmten Gedanken und einer sie begleitenden Spannung oder Verkrampfung im Körper. Wenn wir zu unseren Sinneswahrnehmungen zurückkehren, nehmen wir die Gedanken wahr als das, was sie sind, und spüren die Spannung in unserem Körper. Das Wahrnehmen der Spannung ist letztlich auch nur eine physische Erfahrung wie Sehen, Riechen und so weiter.

Es klingt verrückt, wenn man sagt, wir sollten auf den Verkehrslärm hören, wenn wir ein Problem haben. Aber wenn wir wirklich hinhören, werden auch unsere anderen Sinne wach. Wir spüren dann auch die Verspannung in unserem Körper. Wenn wir das tun, wird etwas zurechtgerückt, und wir erkennen klarer, wie wir zu reagieren haben.

SCHÜLER/IN: Können die Sinne denn alle gleichzeitig funktionieren? Unterdrücken wir nicht den Geruchssinn, den Tastsinn und so weiter, wenn wir konzentriert auf ein Geräusch hören? Wenn ich wirklich auf den Verkehr höre, nehme ich vielleicht meinen übrigen Körper gar nicht wahr.

JOKO: Diese Art ausschließlicher Aufmerksamkeit für eine Sinneswahrnehmung ist das Ergebnis subtilen Denkens, vielleicht eines besorgten Gedankens wie: »Ich muß das jetzt ganz ausschließlich tun« oder »Ich bin in Gefahr«. Wenn wir ganz offen sind, nehmen wir mit allen Sinnen simultan wahr.

SCHÜLER/IN: Das Zurückkehren zu den Sinneswahrnehmungen geht bei mir nicht immer schnell. Wenn ich mich mit einem Problem herumschlage, denke ich vielleicht eine Woche lang darüber nach, obwohl ich mich bemühe, mich auf die Verkehrsgeräusche oder sonst etwas zu konzentrieren.

JOKO: Wie lange dieser Prozeß braucht, hängt davon ab, wie lange und wie gut wir geübt haben. Rasche Beweglichkeit ist ein Kennzeichen jahrelangen Übens. Manche Menschen können lange an ihrem Elend festhalten. Sie genießen es geradezu. Eine Frau hat mir neulich gesagt, wie sehr sie ihre Selbstgerechtigkeit genießt. Wer will denn schon auf den Verkehrslärm hören, wenn er seine Selbstgerechtigkeit genießen kann? Wir wollen unsere Muster nicht aufgeben, unsere Gedanken darüber, wer wir sind, auch wenn wir intellektuell einsehen, daß sie uns in Schwierigkeiten bringen. Wir hängen an ihnen und kehren immer wieder zu ihnen zurück, selbst nachdem wir uns ermahnt haben, »bei Sinnen zu sein« und auf unsere Sinneswahrnehmungen zu achten. Wir sind nicht bereit, dem Prozeß wirklich zu vertrauen, an unsere unmittelbare Erfahrung zu glauben.

SCHÜLER/IN: Ich habe noch eine Frage zur Gleichzeitigkeit der Sinneswahrnehmungen. Sie haben auch das funktionale Denken zu den sechs Säulen der realen Erfahrung gerechnet. Nehmen wir an, ich arbeite an einem Computer oder stelle eine Uhr ein; ist es dann nicht natürlich, daß ich die anderen Sinneswahrnehmungen ausblende, um dem, was ich tue, die volle Aufmerksamkeit zuzuwenden?

JOKO: Ja, es kann eine mechanische Verengung der Aufmerksamkeit für eine bestimmte Aufgabe geben. Sie unterscheidet sich von der psychologischen Einengung, die aus ichbezogenem Denken kommt und eine gewisse subtile Starrheit mit sich bringt.

SCHÜLER/IN: Es ist also in Ordnung, wenn ich am Bach sitze und dabei die Speisekarte für den Tag ausarbeite?

JOKO: Ja, wenn das Planen der Speisekarte wirklich die Aufgabe ist, die im Moment ansteht, und nicht aus besorgten Gedanken entspringt, die um einen selbst kreisen. Wir tun einfach das, was getan werden muß, dann, wenn es getan werden muß. Wenn wir die Aufgabe erfüllt haben, wenden wir uns dem zu, was dann gerade dran ist. Es ist in Ordnung, wenn wir die Aufmerksamkeit konzentrieren, soweit das für eine vorliegende Aufgabe notwendig ist. Das ist etwas anderes, als das Leben auszuschließen, weil wir über uns selbst nachdenken, denn das wäre ein unnötiges psychologisches Hindernis.

Die Unterscheidung bezieht sich auf falsche Empfindungen im Kontrast zu wahren Empfindungen. Wenn eine Bemerkung, die jemand vor einigen Tagen gemacht hat, uns immer noch aufregt, sind das falsche Empfindungen. Eine wahre Empfindung bezieht sich unmittelbar auf die Situation: Vielleicht schlägt mich jemand, oder ich sehe, daß jemand in Schwierigkeiten ist. Einen Augenblick lang regt mich das auf, und ich tue etwas – dann ist es vorbei. Die Empfindungen sind eine Reaktion auf ein reales Ereignis; wenn das Ereignis vorüber ist, dann beruhigen sich auch die Empfindungen wieder. Das ist eine natürliche Reaktion auf das Leben. Gegen wahre Empfindungen ist nichts zu sagen.

Aber die meisten Menschen bauen ihr Leben auf falschen Empfindungen auf. Sie schleppen Erinnerungen aus der Vergangenheit oder Sorgen um die Zukunft mit sich herum und schaffen so Verwirrung und Ärger. Dieser Ärger steht in keinem Bezug zu dem, was im Augenblick geschieht. Wir kauen noch auf dem herum, was letzte Woche passiert ist, und können nicht schlafen.

SCHÜLER/IN: Auch wenn Erinnerungen falsche Empfindungen erzeugen, gibt es doch eine gegenwärtige Körperempfindung. Diese Empfindung sitzt in mir fest; ich kann sie spüren.

JOKO: Ja. Wir nehmen die begleitenden Gedanken wahr und spüren die Spannung im Körper. Wenn wir das oft genug tun, löst sich die Blockierung. Etwas wird zurechtgerückt.

SCHÜLER/IN: Wenn ich besonders viel zu tun habe, baut sich eine starke Unruhe auf, und ich fühle mich dann wohler, wenn ich mich Tagträumen hingebe. Ist das falsch?

JOKO: Wenn Sie es tun, dann tun Sie es. Das Problem beim Tagträumen ist, daß wir uns damit vom Leben abschneiden. Wenn wir vom Leben abgeschnitten sind, übersehen wir Dinge und geraten in Schwierigkeiten. Es ist, als würden wir einen reißenden Strom hinabtreiben. Hier und da ragen Felsen und Baumstämme aus dem Wasser. Ihr Anblick macht uns angst. Aber wenn wir sie nicht beachten und statt dessen die schönen Wolken am Himmel betrachten, werden wir früher oder später ertrinken. Weiter die Aufmerksamkeit auf das Wasser und die Felsen zu richten mag ein bißchen erschreckend sein, aber es ist trotzdem das Beste.

SCHÜLER/IN: Wenn ich zum Himmel hinaufschaue, gibt mir das die Illusion, daß ich die Dinge unter Kontrolle haben kann. Wenn ich zu meinen Sinneswahrnehmungen zurückkehre, habe ich oft Angst, die Kontrolle zu verlieren. Es hat etwas Beruhigendes, in der alten Konditionierung zu verharren und zu versuchen, alles im Kopf zu regeln.

JOKO: Ja. Jedes Üben bringt Angst an die Oberfläche. Wir pendeln also zwischen dieser Erfahrung von Angst und dem Rückzug ins Denken hin und her. Das Leben der meisten Menschen besteht aus einem raschen Hinundherpendeln zwischen unmittelbarer Erfahrung und Denken. Kein Wunder, daß sich das Leben unharmonisch anfühlt.

SCHÜLER/IN: Die Rückkehr zur unmittelbaren Erfahrung fühlt sich an wie eine Erdung im eigenen Leben.

JOKO: Ja. In dem Augenblick, in dem wir die Sinnesreize, die uns das Leben vermittelt, wahrnehmen, sind wir geerdet. Wenn wir immer noch ruhelos sind, bedeutet das, daß wir sie nicht ganz spüren; es schiebt sich immer noch Denken dazwischen.

SCHÜLER/IN: Als ich Tennisspielen lernte, sagte mein Lehrer immer: »Du kannst den Ball nicht treffen, wenn du nicht mit beiden Beinen auf dem Boden stehst. Wenn du ein Bein in der Luft hast, bist du aus dem Gleichgewicht.«

JOKO: Wenn wir unsere Erdung nicht aufrechterhalten, sehen wir meist nicht, was rings um uns geschieht, und stoßen mit dem Baumstamm oder dem Felsen oder sonst etwas zusammen. Ein waches Leben hat nichts besonders Ätherisches an sich. Es ist sehr nüchtern und irdisch.

SCHÜLER/IN: Als ich auf einem Berg in Maui lebte, war es sehr einfach, mich auf die Erde zu legen und mit meinen Wahrnehmungen in Kontakt zukommen, aber wenn ich im Klassenzimmer mitten unter schreienden Kindern stehe, möchte ich das alles nicht wahrnehmen, weder den Lärm noch die Spannung in meinem Magen.

JOKO: Ja natürlich. Aber es bleibt so: Um unser Leben sinnvoll führen zu können, müssen wir soviel wie möglich mit ihm in Berührung bleiben.

SCHÜLER/IN: In der Vergangenheit habe ich, anstatt mich einfach meiner Erfahrung zu öffnen, dazu geneigt, das Ganze zu übertreiben und in meinen Empfindungen zu schwelgen, hinter ihnen herzujagen und mich mit ihnen im Kreis zu drehen.

JOKO: Dahinter steht der Gedanke: »Ich muß mich in mein Lebensdrama vertiefen.«

SCHÜLER/IN: Jetzt beginne ich, etwas Neues zu lernen. Ich frage mich: »Wo ist die Spannung in meinem Körper?« Ohne es zu forcieren, bleibe ich bei meinen Wahrnehmungen. Schließlich spüre ich, wie sich innerlich etwas sanft ausbreitet und nach unten sinkt, und ich bin mir der Verbindung mit allem mehr bewußt.

JOKO: Gut. Wenn das geschieht, ist unser Handlungsraum viel klarer. Wir wissen einfach, was wir zu tun haben, ohne herumzudeuteln oder Vermutungen anzustellen. Der Grad dieser Klarheit hängt davon ab, wie lange und wie gut wir geübt haben. Daß das geschehen soll, darf aber auf keinen Fall wieder zu einem neuen Ideal in unserem Kopf werden, nach dem wir streben. So weit, wie wir gekommen sind, ist es richtig.

Wie es in dem Choral heißt, gibt es ein »Schirmen«, durch das unser Leben sicher ist. Dieses »Schirmen« ist nichts anderes als der gegenwärtige Augenblick, in dem wir sehen, hören, erleben, was ist. Wenn wir nicht an diesen Ort zurückkehren, leben wir unser Leben aus unserem Kopf. Wir machen andere verantwortlich, wir beklagen uns, wir tun uns selbst leid. All diese Symptome zeigen, daß wir in unseren Gedanken steckengeblieben sind. Wir haben die Verbindung zu dem offenen Raum, der immer da ist, verloren. Erst nach vielen Jahren des Übens sind wir fähig, den größten Teil der Zeit in einem offenen, bewußten Raum zu leben.

SCHÜLER/IN: Ich suche am liebsten stille, beruhigende Orte auf, an denen es mir leichter fällt, mich der Gegenwart zu öffnen, und vermeide Orte wie das laute Klassenzimmer, an denen ich angespannt und zerstreut werde.

JOKO: Ja, das ist ein natürlicher Impuls, und es

ist auch nichts dagegen zu sagen. Dennoch ist es eine Art Vermeidungsstrategie. Wenn unsere Übungspraxis mehr Gewicht bekommt, sind wir in der Lage, Offenheit und Ausgeglichenheit auch in Situationen aufrechtzuerhalten, in denen wir sie früher verloren hätten. Wichtig ist zu lernen, für alles offen zu sein, was das Leben bringt, wo wir auch sind. Wenn wir wachsam genug sind, bemerken wir unseren Impuls zum Ausweichen und können zum Gewahrsein des Gegenwärtigen zurückkehren, ohne Hintertürchen zu suchen. Diese fortwährenden kleinen Anstöße zum Aufmerksamsein sind das Üben selbst. Wenn wir versuchen, etwas zu vermeiden oder zu flüchten, sind wir wieder im Denken und nicht in der unmittelbaren Erfahrung.

SCHÜLER/IN: Manchmal, wenn ich versuche, mich auf meine Erfahrung zu konzentrieren – beispielsweise auf mein Gefühl der Wut oder auf die Anspannung in meinem Kiefer –, scheint sie sich auszuweiten und den ganzen Raum auszufüllen. All meine anderen Wahrnehmungen verschwinden.

JOKO: Hinter solchen Erfahrungen steht ein verschleierter Gedanke, nicht die offene Wahrnehmung. Wenn wir eine bestimmte Sinneswahrnehmung erfahren, erfahren wir auch alle anderen. Wenn wir unsere Wut benennen, uns auf sie konzentrieren und alles andere dabei ausschließen, sind wir unserem Leben nicht wirklich begegnet.

SCHÜLER/IN: Und was ist, wenn wir einfach unsere Empfindungen beobachten?

JOKO: Das hat einen gewissen Wert, aber es ist nur ein Übergangsstadium. Es bleibt immer auch ein Element des Denkens, eine Subjekt-Objekt-Dualität, vorhanden. Wenn wir wirklich das Verkehrsgeräusch hören, gehen wir ganz darin auf. Es gibt kein Ich mehr und keinen Verkehr mehr. Es gibt keinen Beobachter und kein Wahrnehmungsobjekt mehr. Wir kehren zu dem zurück, was wir sind, nämlich das Leben selbst.

Aufmerksamkeit bedeutet Aufmerksamkeit

In einer alten Zen-Geschichte wird erzählt, wie ein Schüler zum Meister Ikkyu sagte: »Bitte schreibt mir etwas von großer Weisheit auf.« Meister Ikkyu nahm einen Pinsel und schrieb das eine Wort: »Aufmerksamkeit«. Der Schüler sagte: »Ist das alles?« Da schrieb der Meister: »Aufmerksamkeit. Aufmerksamkeit.« Der Schüler sagte gereizt: »Das erscheint mir nicht sehr bedeutungsvoll und tiefgründig.« Statt einer Antwort schrieb Meister Ikkyu einfach auf das Blatt: »Aufmerksamkeit. Aufmerksamkeit. Aufmerksamkeit.« Enttäuscht fragte der Schüler: »Was bedeutet dieses Wort *Aufmerksamkeit?*« Meister Ikkyu antwortete: »Aufmerksamkeit bedeutet Aufmerksamkeit.«[13]

Anstatt *Aufmerksamkeit* könnte man auch das Wort *Gewahrsein* setzen. Aufmerksamkeit oder Gewahrsein ist das Geheimnis des Lebens, das Herz des Übens. Wie der Schüler in der Geschichte finden wir diese Lehre enttäuschend; sie erscheint uns trocken und uninteressant. Wie wollen etwas Aufregendes zum Üben. Einfache Aufmerksamkeit ist langweilig; wir fragen, ob das alles sein soll, worum es auf dem Übungsweg geht.

Wenn Schüler mich aufsuchen, höre ich Klage über Klage: über den Zeitplan des Retreats, über das Essen, über die Rezitationen, über mich und so weiter. Aber die Probleme, mit denen die Leute zu mir kommen, sind nicht bedeutender oder wichtiger als ein »triviales« Ereignis wie das Verstauchen eines Zehs. Wie legen wir unser Sitzkissen hin? Wie putzen wir uns die Zähne? Wie reinigen wir den Boden oder zerschneiden eine Karotte? Wir glauben, wir seien hier, um uns mit »wichtigeren« Dingen zu befassen, wie unseren Problemen mit dem Partner, unserem Beruf, unserer Ge-

sundheit und ähnlichem. Wir wollen uns nicht mit so »kleinen« Dingen beschäftigen wie der Frage: Wie halte ich meine Eßstäbchen, oder wo lege ich meinen Löffel hin? Aber gerade aus diesen Dingen besteht unser Leben von Augenblick zu Augenblick. Es ist keine Frage der Wichtigkeit, es ist eine Frage der Aufmerksamkeit, des Gewahrseins. Warum? Weil jeder Augenblick des Lebens absolut in sich selbst ist. Es gibt nichts anderes. Nichts anderes als diesen gegenwärtigen Augenblick; es gibt keine Vergangenheit, es gibt keine Zukunft, es gibt nichts als dies hier. Wenn wir also nicht auf jeden dieser kleinen Augenblicke achten, entgeht uns das Ganze. Und der Inhalt dieses Augenblicks kann alles sein. Es kann das Glätten der Sitzmatte sein, das Zerschneiden einer Zwiebel, der Besuch bei jemandem, den wir nicht gern besuchen wollen. Es ist ganz egal, was der Inhalt des Augenblicks ist; jeder Augenblick ist absolut. Etwas anderes gibt es nicht und wird es auch nie geben. Wenn wir vollständig aufmerksam sein könnten, würden wir nie Probleme oder Sorgen haben. Wenn wir Probleme oder Sorgen haben, dann ist klar, daß wir gerade nicht aufmerksam sind. Wenn uns nicht nur ein Augenblick, sondern Augenblick für Augenblick entgeht, geraten wir in Schwierigkeiten.
Nehmen wir an, ich wäre zum Tod durch die Guillotine verurteilt. Jetzt werde ich die Stufen zur Plattform hinaufgeführt. Kann ich die Aufmerksamkeit für den Augenblick aufrechterhalten? Kann ich mir jedes einzelnen Schrittes bewußt sein? Kann ich meinen Kopf so sorgfältig auf die Guillotine legen, daß ich es dem Henker leicht mache? Wenn ich so leben und sterben kann, entstehen keine Probleme.
Unsere Probleme entstehen, wenn wir diesen Augenblick etwas anderem unterordnen, nämlich unseren egozentrischen Gedanken: Nicht dieser Augenblick zählt, sondern

das, was *ich möchte.* Wir stülpen dem Augenblick unsere persönlichen Prioritäten über, und das den ganzen Tag lang. Und so bekommen wir Schwierigkeiten.

Eine andere alte Geschichte handelt von einer Rotte Diebe, die in das Arbeitszimmer eines Zen-Meisters einbrachen und ihm sagten, daß sie ihm den Kopf abschneiden würden. Er antwortete: »Bitte wartet bis morgen, ich muß noch eine Arbeit fertigstellen.« Und dann verbrachte er die Nacht damit, seine Arbeit zu beenden, Tee zu trinken und es sich gutgehen zu lassen. Er schrieb ein schlichtes Gedicht, in dem er das Abtrennen seines Kopfes mit einem leichten Frühlingswind verglich, und schenkte es den Dieben, als sie zurückkamen. Der Meister beherrschte die Praxis des Übens wahrhaftig.

Wir haben Schwierigkeiten, diese Geschichte zu verstehen, weil es uns so wichtig ist, den Kopf oben zu behalten. Wir haben keine große Lust, ihn uns abschneiden zu lassen. Wir sind entschlossen, daß das Leben so laufen muß, wie *wir* es uns vorstellen. Wenn das nicht so ist, sind wir wütend, verwirrt, deprimiert oder sonstwie aus dem Gleichgewicht. Es ist an sich nichts Schlechtes, solche Gefühle zu haben, aber wer möchte schon, daß sein Leben von ihnen beherrscht wird?

Wenn die Aufmerksamkeit für den gegenwärtigen Augenblick nachläßt und wir abschweifen zu irgendeiner Version des »Es soll so gehen, wie *ich* es mir vorstelle«, entsteht eine Lücke in unserer Wahrnehmung der Wirklichkeit, wie sie jetzt in diesem Augenblick ist. In diese Lücke dringen all die Schwierigkeiten unseres Lebens ein. Wir lassen eine Lücke nach der anderen entstehen, den ganzen Tag lang. Beim Üben geht es darum, diese Lücken zu schließen, die Zeit zu reduzieren, in der wir abwesend sind, gefangen in unserem selbstsüchtigen Traum.

Wir machen jedoch einen Fehler, wenn wir glauben, die Lösung sei, daß *ich* aufmerksam bin. Nicht »*ich* putze den Boden«, »*ich* zerschneide die Zwiebeln«, »*ich* fahre den Wagen«. Auch wenn das als Übung im Anfangsstadium gut sein mag, hält es das egozentrische Denken aufrecht, indem man sich als ein »Ich« bezeichnet, das eine Erfahrung in der Gegenwart macht. Tiefere Einsicht bedeutet einfaches Gewahrsein: nichts als Erfahren, Erfahren, Erfahren. Im reinen Gewahrsein ist keine Lücke, kein Raum, in dem egozentrische Gedanken entstehen können.

In manchen Zen-Zentren werden die Schüler aufgefordert, übertrieben langsame Bewegungen zu üben wie: Dinge ganz langsam hinzulegen und sie ganz langsam wieder aufzuheben. Eine solche auf sich selbst gerichtete bewußte Aufmerksamkeit unterscheidet sich vom einfachen Gewahrsein im Handeln. Das beste Lebensrezept heißt, einfach zu tun, was wir tun. Wir sollen uns dabei nicht unserer selbst bewußt und damit befangen sein, sondern es einfach tun. Wenn sich auf uns selbst gerichtete Gedanken einstellen, ist der Zug schon abgefahren; es ist eine Lücke entstanden. Diese Lükke ist der Ort, an dem die Schwierigkeiten entstehen, unter denen wir leiden.

Viele Formen der Übungspraxis, die man zusammenfassend auch konzentrative Meditation nennt, versuchen, das Gewahrsein in der einen oder anderen Weise einzuengen. Dazu gehört das Rezitieren eines *Mantras*, die Beschäftigung mit einer Visualisation, das Arbeiten mit dem Koan *Mu* (wenn es auf konzentrierte Weise geschieht) und auch das Verfolgen des Atems, wenn dazu gehört, daß die anderen Sinne ausgeschlossen werden. Durch diese Verengung der Aufmerksamkeit rufen solche Praktiken rasch bestimmte angenehme Zustände hervor. Wir haben dann vielleicht das Gefühl, daß wir unseren Schwierigkeiten entronnen sind, weil wir uns ruhiger fühlen. Behalten wir diesen verengten Fokus bei, geraten wir schließlich vielleicht sogar in Trance, sind in einem betäubten und friedlichen Zustand, in dem alles andere ausgeblendet ist. Auch wenn das zeitweise nützlich sein kann, ist jede Übungspraxis, die unser Gewahrsein einengt, begrenzt.

Wenn wir nicht alles in unserer Welt, das Geistige wie das Physische, einbeziehen, entgeht uns etwas. Solch ein schmalspuriges Üben läßt sich nicht gut auf unser übriges Leben übertragen; wir wissen dann nicht, wie wir uns verhalten müssen, und geraten möglicherweise immer noch leicht in Schwierigkeiten. Eine konzentrative Meditationspraxis kann uns, wenn wir sehr ausdauernd sind (wie ich das früher war), für ein paar Augenblicke über unseren Widerstand hinweg einen Einblick ins Absolute geben. Solch eine forcierte Öffnung ist nichts wirklich Ursprüngliches; es fehlt dabei etwas. Auch wenn ich so eine Ahnung von der anderen Seite der Erscheinungswelt bekomme, vom Nichts oder von der reinen Leere, bin immer noch *ich* es, der diese Einsicht hat. Die Erfahrung bleibt dualistisch und von begrenztem Nutzen.

Im Gegensatz dazu wird bei unserer Übungspraxis alles einbezogen. Das »Absolute« ist einfach alles in unserer Welt, befreit vom persönlichen emotionalen Inhalt. Wir beginnen, uns der egozentrischen Gedanken zu entledigen, indem wir mehr und mehr lernen, in jedem unserer Augenblicke gegenwärtig zu sein. Während sich eine konzentrative Praxis vielleicht auf den Atem beschränkt, aber das Geräusch der Autos oder das Plappern in unserem Kopf ausblendet (und uns im Stich läßt, wenn wir wieder unsere gesamten Wahrnehmungen ins Bewußtsein einlassen), ist das Üben des Gewahrseins offen für jede gegenwärtige Erfahrung, für dieses ganze aufregende Universum, und hilft uns, uns allmählich aus unseren emotionalen Reaktionen und Bindungen zu lösen.

Jedesmal, wenn wir uns über unser Leben beklagen, sind wir in einer Gewahrseinslücke. Bei der Übung des Gewahrseins nehmen wir unsere Gedanken und die Verspannung in unserem Körper wahr, lassen alles zu und kehren in den gegenwärtigen Augenblick zurück. Das ist die schwerste Übungspraxis. Es wäre uns viel lieber, diese Szene ganz zu verlassen oder an den vielen kleinen Dingen festzuhalten, die uns beunruhigen. Wenn man sich von seinen egozentrischen Gedanken befreien will, ist es, als würde man durch zähen Sirup gehen: Man bekommt die Füße nur schwer frei und klebt schon bald wieder fest. Wir *können* uns zwar allmählich befreien, aber wenn wir glauben, es sei einfach, machen wir uns etwas vor.

Immer wenn wir Probleme oder Sorgen haben, sind wir in der Lücke; unsere egozentrischen Emotionen, das, was wir vom Leben haben wollen, herrschen vor. Aber unsere momentanen Emotionen sind nicht wichtiger als das Zurückstellen des Stuhles an den Tisch oder das Zurechtlegen des Sitzkissens an den richtigen Ort.

Die meisten Emotionen entstehen nicht aus dem unmittelbaren Augenblick, wie wenn man beispielsweise Zeuge ist, wie ein Kind von einem Auto angefahren wird, sondern werden durch unsere egozentrischen Forderungen erzeugt, daß das Leben so sein solle, wie *wir* es haben wollen. Auch wenn es nicht an sich schlecht ist, solche Emotionen zu haben, lernen wir auf dem Übungsweg, daß ihnen keine Bedeutung in sich selbst zukommt. Die Stifte auf unserem Schreibtisch ordentlich hinzulegen ist genauso wichtig wie beispielsweise das Gefühl, beraubt worden zu sein oder einsam zu sein. Wenn wir das Gefühl des Einsamseins erleben können und unsere Gedanken über das Einsamsein sehen, können wir die Lücke schließen. Wenn wir uns an etwas erinnern, was vor einem halben Jahr geschehen ist, und wenn mit der Erinnerung beunruhigende Gefühle aufkommen, sollten wir diese Gefühle mit Interesse betrachten, weiter nichts. Das klingt vielleicht kalt, aber es ist notwendig, damit man ein wirklich warmherziger und mitfühlender Mensch sein kann. Wenn wir merken, daß wir denken, unsere Gefühle seien wichtiger als das, was im Augenblick geschieht, müssen wir diesen Gedanken wahrnehmen. Den Weg zu fegen ist Realität; unsere Gefühle sind etwas, das wir darüber gelegt haben wie ein Gespinst, in dem wir uns verfangen. Es ist ein erstaunlicher Prozeß, den wir da durchmachen; in gewisser Hinsicht sind wir alle verrückt.

Wenn ich meine Gedanken sehe und meine Körperwahrnehmungen zur Kenntnis nehme, wenn ich meinen Widerstand erkenne, sie ins Üben einzubeziehen, und dann wieder zu dem Brief zurückkehre, den ich gerade schreibe, habe ich die Gewahrseinslücke verlassen und bin wieder in der »Geistes-Gegenwart«. Wenn wir wirklich Tag für Tag nicht nachlassen, finden wir ganz allmählich einen Weg aus dem Chaos unseres persönlichen Lebens. Der Schlüssel dazu ist Aufmerksamkeit, Aufmerksamkeit, Aufmerksamkeit.

Einen Scheck auszufüllen ist genauso wichtig wie der besorgte Gedanke, einen geliebten Menschen nicht sehen zu können. Wenn wir nicht an diesen Lücken arbeiten, die durch Unaufmerksamkeit entstehen, zahlt jeder selbst den Preis dafür.

Auch ich muß üben. Nehmen wir an, meine Tochter hat vor, mich zu Weihnachten zu besuchen, und ruft dann an und sagt, daß sie nicht kommt. Die Übungspraxis hilft mir, sie weiter zu lieben, anstatt mich darüber aufzuregen, daß sie nicht tut, was *ich* will. Durch die Übung kann ich sie vollständiger lieben. Ohne Üben wäre ich einfach eine einsame und rechthaberische alte Frau. In gewissem Sinn ist Liebe einfach Aufmerksamkeit, Geistesgegenwart. Wenn ich geistesgegenwärtig bleibe, kann ich gut unterrichten, und das ist auch eine Form von Liebe; ich stelle weniger Erwartungen an andere und kann ihnen besser dienen; wenn ich meine Tochter wiedersehe, muß ich keinen alten Groll in die Begegnung hinübertragen und kann sie mit neuen Augen betrachten. Deshalb ist die Priorität im Hier und Jetzt. Es gibt nur eine einzige Priorität, und das ist die Aufmerksamkeit für den gegenwärtigen Augenblick, was immer er mit sich bringt. Aufmerksamkeit bedeutet Aufmerksamkeit.

Falsche Verallgemeinerungen

Nasrudin, der Sufi-Weise und Narr, ging einmal durch seinen Blumengarten und warf überall Brotbrösel aus. Als ein Nachbar ihn nach dem Grund fragte, sagte er: »Um die Tiger fernzuhalten.« Der Nachbar sagte: »Aber es gibt doch im Umkreis von tausend Meilen gar keine Tiger.« Da sagte Nasrudin: »Sehen Sie, wie es wirkt?«

Wir lachen, weil wir sicher sind, daß die beiden Dinge – Brotbrösel und Tiger – nichts miteinander zu tun haben. Aber wie bei Nasrudin basiert unser Üben und Leben oft auf falschen Verallgemeinerungen, die wenig mit der Wirklichkeit zu tun haben. Wenn unser Leben sich auf verallgemeinernde Vorstellungen gründet, verteilen wir auch, wie Nasrudin, Brotbrösel, um Tiger fernzuhalten. Wir sagen beispielsweise: »Ich liebe die Menschen« oder »Ich liebe meinen Mann«. Aber in Wirklichkeit liebt niemand immerzu alle Menschen, und niemand liebt seinen Ehepartner immerzu. Solche Verallgemeinerungen verdecken die spezifische konkrete Realität unseres Lebens, das, was uns in diesem Augenblick widerfährt.

Freilich mag man seinen Mann den größten Teil der Zeit lieben. Aber die platte Verallgemeinerung übersieht die schwankende, sich verändernde Realität einer wirklichen Beziehung. Ebenso ist es mit Sätzen wie »Ich liebe meine Arbeit« oder »Mein Leben ist so schwer«. Wenn wir uns auf den Übungsweg begeben, haben wir meist viele verallgemeinernde Ansichten, die wir auch zum Ausdruck bringen. Wir denken beispielsweise: »Ich bin ein freundlicher Mensch« oder »Ich bin ein schrecklicher Mensch«. Aber das Leben ist nie allgemein, es ist immer spezifisch: Es besteht aus dem, was genau in diesem Augenblick geschieht. Das Sitzen hilft uns, den Nebel der Verallgemeinerungen über unser Leben zu spalten. Im Üben lassen wir allmählich unsere verallgemeinernden Vorstellungen zugunsten genauerer Beobachtungen fallen. Anstatt beispielsweise zu sagen: »Ich kann meinen Mann nicht ausstehen«, stellen wir fest: »Ich kann meinen Mann nicht ausstehen, wenn er seine Sachen nicht aufräumt« oder: »Ich kann mich selbst nicht ausstehen, wenn ich dies oder jenes tue.« Wir sehen differenzierter, was geschieht.

Wie wir einen anderen Menschen oder eine Situation erfahren, ist nicht einheitlich. Es kann tausend kleinere Gedanken und Reaktionen umfassen. Eine Mutter oder ein Vater sagt vielleicht: »Ich liebe meine Tochter«; aber diese Verallgemeinerung läßt Augenblicke aus, in denen er oder sie denkt: »Warum ist sie so unreif?« oder »Sie macht nur Dummheiten.« Wenn wir beim Sitzen unsere Gedanken beobachten und benennen, werden wir vertrauter mit der dauernden Produktion von Meinungen über alles und jeden. Anstatt die ganze Welt mit Verallgemeinerungen zuzupflastern, werden wir uns unserer spezifischen Vorstellungen und Urteile bewußt. In dem Maß, wie wir mit unserem Denken vertrauter werden, entdecken wir, daß wir wechselhaft sind, weil auch unser Denken jeden Augenblick anders ist.

Hören wir einmal einer jungen Frau zu. Sie ist seit einer gewissen Zeit mit einem jungen Mann befreundet. Sie hat das Gefühl, daß es gut läuft. Wenn man sie fragen würde, würde sie sagen, daß sie ihn wirklich gern mag. Jetzt hat er sie gerade angerufen. Hören wir nicht nur, was sie zu ihm sagt, sondern auch, was sie dabei denkt:

»Ach wie schön, von dir zu hören. Du klingst, als ginge es dir gut.« (»Er hätte mich wirklich ein bißchen eher anrufen können.«)

»Ach, du bist mit der und der zum Essen gegangen. Ja, sie ist ein reizender Mensch. Ich bin sicher, daß es dir Spaß gemacht hat.« (»Ich könnte ihn umbringen!«)
»Du findest, daß ich wortkarg bin? Du hast wahrscheinlich recht.« (»Du kennst mich doch kaum! Wieso wagst du es, solche Verallgemeinerungen über mich von dir zu geben?«)
»Es freut mich, daß deine Prüfung gut gelaufen ist. Wie schön für dich!« (»Immer redet er über sich selbst. Hat er an meinem Leben überhaupt kein Interesse?«)
»Du möchtest morgen abend mit mir zum Essen gehen? Gern. Ich freue mich sehr, dich wiederzusehen!« (»Endlich hat er mich gefragt! Warum denn erst jetzt?«)
Solche Gespräche finden zwischen zwei Menschen dauernd statt. Beide mögen sich wahrscheinlich. Aber sie hatte lauter Vorstellungen über ihn und über sich. Der Austausch bestand aus einem Meer von Vorstellungen; ihr Gespräch war, wie wenn zwei Schiffe nachts aneinander vorbeifahren – es fand kein Kontakt statt.
Auf dem Zen-Übungsweg werfen wir mit großartigen Konzepten um uns: »Alles ist gut, so wie es ist.« »Wir tun alle unser Bestes.« »Alles ist eins.« »Ich bin eins mit ihm.« Wir können das auch Zen-Geschwätz nennen; andere Religionen haben ihre eigenen Versionen davon. Nicht daß diese Feststellungen falsch wären. Die Welt *ist* eins. Ich *bin* du. Alles *ist* gut, so wie es ist. Jeder Mensch auf dem Planeten *tut* in diesem Augenblick sein Bestes. Das ist alles nur zu wahr. Aber wenn wir dabei stehenbleiben, haben wir Zazen zu einer Vorstellungsübung gemacht und das Bewußtsein für das verloren, was in diesem Augenblick mit uns vorgeht.
Gutes Üben bringt immer mit sich, daß wir unsere Vorstellungen hinter uns lassen. Solche Vorstellungen sind im Alltagsleben manchmal nützlich; wir müssen uns ihrer bedienen. Aber wir müssen erkennen, daß eine Vorstellung

nur eine Vorstellung und keine Realität ist und daß sich diese Einsicht auf dem Übungsweg allmählich entwickelt. Nach und nach hören wir auf, uns auf unsere vorgefaßten Meinungen zu verlassen. Wir fällen keine allgemeinen Urteile mehr wie: »Er ist ein schrecklicher Mensch« oder »Ich bin ein schrecklicher Mensch«. Wir erwischen uns bei unseren Gedanken: »Ich wollte, er würde nicht mit ihr zum Essen gehen.« Dann müssen wir den Schmerz wahrnehmen, der den Gedanken begleitet. Wenn wir den Schmerz als rein physische Empfindung aushalten können, wird er sich an einem bestimmten Punkt auflösen, und dann gelangen wir zu der Wahrheit, daß alles gut ist, so wie es ist. Jeder tut tatsächlich sein Bestes. Aber wir müssen uns von der Erfahrung, die oft schmerzhaft ist, zur Wahrheit fortbewegen und dürfen unsere Erfahrung nicht mit Gedanken zupflastern. Intellektuelle Menschen werden besonders häufig Opfer dieses Irrtums: Sie denken, die rationale Welt der Vorstellungen sei die reale Welt. Die rationale Welt der Vorstellungen ist aber nicht die reale Welt, sondern nur ihre Beschreibung, sie weist auf sie hin wie der Finger auf den Mond.

Nehmen wir die Erfahrung, verletzt worden zu sein. Wenn wir kritisiert oder ungerecht behandelt worden sind, ist es wichtig, die Gedanken zu bemerken, die wir haben, und uns auf die Ebene der Zellen zu begeben, auf der wir die Verletzung spüren, so daß unser Gewahrsein ursprüngliche Empfindung wird: unser zitternder Kiefer, die Verspannung in unserem Brustkorb, alles, was wir in den Zellen unseres Körpers spüren. Diese reine Erfahrung ist Zazen. Wenn wir bei ihr verweilen, steigt immer wieder der Wunsch zu denken auf: Urteile, Meinungen, Schuldzuweisungen, Rachegedanken. Und dann benennen wir unsere Gedanken und kehren wieder zur Zellerfahrung zurück, die fast unbeschreibbar ist, vielleicht nur ein Lichtschimmer von Energie, vielleicht etwas Stärkeres. In diesem Raum gibt es kein »Ich« oder »Du«. Wenn wir in dieser nicht-dualen Erfahrung leben, können wir unsere Situation klarer sehen. Wir können sehen, daß »sie ihr Bestes tut«. Und wir können sehen, daß *wir* unser Bestes tun. Wenn wir solche Sätze ohne die Komponente der Körpererfahrung sprechen, werden wir allerdings nicht erfahren, was wahres Üben ist. Eine ruhige, kühle, rationale Perspektive muß auf dieser reinen Zellebene verankert sein. Wir müssen unsere Gedanken kennen. Aber das bedeutet nicht, daß wir sie für real halten oder unser Handeln nach ihnen ausrichten sollen. Wenn wir unsere egozentrischen Gedanken Augenblick für Augenblick beobachtet haben, verblassen die Empfindungen allmählich. Diese Gelassenheit kann nie dadurch erreicht werden, daß wir dem, was geschieht, irgendein philosophisches Konzept überstülpen.

Nur wenn wir uns auf der Erfahrungsebene bewegen, hat das Leben einen Sinn. Das meinen Juden und Christen damit, bei Gott zu sein. Erfahrung ist außerhalb der Zeit: Sie ist nicht Vergangenheit, sie ist nicht Zukunft, ja nicht einmal die Gegenwart im gewöhnlichen Sinn. Wir können nicht sagen, woraus sie besteht; wir können nur in ihr leben, sie sein. In traditionellen buddhistischen Begriffen bedeutet solch ein Leben die Buddhanatur selbst. Aus diesen Wurzeln entspringt das Mitgefühl.

Wir alle haben unsere Lieblingsvorstellungen. »Ich bin sensibel. Ich bin schnell verletzt.« »Ich bin ein energischer Mensch.« »Ich bin ein Intellektueller.« Auf einer alltäglichen Ebene mögen unsere Vorstellungen und Begriffe nützlich sein, aber wir müssen durchschauen, was sie wirklich sind.

Begriffe und Vorstellungen, die nicht auf Erfahrung beruhen, sind eine Quelle der Verwirrung, der Angst, der Depression; sie bringen meist ein Verhalten hervor, das weder für uns selbst noch für andere gut ist.

Um den Übungsweg zu gehen, brauchen wir endlose Geduld, und dazu gehört auch, zu erkennen, wann wir keine Geduld haben. Deshalb müssen wir mit unserem Mangel an Geduld Geduld haben: Zu erkennen, wann wir keine Lust haben, zu üben, gehört auch zum Üben. Unsere Vermeidung und unser Widerstand sind Teil unserer Vorstellungswelt, die zu sehen wir noch nicht bereit sind. Es ist in Ordnung, noch nicht dazu bereit zu sein. Aber wenn wir allmählich bereit werden, öffnet sich Stück für Stück ein Raum, und wir sind willens, ein wenig mehr und immer mehr zu erfahren. Widerstand und Üben gehen Hand in Hand. Wir alle haben Widerstand gegen das Üben, weil wir Widerstand gegen unser Leben haben. Und wenn wir an gedankliche Konzepte glauben, statt in der Erfahrung des Augenblicks zu leben, sind wir wie Nasrudin: Wir verteilen Brotkrumen auf den Blumenbeeten, um die Tiger fernzuhalten.

SCHÜLER/IN: Gedankliche Konzepte sind manchmal notwendig. Was ist der Unterschied zwischen einem Konzept, das mir dient, und einem Konzept, das mich durcheinanderbringt? Beispielsweise: »Schau nach links und rechts, bevor du über die Straße gehst« ist doch eine nützliche Verallgemeinerung.

JOKO: Das ist ein gutes Beispiel für den sinnvollen Gebrauch des menschlichen Verstandes. Aber die meisten Gedanken und Konzepte, die uns durch den Kopf gehen, haben keinen Bezug zur Realität.

SCHÜLER/IN: Wenn die Verallgemeinerung oder das Konzept egozentrischen Emotionen entspringen, sind sie wahrscheinlich nicht nützlich.

JOKO: Beim Telefongespräch der jungen Frau kamen die Urteile aus verborgenen Emotionen und Meinungen; sie waren egozentrisch. Ihre Urteile über ihn waren Ausdruck ihrer eigenen Bedürfnisse und hatten mit ihm nichts zu tun. Falsche Verallgemeinerungen – schädliche Konzepte – haben immer eine persönliche emotionale Schattierung. Andererseits haben Betrachtungen darüber, wie man eine Arbeit effizient tut oder wie man ein Mathematikproblem löst, einen geringen oder gar keinen emotionalen Hintergrund. Das ist nützliches Denken.

SCHÜLER/IN: Die Erfahrungsebene, die Ebene der Zellen, ist mir so schwer zugänglich.

JOKO: Wir dürfen nicht vergessen, daß die Erfahrungsebene nicht etwas Fremdes, Exotisches ist. Es kann ein Kribbeln der Haut sein, eine Verspannung in der Brust, ein starres Gesicht – die Erfahrungsebene ist sehr grundlegend und nie weit entfernt. Sie ist das, was wir jetzt im Augenblick sind. Die Erfahrungsebene ist nichts Besonderes, und je länger wir sitzen, desto mehr erkennen wir, wie grundlegend sie ist. In den ersten Jahren des Übens »geheimnissen« wir mehr in die Erfahrung hinein, weil wir so stark von Emotionen geschüttelt sind und dadurch eine ganze Menge Empfindungen haben.

Wir können der Zellebene nie ganz ausweichen. Selbst wenn wir zwischen unseren Gedanken auch nur für den Bruchteil einer Sekunde dem Atem folgen, sind wir in einem gewissen Maß auf der Zellebene. Je mehr wir unsere Gedanken benennen und zu allem zurückkehren, was wir erfahren, desto besser. Die Bewegung hin zu einem auf Erfahrung gegründeten Leben geht manchmal sehr langsam und manchmal sehr rasch vorwärts, je nachdem, wie intensiv wir üben. Wenn wir erkennen, daß wir 24 Stunden am Tag üben müssen, können wir der Erfahrungsebene gar nicht mehr ausweichen.

SCHÜLER/IN: Eine gedankliche Vorstellung, die zu einem gewissen Zeitpunkt emotional belastet ist, macht mir manchmal zu einem anderen Zeitpunkt überhaupt nichts mehr aus. Beispielsweise wenn ich mir Gedanken mache, ob ich eine bestimmte Stelle bekomme. Vor dem Einstellungsgespräch mache ich mir dann wirklich Sorgen und sehe meine ganze Berufslaufbahn gefährdet. Nach dem Gespräch kann ich mir gar nicht mehr vorstellen, wie mich dieselben Gedanken so aufregen konnten.

JOKO: Alle Gedanken treten in einem bestimmten Kontext auf. Und darum geht es: den spezifischen Kontext zu sehen, nicht nur den allgemeinen Gedanken. Unsere Reaktionen auf eine Person oder auf einen Gedanken werden heute anders als nächste Woche sein, je nachdem, in welcher Situation wir uns befinden. Wenn Sie eine Million Dollar auf der Bank hätten, würden Sie sich wahrscheinlich keine Sorgen machen, ob Sie die Stelle bekommen oder nicht. Sie würden ganz gelassen auftreten und sich über das Gespräch freuen. Jede Wirklichkeit ist spezifisch und unmittelbar. Wir können, wenn wir demselben Menschen begegnen, heute bestimmte Gedanken über ihn haben, ihn aber nächste Woche ganz anders sehen, je nachdem, wie sich unsere persönliche Situation verändert hat.

SCHÜLER/IN: Wenn ich immer auf meine Körperwahrnehmungen achte, wie kann ich dann den Dingen, die mich umgeben, oder den Aufgaben, die ich zu erledigen habe, gegenüber aufmerksam sein? Wie kann ich beispielsweise Karten spielen oder Auto fahren und zugleich auf meine körperlichen Empfindungen achten?

JOKO: Wir können uns auf eine Aktivität konzentrieren und trotzdem noch eine breite Palette von Wahrnehmungen haben. Wenn ich jetzt beispielsweise mit Ihnen spreche, bin ich mir trotzdem all dessen bewußt, was mit mir vor sich geht. Das bedeutet nicht, daß ich Ihnen nicht die ganze Aufmerksamkeit zuwende. »Ihnen die Aufmerksamkeit zuwenden« ist Teil der gesamten Sinneswahrnehmungen, aus denen mein Leben in diesem Augenblick besteht. Wenn wir eine vollständige Sinneswahrnehmung unseres Lebens haben, muß dabei alles eingeschlossen sein. Wenn ein Schüler und ich im *Daisan* miteinander sprechen, ist meine Aufmerksamkeit vollständig beim Schüler, und trotzdem bin ich mir meines Lebens bewußt. Ich handle aus diesem umfassenden Kontext und nicht nur aus meinem Kopf heraus.

SCHÜLER/IN: Konzentration auf das, was ich jetzt tue, ist nichts Exklusives. Wenn ich in meiner Arbeit eine Datenanalyse mache, ist mein Verstand vollständig damit beschäftigt, und trotzdem kann ich auch meinen Körper zugleich vollständig wahrnehmen. Das bedeutet nicht, daß ich daran hafte; dazu habe ich gar keine Zeit. Meine Körperempfindungen sind nicht mein Hauptinteresse. Aber es ist wichtig, in jedem Augenblick die Körperempfindungen bewußt wahrzunehmen, ebenso wie die Reaktionen auf alles, was geschieht. Ich kann mich also mitten in einer statistischen Analyse befinden und zugleich andere Dinge wahrnehmen. Manchmal natürlich vertiefe ich mich so sehr in eine bestimmte Aktivität, daß ich auf nichts anderes mehr achte. Aber meistens ist mein Bewußtsein nicht so fokussiert und ausschließlich.

JOKO: Die Essenz des Zen-Übungsweges ist es, ganz das zu sein, was man gerade tut. Aber das sind wir nicht oft. Wenn wir es nicht sind, muß sich unsere Konzentration wieder dem Körper zuwenden. Tun wir das, wird es einfacher, ganz in dem aufzugehen, mit dem wir gerade beschäftigt sind. Wir können uns ganz auf eine Aktivität konzentrieren oder uns verschiedener Dinge bewußt sein. Entscheidend ist, das zu erfahren, was geschieht. Ein großer

Schachmeister beispielsweise verfügt über einen ungeheuren Wissensschatz; mitten im Spiel jedoch ist sein Bewußtsein ganz dem gegenwärtigen Augenblick zugewandt, und daraus entsteht wie von selbst der richtige Zug. Das, was er technisch gelernt hat, ist zwar präsent, aber seinem intensiven Gewahrsein, das der wirkliche Meister ist, untergeordnet.

SCHÜLER/IN: Wenn man Musik übt, ist es ganz wichtig, sich aller Erfahrungsebenen bewußt zu bleiben. Wenn ich etwas Neues auf dem Klavier übe und dabei meinen Körper vernachlässige, kann ich zum Beispiel leicht Sehnenscheidenentzündung bekommen. Das geschieht oft bei neuen Schülern. Wenn ich nur meine Emotionen und Gedanken wahrnehme, achte ich nicht auf die Noten, die ich spiele.

JOKO: Selbst ein minimales Bewußtsein dafür, wieviel Zeit wir mit unseren egozentrischen Gedanken verbringen, ist nützlich. Natürlich fängt ein paar Minuten später alles wieder von vorne an.

Auf den Körper hören

Beim Zazen geht es nicht darum, dieses Erscheinungsselbst, das wir zu sein glauben, unserem Leben anzupassen. In gewissem Sinn gehört unser Selbst der Erscheinungswelt an, in einem anderen jedoch nicht. Man könnte sagen, daß beides zutrifft – oder keines von beiden. Solange uns dieser Punkt nicht klar ist, werden wir auf dem Übungsweg nicht weiterkommen.

Das Benennen unserer Gedanken ist eine wichtige Voraussetzung. Es enthüllt viel von unserem psychologischen Selbst auf der phänomenalen Ebene. Wir beginnen zu beobachten, wo wir in unseren Vorlieben und Abneigungen, in unseren gewohnheitsmäßigen Gedanken über uns selbst und unser Leben hängenbleiben. Diese vorbereitende Arbeit ist wichtig und notwendig, aber wir dürfen nicht dabei stehenbleiben. Das Benennen ist ein erster Schritt, aber erst wenn wir wissen, was es bedeutet, an unserer Erfahrung dranzubleiben, werden wir die Früchte des Übens ernten. Kommen wir jedoch nicht in den Genuß dieser Früchte, werden wir nie erfahren, was das Üben eigentlich bewirkt, und uns beklagen, daß wir nicht verstehen, was es soll. Ich kann Ihnen allerdings auch nicht sagen, was es soll; das, was ich gerade zu beschreiben versuche, kann man im Grunde nicht in Worte fassen. Dieses Üben ist etwas fundamental anderes als beispielsweise das Verbessern der Technik beim Tennis- oder Golfspielen; was man hierzu wissen muß, kann man zum größten Teil in Worte fassen. Aber unsere Zazen-Erfahrung können wir eigentlich nicht mit Worten erklären. Das Üben gerät durch dieses Dilemma vielleicht monate- oder sogar jahrelang in eine Sackgasse. Das kann dazu führen, daß die Schüler es aufgeben und daß sie weiterhin leiden, ohne überhaupt zu ahnen, was ihr Leben ist. Wenn also die Essenz der Meditation nicht wirklich in Worte gefaßt werden kann, hilft uns doch ein minimales Verständnis (selbst wenn es nur intellektuell und nicht restlos klar ist), ein paar sinnlose Umwege zu vermeiden. Besser jedoch als ein solches unklares Verständnis ist die schlichte Bereitschaft, den Übungsweg nicht zu verlassen, auch wenn wir zunächst keinen Sinn darin sehen.

Durch das Benennen unserer Gedanken sehen wir allmählich, daß wir unser persönliches psychologisches Drama – was wir über uns selbst und andere denken und welche Gefühle durch Ereignisse bei uns ausgelöst werden – gar nicht aufgeben wollen. Wir wollen unsere Zeit auf unser persönliches Drama verwenden, bis wir vielleicht nach Monaten des Benennens unserer Gedanken entdeckt haben, wie unfruchtbar es ist. Wenn wir mit diesem Benennen einigermaßen zu Rande gekommen sind, müssen wir etwas üben, das sich scheinbar nicht besonders lohnt: das Erfahren unserer Körperwahrnehmungen, unseres Hörens, Sehens, Fühlens, Riechens, Schmeckens. Das erscheint uns langweilig und nicht besonders sinnvoll, deshalb widerstrebt es uns, dabeizubleiben. Das hat zur Folge, daß unsere Übungspraxis halbherzig, unbeständig und oft lange Zeit ohne Erfolg ist. Wir haben das Gefühl, wichtigere Dinge zu tun zu haben. Wieso sollten wir unsere Zeit mit einer so langweiligen Aktivität wie Dasitzen und Fühlen, Sehen, Riechen, Schmecken verbringen?

Es stimmt natürlich: Während wir da so sitzen, scheint nichts Wichtiges zu geschehen. Wir haben Wahrnehmungen in den Beinen und in den Knien, spüren unser verspanntes Gesicht, es juckt uns irgendwo; warum um Himmels willen sollten wir uns *damit* beschäftigen? Die Schüler beklagen sich oft bei mir: »Es ist so langweilig! Ich mag nicht mehr.«

Aber wenn wir *nicht* aufgeben, geschieht irgendwann eine Veränderung der Perspektive, und einen Augenblick bin dann nicht mehr ich da *und* da ist die Welt, sondern nur – es gibt keine Worte dafür, weil es eine nicht-duale Erfahrung ist. Es ist ein offener Zustand, weiträumig, schöpferisch, voller Mitgefühl und vom gewöhnlichen Standpunkt aus langweilig.

Jede Sekunde, die wir in diesem nicht-dualen Zustand verbringen, verwandelt unser Leben. Wir können diese Verwandlung nicht sehen, weil sie undramatisch verläuft. Dramatisch sind immer nur die egozentrischen Produkte unseres Verstandes. Am guten Sitzen ist nichts Dramatisches. Daß da so wenig Aufregendes ist, gefällt uns am Anfang nicht – bis wir es wirklich schätzenlernen. Bevor wir es nicht schätzengelernt haben, werden wir das Üben mit einer Art psychologischer Anstrengung verwechseln. Aber auch wenn wirklich gutes Üben psychologische Elemente enthält, ist das nicht das Wesentliche.

Wenn ich den Schülern sage, sie sollen ihren Körper wahrnehmen, antworten sie mir: »Ich fühle meinen Körper doch. Ich benenne meine Gedanken, und dann fühle ich meinen Körper. Aber dadurch löst sich nichts.« »Ja, ich spüre die Verspannung in meinem Oberkörper, und ich konzentriere mich darauf und hoffe, daß sie verschwindet.« Solche Antworten weisen darauf hin, daß ein persönlicher Vorsatz, eine Art Ehrgeiz vorhanden ist. Im Grunde denkt man: »Ich werde diese Übungen machen, damit *ich* – mein kleines Selbst – etwas davon habe.« Aber solange unser kleines Selbst so redet, leben wir nicht wirklich in der Erfahrung. Unsere Übungspraxis wird durch solche Vorsätze getrübt; aber wir alle haben natürlich manchmal solche Gedanken.

Wir können der Bedeutung der Erfahrung näherkommen,

wenn wir nicht sagen: »Ich will diese Erfahrung *machen*«, sondern: »Ich werde einfach auf meine Körperwahrnehmung *hören.*« Wenn ich wirklich auf den Schmerz in der linken Seite höre, ist ein Element der Neugier dabei, was das eigentlich *ist.* (Wenn ich nicht neugierig bin, bin ich immer in meinen Gedanken gefangen.) Wie ein guter Wissenschaftler, der einfach ohne vorgefaßte Begriffe beobachtet, sehen wir nur hin, wir beobachten, wir hören hin.

Wenn unser Kopf voll persönlicher Probleme ist, können wir nicht hinhören – oder genauer: Wir *wollen* nicht hinhören; wir wollen denken. Deshalb ist das Benennen der Gedanken, das Beobachten unseres Verstandes und seiner Aktivitäten oft eine ganze Weile notwendig, bevor der zweite »Nicht-Zustand« des Erfahrens oder Seins überhaupt erst beginnen kann. Dieser Nicht-Zustand macht unsere Übungspraxis zu etwas Religiösem. Erfahrung ist der Bereich ohne Zeit, ohne Raum, das wahre Wesen. Einfaches Da-Sein, So-Sein; Gott.

Zunächst ist der Wunsch, über uns selbst nachzudenken, mächtig und verführerisch; er scheint uns alles zu versprechen. Dieser Wunsch ist so stark, daß es je nach der individuellen Ausprägung ein Jahr, fünf Jahre, ja zehn und mehr Jahre dauern kann, bevor er schwächer wird und wir einfach nur *sitzen* können. Dieses Sitzen heißt sich hingeben, sich aufgeben, denn es ist selbstlos. Es ist Hingabe an das Seiende, eine religiöse Übung. Solches Üben wird nicht primär unternommen, damit wir selbst etwas davon haben.

Gutes Üben heißt einfach, hier zu sitzen; und dabei geschieht absolut nichts. Vom gewöhnlichen Standpunkt aus ist das langweilig. Im Lauf der Zeit jedoch lernen wir, durch unseren Körper zu erfahren, daß das, was wir als langweilig bezeichnet haben, reine Freude ist, und diese Freude ist die Quelle, der Nährboden unseres Lebens und Handelns. Sie wird manchmal Samadhi genannt; es ist der Nicht-Zustand, in dem wir unser ganzes Leben verbringen sollten, ob wir eine Klasse unterrichten, einen Patienten behandeln, uns um einen Säugling kümmern oder ein Instrument spielen. Wenn wir in diesem nicht-dualen Samadhi leben, haben wir keine Probleme, weil nichts von uns getrennt ist.

In dem Maß, wie unser Verstand seine Besessenheit vom egozentrischen Denken verliert, wächst unsere Fähigkeit, in der Nicht-Dualität auszuharren. Wenn wir geduldig und ausdauernd sind, werden wir schließlich eine Menge über die Nicht-Dualität erfahren. Unsere Übungspraxis ist noch nicht in ein Reifestadium gekommen, wenn wir diese Nicht-Dualität noch nicht geschmeckt haben. Unsere psychologische Integration mag durch die frühen Stadien des Übungsweges gefördert werden, aber wir wissen erst wirklich, was Sitzen bedeutet, wenn die unmittelbare Erfahrung zur Grundlage unserer Existenz wird.

Es ist eine sehr subtile Angelegenheit. Zazen ist so schwierig, weil ich Ihnen keine genaue Landkarte vorlegen und Ihnen beschreiben kann, wohin die Reise geht. Viele Schüler geben nach etwa fünf Jahren das Üben auf. Das ist schade, weil ihr Leben dann immer noch ein Geheimnis für sie ist. Bevor der Wert der unmittelbaren Erfahrung für uns nicht klar und offensichtlich geworden ist, fällt es uns schwer, bei dem zu verharren, bei dem wir bleiben müssen. Nur eine gewisse Anzahl von Menschen geht wirklich so weit.

Doch bitte: Geben Sie nicht auf! Wenn wir allmählich immer länger auf unseren Körper »hören« können, wird sich unser Leben in Richtung Frieden, Freiheit und Mitgefühl verwandeln. Das kann uns kein Buch lehren, nur unsere eigene Übungspraxis. Und es ist möglich. Vielen ist es gelungen.

VI
FREIHEIT

Die sechs Stadien des Übungsweges

Der Übungsweg ist klar und einfach. Wenn wir ihn jedoch nicht verstehen, kann er uns verwirrend und sinnlos erscheinen. Es ist ein bißchen wie beim Klavierspielen. In den ersten Jahren meiner Ausbildung sagte mir ein Lehrer, um eine bessere Pianistin zu werden, sollte ich die Sequenz C–E–G immer und immer wieder spielen, fünftausendmal. Er sagte keinen Grund dafür, ich sollte es einfach tun.

Da ich in meiner Jugend ein braves Mädchen war, tat ich das wahrscheinlich, ohne zu verstehen, warum es notwendig war. Aber wir sind nicht alle brave Mädchen und Knaben. Deshalb möchte ich das »Warum« des Übens erläutern, indem ich die Schritte auf dem Weg beschreibe und Ihnen sage, warum diese ermüdende, immer gleiche Arbeit notwendig ist. In meinen Vorträgen und Gesprächen mit Ihnen geht es immer um Aspekte dieses Weges; dies hier ist ein Überblick, der Versuch, eine gewisse Ordnung in diese Aspekte zu bringen.

Die meisten Menschen, die überhaupt noch nicht mit dem Üben begonnen haben (viele Menschen üben auf ihre eigene Weise, ob sie nun Zen-Schüler sind oder nicht), befinden sich in dem, was ich das Vorstadium nennen möchte. Auch ich befand mich natürlich darin, bevor ich mich auf den Übungsweg begab. Im Vorstadium zu sein bedeutet, ganz in unseren emotionalen Reaktionen auf das Leben und in der Vorstellung, daß das Leben *uns geschieht*, befangen zu sein. Wir haben das Gefühl, die Kontrolle verloren zu haben, in einer scheinbar verwirrenden Unordnung zu stecken. Das gilt natürlich auch manchmal für Menschen, die schon meditieren. Die meisten von uns fallen von Zeit zu Zeit in diese schmerzhafte Verwirrung zurück.

Die Bildergeschichte »Der Ochs und sein Hirte«[14] illustriert diesen Punkt; wir arbeiten uns vielleicht schon durch spätere Stadien hindurch und fallen doch unter Streß in ein früheres Stadium zurück. Manchmal fallen wir sogar wieder in das Vorstadium zurück, in dem wir vollständig in unseren Reaktionen gefangen sind. Dieser Rückfall ist weder schlecht noch gut, sondern einfach das, was geschieht.

Ganz im Vorstadium gefangen zu sein bedeutet jedoch, keine Ahnung zu haben, daß man das Leben auch anders sehen könnte. Wir begeben uns dann auf den Übungsweg, wenn wir unsere emotionalen Reaktionen zu erkennen beginnen – beispielsweise, daß wir wütend werden und dadurch Chaos schaffen. Wir beginnen zu entdecken, wieviel Angst wir haben oder wie oft wir böse oder eifersüchtige Gedanken hegen.

Das erste Stadium des Übungsweges ist dieser Prozeß, in dem uns unsere Gefühle und inneren Reaktionen bewußt werden. Das Benennen unserer Gedanken hilft uns hierbei. Dabei müssen wir allerdings sehr ausdauernd sein, sonst entgeht uns vieles, was sich in unseren Gedanken und Gefühlen abspielt. Wir müssen *alles* beobachten. Die ersten sechs bis zwölf Monate des Übens können recht schmerzhaft sein, weil wir uns selbst klarer zu sehen beginnen und erkennen, was wir wirklich tun. Wir benennen Gedanken wie: »Wenn er doch bloß verschwinden würde!« und »Ich kann es nicht ausstehen, wie sie ihre Kissen arrangiert!« Bei einem intensiven Retreat können sich solche Gedanken vervielfältigen, weil wir müde und reizbar werden. In den ersten sechs bis zwölf Monaten kann die tiefere Einsicht in uns selbst ein großer Schock sein. Obwohl dies das erste Stadium des Übungsweges ist, können Elemente davon auch in den nächsten zehn bis fünfzehn Jahren noch auftreten, in dem Maß, wie wir immer mehr von uns selbst sehen.

Im zweiten Stadium, das meist zwischen dem zweiten und fünften Jahr auf dem Übungsweg beginnt, fangen wir an, die emotionalen Zustände in ihren physischen und geistigen Komponenten zu unterscheiden. Während wir mit der Benennung unserer Gedanken fortfahren und allmählich lernen, was es bedeutet, uns selbst, unseren Körper und das, was wir die äußere Welt nennen, zu erfahren, beginnen die emotionalen Zustände allmählich an Gewicht zu verlieren. Sie verschwinden nie ganz. Wir können jederzeit – und wir tun das auch oft – in das vorige Stadium zurückfallen. Dennoch treten wir in das nächste Stadium ein. Die Grenzlinie zwischen den verschiedenen Stadien ist natürlich nie sehr scharf; sie gehen ineinander über. Aber die Gewichte verteilen sich anders.

Im ersten Stadium beginnen wir zu erkennen, was los ist und welchen Schaden es anrichtet. Im zweiten Stadium werden wir motiviert, die emotionalen Reaktionen zu überwinden. Im dritten Stadium beginnen wir, Augenblicke der reinen Wahrnehmung ohne egozentrische Gedanken zu erleben: die reine Erfahrung selbst. In manchen Zen-Zentren werden solche Stadien auch Erleuchtungserfahrungen genannt.

Im vierten Stadium begeben wir uns allmählich dauerhafter in einen nicht-dualen Lebenszustand, der auf Wahrnehmung und Erfahrung beruht und nicht von falschem Denken beherrscht ist. Dabei dürfen wir nicht vergessen, daß jedes dieser Stadien Jahre des Übens umfaßt.

Im fünften Stadium lebt man achtzig bis neunzig Prozent seines Lebens in der reinen Erfahrung und Wahrnehmung. Jetzt ist das Leben ganz anders als früher. Wir können sagen, daß es ein Leben des Nicht-Selbst ist, weil das kleine Selbst – der emotionale Wirrwarr, den wir durchschaut und überwunden haben – kaum mehr vorhanden ist. Das Leben im

Vorstadium, in dem man sich von allem gefangennehmen ließ und sich in seinen emotionalen Reaktionen verlor, ist nun unmöglich. Selbst wenn man vom fünften Stadium in das Stadium vor dem Beginn des Übungsweges zurückkehren wollte, könnte man es nicht. Im fünften Stadium sind Mitgefühl und Wertschätzung für das Leben und für andere Menschen sehr viel stärker. Dann kann man auch Lehrer sein und anderen auf dem Weg weiterhelfen. Menschen, die das fünfte Stadium erreicht haben, sind sogar wahrscheinlich längst Lehrer auf irgendeine Weise. Aussagen wie »Ich bin nichts« (und »Deshalb bin ich alles«) sind nicht mehr unverstandene Sätze aus einem Buch, sondern Dinge, die man intuitiv weiß. Solch ein Wissen ist nichts Besonderes oder Seltsames.

Theoretisch gibt es ein sechstes Stadium, das Stadium der Buddhaschaft, in der man wirklich zu hundert Prozent in der reinen Erfahrung und Wahrnehmung lebt. Ich kann darüber nichts sagen, und ich bezweifle auch, daß irgend jemand dieses Stadium ganz erreicht.

Der schwierigste Sprung ist der vom ersten zum zweiten Stadium. Wir müssen uns dabei zunächst unserer emotionalen Reaktionen und unserer Körperanspannung bewußt werden, merken, wie wir mit allem in unserem Leben umgehen, selbst wenn wir unsere Reaktionen verbergen. Wir müssen uns zu einem klaren Bewußtsein durcharbeiten, indem wir unsere Gedanken benennen und die Anspannung in unserem Körper zu spüren beginnen. Wir wehren uns gegen diese Arbeit, weil sie das Bild, das wir von uns haben, allmählich zerstört. In diesem Stadium hilft es uns, zu merken, was unser Grundtemperament ist, unsere Strategie des Umgangs mit Druck. In diesem Stadium kann auch eine Therapie nützlich sein, wenn sie klug vorgeht. Eine gute Therapie hilft uns, unser Gewahrsein zu steigern. Unglücklicherweise sind wirklich gute Therapeuten ziemlich selten; die meisten anderen sind nicht besonders vernünftig und ermuntern einen sogar noch, die Schuld auf andere zu schieben.

Während wir uns vom ersten zum zweiten Stadium durchkämpfen, beginnen wir zu erkennen, daß wir die Wahl haben. Worin besteht die Wahl? Wir können uns gegen das richtige Üben wehren: »Ich werde meine Gedanken nicht benennen, das ist so langweilig. Ich werde einfach hier sitzen und von etwas Angenehmem träumen.« Wir haben die Wahl, steckenzubleiben und weiter zu leiden (was unglücklicherweise bedeutet, daß wir auch andere mit-leiden lassen) – oder den Mut zur Veränderung aufzubringen. Woher bekommen wir diesen Mut? Der Mut wächst, wenn wir weiter üben und uns allmählich unseres eigenen Leidens und (wenn wir wirklich ausdauernd sind) des Leidens, das wir bei anderen verursachen, bewußt werden. Wir beginnen zu sehen, daß wir dem Leben schaden, wenn wir uns weigern, diesen Kampf durchzufechten. Wir müssen uns entscheiden zwischen einem dramatischen, aber selbstsüchtigen Leben und einem Leben, dessen Basis der Übungsweg ist. Um vom ersten Stadium in ein einigermaßen stabiles zweites Stadium zu gelangen, muß unser Drama endlich aufhören. Vom Standpunkt des kleinen Selbst aus ist das ein riesiges Opfer.

Beim Kampf um den Übergang zwischen dem ersten und zweiten Stadium fällen wir emotionale Urteile: »Er macht mich wirklich wütend!« »Ich fühle mich zurückgewiesen.« »Ich bin verletzt.« »Ich bin voller Groll und Ärger.« »Ich muß mich rächen.« Solche Sätze schießen aus unseren Emotionen hervor. Das ist sehr interessant und verführerisch: Ein großartiges Drama läuft ab über unsere Opferrolle im Leben, über das, was uns alles zugemutet wird und wie schlimm alles ist. Obwohl es uns dabei so schlechtgeht, lieben wir es, der Mittelpunkt zu sein: »Ich bin deprimiert.« »Ich langweile mich.« »Ich bin nervös.« »Ich bin aufgeregt.« Das ist unser persönliches Drama. Wir alle haben unsere Versionen des persönlichen Dramas, und es bedarf jahrelangen Übens, bis wir ernsthaft bereit sind, den Versuch zu wagen, uns davon zu lösen. Das geht nicht bei jedem gleich schnell, weil jeder einen anderen Hintergrund, andere Kräfte und eine andere Entschlossenheit hat. Aber wenn wir ausdauernd sind, werden wir vom ersten Stadium ins zweite gelangen.

Wenn wir uns schon eine Weile im zweiten Stadium befinden, werden wir uns immer öfter sagen: »Ach, es ist doch in Ordnung. Ich weiß gar nicht, warum ich es für solch ein Problem gehalten habe.« Wir merken, daß wir alles mit wachsendem Mitgefühl sehen. Dieser Prozeß ist nie abgeschlossen oder endgültig; wir können jederzeit ins erste Stadium zurückfallen. Insgesamt aber wächst unsere Fähigkeit des Annehmens, und wir merken, daß wir uns über Menschen freuen können, die wir vorher nicht aushalten konnten. Wenn wir richtig üben, geht die Entwicklung fast unaufhaltsam weiter, aber wir müssen bereit sind, uns soviel Zeit wie nötig für jeden Schritt zu nehmen. Man kann diesen Prozeß nicht beschleunigen.

Solange wir noch an emotionalen Urteilen, wie ich sie oben beschrieben habe (und es gibt endlose Variationen davon), festhalten, können wir sicher sein, daß wir noch nicht wirklich im zweiten Stadium angelangt sind. Wenn wir beispielsweise immer noch glauben, daß ein anderer uns ärgern kann, müssen wir genau erkennen, woran wir zu arbeiten haben. Unser Ego ist sehr stark und beharrlich.

Wenn wir ins dritte Stadium kommen, verlassen wir allmählich den dualistischen Zustand des Urteilens – der Gedanken, Emotionen und Meinungen, die wir über uns selbst und andere und über alles übrige in der Welt haben – und führen ein eher nicht-duales, zufriedeneres Leben. Eheleute streiten weniger miteinander; wir beginnen, unsere Kinder ein bißchen mehr in Ruhe zu lassen; Probleme, die uns begegnen, lösen sich leichter, weil wir schneller spüren, was wir zu tun haben. Es verändert sich wirklich etwas. Wie lange dauert das alles? Fünf Jahre? Zehn Jahre? Das hängt vom einzelnen ab.

Man kann das Kontinuum des Übungsweges auf verschiedene Weise unterteilen. Wir könnten diese Analyse auch einfacher durch ein Bild ausdrücken: Zunächst ist da der Boden, also das, was wir in diesem Augenblick sind. Der Boden kann aus Lehm oder Sand bestehen, kann viel oder weniger Kompost enthalten. Vielleicht enthält er kaum Würmer, vielleicht sehr viele; er ist weder gut noch schlecht, er ist das, was wir als Arbeitsgrundlage bekommen haben. Wir können ja praktisch keinen Einfluß darauf nehmen, was unsere Eltern uns vererbt und durch Konditionierung mitgegeben haben. Wir können nichts anderes sein als das, was wir in diesem Augenblick sind. Wir müssen natürlich etwas lernen, aber zu glauben, wir müßten in einem bestimmten Augenblick etwas anderes sein als das, was wir sind, ist lächerlich. Wir üben mit dem, was wir sind. Das ist der Boden.

Die Arbeit mit dem Erdboden, die Kultivierung, geschieht in den Stadien zwei bis vier. Wir arbeiten mit dem, was da ist, dem Samen, dem Kompost, den Würmern, wir jäten, wir stutzen, wir säubern und benutzen alle natürlichen Methoden, um eine gute Ernte zu erzielen.

Das Ernten beginnt vom vierten Stadium an und wird danach immer reicher. Die Ernte ist Frieden und Freude. Die Leute beklagen sich bei mir: »Ich habe noch keine Freude beim Üben«, als könnte ich sie ihnen geben. Wer gibt uns diese Freude? Wir geben sie uns selbst durch unsere unerschütterliche Arbeit. Sie ist nichts, was wir erwarten oder fordern können. Sie zeigt sich, wenn sie sich zeigt. Ein freudvolles Leben bedeutet nicht, daß wir immerzu glücklich sind. Es bedeutet einfach, daß das Leben reich und interessant ist. Vielleicht hassen wir auch bestimmte Aspekte des Lebens, aber im ganzen wird es immer befriedigender. Wir bekämpfen das Leben nicht mehr.

Um es noch einmal zusammenzufassen: Das erste Stadium besteht darin, gewahr zu werden, was wir emotional sind, einschließlich unseres Wunsches, alles unter Kontrolle zu haben. Das zweite Stadium besteht in der Aufschlüsselung der Emotionen in ihre physischen und geistigen Komponenten. Wenn dieser Prozeß ein Stück fortgeschritten ist, beginnen wir im dritten Stadium, Augenblicke der reinen Wahrnehmung und Erfahrung zu erleben. Das erste Stadium haben wir nun ziemlich weit hinter uns gelassen. Im vierten Stadium gehen wir noch stärker vom übenden Bemühen ins reine Wahrnehmen und Erfahren über. Im fünften Stadium hat sich dieses bewußte Wahrnehmen und Erfahren stark gefestigt. Wir leben zu achtzig bis neunzig Prozent in Wahrnehmung und konkreter Erfahrung. Ein Leben wie im Vorstadium, in dem wir in unseren Emotionen gefangen waren und andere damit belasteten, ist in diesem Stadium unmöglich geworden. Vom zweiten Stadium an beginnen Mitgefühl und Wertschätzung zu wachsen.

SCHÜLER/IN: Ihre Beschreibung der Stadien des Übungsweges ist sehr hilfreich. Sie ist wie eine Landkarte: Sie sagt uns nicht, wie wir hinkommen, aber sie zeigt uns, wo wir uns auf dem Weg befinden.

JOKO: Wie wir »hinkommen«, hängt vom einzelnen

ab. Wir sind alle verschieden, und die Ich-Muster sind bei jedem anders. Trotzdem kann es hilfreich sein, ein Bild von der Grundstruktur zu haben. Was ich beschrieben habe, ähnelt den zehn Bildern aus »Der Ochs und sein Hirte« im traditionellen Zen, aber es ist eher in psychologische Begriffe gekleidet, weil uns die psychologische Betrachtungsweise heutzutage vertrauter ist. Im Grunde besteht der Weg aus nichts als Übung; wir müssen alles dafür einsetzen. Wir müssen es *einfach tun.* C–E–G, C–E–G, C–E–G.

Neugier und Besessenheit

Einer meiner Schüler sagte mir kürzlich, daß für ihn die Motivation für das Sitzen reine Neugier sei. Er erwartete, daß ich anderer Meinung wäre und seine Art zu üben ablehnte. Das Gegenteil ist der Fall. Die meiste Zeit sind wir gefangen in unseren Gedanken, von diesem oder jenem besessen und nicht wirklich präsent. Aber manchmal sind wir erstaunt über uns selbst und unsere Besessenheit: »Warum bin ich so ängstlich, so deprimiert, so gehetzt?« Aus unserer Verwunderung entstehen Neugier und die Bereitschaft, uns und unsere Gedanken zu beobachten, um herauszufinden, wie wir uns selbst so in Schwierigkeiten bringen. Das Kreisen der Gedanken hört auf, und wir werden uns des gegenwärtigen Augenblicks bewußt. Deshalb ist Neugier in gewissem Sinn das Herz unserer Übungspraxis. Wenn wir wirklich neugierig sind, forschen wir ohne Vorurteile nach. Wir schieben unsere Meinungen beiseite und beobachten einfach, nehmen einfach wahr. Wir wollen uns selbst erforschen und herausfinden, wie wir unser Leben leben. Wenn wir das auf kluge Weise tun, leben wir unmittelbarer und beginnen zu sehen, was ist. Nehmen wir an, wir sitzen hier. Anstatt über irgend etwas anderes nachzugrübeln, wenden wir unsere Aufmerksamkeit unserer unmittelbaren Erfahrung zu. Wir nehmen wahr, was wir hören. Wir spüren unsere schmerzenden Knie und andere Körperwahrnehmungen. Schließlich verlieren wir die Konzentration, und unsere Gedanken beginnen wieder zu kreisen. Wenn wir bemerken, daß wir weggeglitten sind, kehren wir zurück und geben wieder acht. So läuft das Sitzen normalerweise ab – es ist das gewöhnliche Muster. Was wir dabei in Wirklichkeit tun, ist, uns selbst, unsere Gedanken, unsere

Erfahrungen zu erforschen: Wir hören Dinge, wir fühlen Dinge, wir riechen Dinge. Durch unsere Wahrnehmungen werden Gedanken ausgelöst, und schon wieder beginnt das Kreisen im Kopf. Wir nehmen das Kreisen wahr. Der Fokus unseres Forschens verschiebt sich leicht, und wir fragen: »Was bedeutet dieses Denken?« »Was tue ich da eigentlich?« »Worüber denke ich nach?« »Wieso denke ich immer an dies und nicht an das?«

Wenn wir unser Denken beobachten, anstatt uns von ihm davontragen zu lassen, beruhigt es sich allmählich, und wir erforschen den nächsten Augenblick. Der könnte aus folgender Wahrnehmung bestehen: »Ich sitze jetzt schon seit Stunden hier, und mein ganzer Körper tut mir weh.« Das schauen wir uns genauer an. Was tut weh? Wie fühlt es sich wirklich an? Dann werden wir uns nicht nur unserer physischen Empfindungen bewußt, sondern auch unserer Gedanken darüber. Wir bemerken, daß wir gar keine Lust haben, hier zu sitzen. Wir beobachten unsere rebellischen Gedanken: Unsere Beobachtungen entspringen einer gewissen Neugier, einem Erforschen dessen, was ist. Wir wenden einfach die Aufmerksamkeit dem zu, was zu unserem Leben oder unserem Sitzen gehört.

Das kann nicht nur beim Sitzen, sondern auch anderswo so vor sich gehen. Nehmen wir an, ich bin in der Zahnarztpraxis, um mir eine Füllung machen zu lassen. Ich bemerke meine Gedanken über das, was auf mich zukommt: »Wie schrecklich, wenn er mir mit der Nadel ins Zahnfleisch sticht!« Ich bemerke meine leichte Verspannung, wenn der Zahnarzt ins Behandlungszimmer kommt. Während wir ein paar freundliche Worte wechseln – »Hallo, wie geht es Ihnen?« –, bemerke ich, wie sich mein Körper verkrampft. Dann kommt die Nadel. Ich spüre sie und halte es aus. Mein Zahnarzt hilft mir, indem er sagt: »Ruhig weiteratmen.

Atmen Sie tief aus und ein ...« Es ist wie bei der Vorbereitung zur natürlichen Geburt: Wenn wir dem Atem folgen, denken wir über den Schmerz nicht nach. Wir *sind* einfach der Schmerz.

Oder wir sind an unserer Arbeitsstelle. Wir haben uns etwas Bestimmtes für den Vormittag vorgenommen. Da kommt der Chef herein und sagt: »Wir haben einen dringenden Termin. Lassen Sie das liegen, woran Sie gerade arbeiten. Dies hier muß unbedingt gemacht werden. Ich brauche es in einer Stunde.« Wenn wir Übungspraxis haben, bemerken wir sofort unsere Körperreaktionen, die auch noch anhalten, wenn wir uns an die Arbeit machen. Wir merken, daß sich unser Körper zu verspannen beginnt und daß unsere Gedanken voller Groll sind. »Wenn er es selbst machen müßte, würde er nicht verlangen, daß es in einer Stunde fertig ist.« Wir bemerken unsere Gedanken und lassen sie dann fallen. Dann kehren wir zu der Aufgabe zurück, die jetzt erledigt werden muß. Wir knien uns hinein.

Wir können unser ganzes Leben auf diese Art erforschen. »Was fühle ich? Was passiert mit mir, wenn das Leben mich mit diesem oder jenem konfrontiert?« Die plötzliche Forderung des Chefs ist etwas, mit dem das Leben mich konfrontiert. Ebenso die Notwendigkeit, mir eine Zahnfüllung machen zu lassen. Ich habe bei jedem Ereignis meine Gefühle und Gedanken. Wenn ich diese Gefühle und Gedanken zur Kenntnis nehme und ihnen nicht ausweiche, kehre ich wieder zum Augenblick zurück, bin ganz bei dem, was gerade geschieht, und tue das Nächstliegende. Mittags kommt der Chef und sagt: »Sind Sie noch nicht fertig?« Er sagt nicht: »Was ist los mit Ihnen?«, aber wir spüren den Vorwurf. Wir fühlen, wie unser Körper sich wieder verspannt. Wir bemerken unsere ärgerlichen Gedanken über ihn. Wir essen nur eine Kleinigkeit, anstatt die lange Mittagspause zu machen, die wir uns vorgenommen hatten. Dann gehen wir rasch wieder an unsere Arbeit.

Wenn wir das Glück haben, eine Arbeit tun zu können, die wir wirklich gern tun, bemerken wir auch das. Wir bemerken, daß der Körper dann entspannter ist. Wir bemerken, daß wir leichter anfangen. Wir sind vertieft, die Zeit geht rasch vorbei, und wir haben weniger Nebengedanken, weil wir uns gerne auf diese Sache konzentrieren. Aber was wir mögen, ist nicht wichtiger als das, was wir nicht mögen. Je länger wir üben, desto wichtiger wird der Fluß von Augenblick zu Augenblick, ganz unabhängig von unseren Vorlieben und Abneigungen. Wir nehmen die Situation bewußt wahr, die durch uns hindurchfließt und uns wieder verläßt. Wir tun einfach, was wir tun; wir sind des Erfahrungsflusses gewahr. Nichts Besonderes. Dieses Fließen wird immer bestimmender und macht unser Leben schöner.

Nicht daß jetzt alles angenehm würde. Wir können nicht voraussehen, was das Leben uns bringt. Wenn wir am Morgen aufstehen, wissen wir noch nicht, daß wir uns nachmittags um zwei das Bein brechen werden. Wir wissen nie, was uns bevorsteht; das gehört zur Spannung und Freude des Lebendigseins.

Der Übungsweg ist nichts anderes als diese Haltung der Neugier: »Was geschieht hier und jetzt? Was denke ich? Was fühle ich? Mit was konfrontiert mich das Leben? Was mache ich damit? Wie kann ich mich klug verhalten? Wie verhalte ich mich am klügsten einem Chef gegenüber, der etwas Unvernünftiges von mir verlangt? Was tue ich, wenn das Bohren beim Zahnarzt unerträglich weh tut?« Um solche Selbsterforschung geht es beim Üben. Je besser wir mit unseren persönlichen Gedanken und Reaktionen zurechtkommen, desto eher können wir bereitwillig das tun, was getan werden muß. Darum geht es im wesentlichen auf dem

Zen-Übungsweg: das wir von Augenblick zu Augenblick gegenwärtig sind und aus diesem Gegenwärtigsein handeln. Da ist allerdings ein Haar in der Suppe. Das Haar ist, daß wir oft gar nicht neugierig sind, nicht offen dem Leben gegenüber sind. Anstatt den hektischen Chef mit Interesse zu betrachten, verlieren wir uns in Gedanken und Reaktionen auf die Situation. Wir sind gefangen in obsessiven Gedanken, die sich im Kreis drehen. Wenn wir nie meditiert haben, bleiben wir vielleicht 95 Prozent der Zeit in diesem Kreisen hängen. Haben wir allerdings ein paar Jahre Übungspraxis, beherrscht uns dieses Kreisen der Gedanken vielleicht nur fünf oder zehn Prozent unserer Zeit.

Angesichts unseres hektischen Chefs könnten unsere kreisenden Gedanken lauten: »Für wen hält er sich eigentlich? Der glaubt doch wohl nicht, daß ich das in einer Stunde schaffe? Das ist ja lächerlich!« Widerstand baut sich auf. »Ich werd's ihm zeigen!« Vielleicht sabotieren wir sogar die Arbeit, die getan werden muß. Oder wir sabotieren uns selbst, indem wir in unseren Gedanken und unserem Ärger steckenbleiben. Und dann gehen wir am Abend erschöpft nach Hause und erzählen unserem Partner, wie unmöglich unser Chef heute war. »Mit dem hält es ja niemand aus. Er macht mich ganz fertig.« In unseren erregten Reaktionen fehlte die forschende, neugierige Haltung. Anstatt neugierig zu beobachten, sind wir besessen vom Kreisen der Gedanken. Wir beobachten nicht einfach unsere Gedanken über den Chef; wir glauben, daß es irgendeinen Wert hätte, uns stundenlang in unsere ärgerlichen Gedanken zu verrennen, statt sie als das zu sehen, was sie sind, die körperlichen Verspannungen zu spüren, die aus ihnen entstehen, und so gut wir können zu unserem konkreten Problem zurückzukehren und etwas zu seiner Lösung zu unternehmen.

Beim Sitzen geht es genau darum: Wir erforschen unser

Leben. Aber wenn wir uns in unseren egozentrischen Gedankenspiralen verlieren, forschen wir nicht mehr. Wir denken darüber nach, wie schlimm alles ist, wir machen jemand anderen verantwortlich oder geben uns selbst die Schuld. Jeder hat seine persönliche Methode, mit der er seine Existenz rechtfertigt. Unsere Gedankenspiralen verstärken sich immer mehr. Wir genießen sie richtig – bis wir zu erkennen beginnen, daß sie unser Leben zerstören.

Die Menschen verlieren sich in sehr unterschiedlichen Gedankenspiralen. Bei manchen heißt die Spirale: »Ich kann nichts tun, bevor ich nicht genau weiß, worum es geht.« Damit weigern wir uns zu handeln, bevor wir alles analysiert haben. Jemand anderes wieder reagiert auf den hektischen Chef, indem er sagt: »Ich werde die Arbeit machen, aber ich werde sie so machen, wie sie mir gut erscheint. Und ich mache sie erst, wenn ich sie perfekt machen kann.« Besessener Perfektionismus kann unsere Spirale sein. Die Spirale kann auch philosophisch sein: Wir versuchen dann, ein vollständiges Bild davon zu haben, wie alles zusammenhängt. Damit versuchen wir, unserem Leben Sicherheit zu geben: Wir glauben, daß wir mehr Sicherheit haben, wenn wir alles vollständig verstehen. Eine andere Spirale ist das besessene Arbeiten. Damit verwandt ist die Neigung, zuviel auf einmal zu tun.

Unsere Gedankenspirale ist unsere ganz persönliche Verhaltensweise, und wir finden sie heraus, wenn wir beginnen, unsere Gedanken zu benennen. Aus diesem Grund ist das Benennen der Gedanken so wichtig. Wir müssen herausbekommen, wo und wie wir unsere Gedanken kreisen lassen; wir müssen unsere speziellen Gedankenspiralen kennenlernen.

Beim Sitzen lernen wir, wie wir uns selbst zum Narren halten. Wenn wir selbst uns zum Narren halten und in unseren Gedankenspiralen gefangen sind, sind wir nicht neugierig, sondern reagieren mechanisch und folgen einfach einer grundlegenden unbewußten Entscheidung, die wir irgendwann einmal getroffen haben: »Ich muß so und so sein, ich muß es so und so machen.« Wir merken nicht, was wirklich los ist. Wir sind nicht neugierig darauf, was alles bei uns abläuft und wie wir uns anders verhalten könnten. Das Kreisen unseres selbstsüchtigen obsessiven Denkens blockiert all das. Unsere grundlegende Offenheit und Neugier dem Leben gegenüber sind dahin.

Das Sitzen gründet sich nicht auf Hoffnung; es gründet sich auf das Nichtwissen, auf schlichte Offenheit und Neugier: »Ich weiß es nicht, aber ich kann es herausfinden.« Aber jeder von uns hat seine persönliche Methode, dem aus dem Weg zu gehen. Wir lieben es, unsere Gedanken kreisen zu lassen; wir lieben unsere Gedankenspiralen mehr, als wir das Leben lieben. Die Spirale ist das, wofür wir uns halten: »Ich bin eben so.« Wir lieben all die Gedanken und Aktivitäten, die das noch verstärken, auch wenn sie nichts Lebendiges haben.

Je länger wir sitzen und wirklich mit uns selbst vertraut werden, desto eher sind wir bereit, unsere Gedankenspiralen zu sehen, sie so sein zu lassen und sie einfach loszulassen. Wir beginnen, mehr Zeit beim Sitzen mit dem Wesentlichen zu verbringen, also offen und neugierig zu sein und uns dem Leben nicht zu widersetzen. Vom Standpunkt eines Anfängers aus ist das das Langweiligste auf der Welt. Wenn wir sitzen, geschieht nichts, als daß wir ein Auto vorbeifahren hören, daß es im linken Arm zwickt, daß wir Luft einatmen. Vom Standpunkt eines Menschen, der in seiner eigenen Gedankenspirale festhängt, erhebt sich natürlich die Frage: »Warum machst du das eigentlich? Was soll das überhaupt für einen Sinn haben?« Diese Übungspraxis hat einen tiefen

Sinn, weil in diesem Raum das Leben selbst sich entfalten kann. Das Leben – die natürliche Intelligenz oder Wirksamkeit der Dinge – weiß, was zu tun ist.

SCHÜLER/IN: Wenn ich deprimiert bin, mache ich gern eine kreative Visualisierung, daß es mir gut geht.

JOKO: Auch das ist eine Spirale. Wir glauben, daß es nicht interessant ist, so zu sein, wie wir sind – daß irgend etwas nicht stimmt daran, wie wir uns fühlen. Wir setzen etwas »Besseres«, das wir uns ausgedacht haben, dagegen. Wenn wir uns statt dessen einfach unserem Gefühl, deprimiert zu sein, zuwenden und uns dafür interessieren, werden wir bestimmte Körperempfindungen entdecken und Gedanken, die zu diesem Zustand führen. Tun wir das, verschwindet die Depression meist, und wir haben gar nicht mehr das Bedürfnis, einen anderen Zustand zu visualisieren oder herbeizuphantasieren.

SCHÜLER/IN: Kann das Erforschen selbst nicht auch eine obsessive Gedankenspirale werden? Man untersucht dann sein Inneres wie ein Detektiv mit einem Vergrößerungsglas: »Erst hab' ich das getan und dann das, und das hat dazu geführt, daß ich jenes getan habe ...«

JOKO: Es ist etwas anderes, ob wir unseren inneren Prozeß als Tatsache einfach beobachten oder ob wir darüber nachgrübeln, warum wir etwas tun und was daran nicht stimmt. Wenn wir versuchen, alles zu zergliedern wie ein Detektiv, der ein Verbrechen aufzudecken versucht, ist das auch nichts anderes als eine Gedankenspirale.

SCHÜLER/IN: Ist es gefährlich, diese Spirale wahrzunehmen und ihr zu folgen? Könnte es passieren, daß man den Gedanken dann endlos nachgeht?

JOKO: Nein. Wenn wir unsere Obsessionen einfach wahrnehmen und uns nicht von ihnen gefangennehmen lassen, werden sie allmählich schwächer und lösen sich auf. Gewöhnlich verlieren wir uns in unseren kreisenden Gedanken, weil wir unser ichbezogenes Denken nicht loslassen wollen. In dem Augenblick, in dem wir unser Denken einfach beobachten, löst sich die egozentrische Bindung, und das Kreisen bekommt keine Nahrung mehr. Wir brauchen keine Angst zu haben, daß das endlos so weitergeht. Wenn wir zu sitzen beginnen, haben unsere obsessiven kreisenden Gedanken eine Menge Energie, aber die verliert sich während einer längeren Meditation allmählich. Unsere Gedanken lassen dann immer mehr nach, und wir sind einfach bei unseren Körperwahrnehmungen, beim Leben, wie es ist.

Ich möchte aber nicht, daß Sie sich einfach auf das verlassen, was ich sage. Ich möchte, daß Sie es selbst herausfinden. Darum geht es auf dem Übungsweg: Es ist ein Prozeß, bei dem wir selbst herausfinden, wie wir funktionieren und wie wir denken.

SCHÜLER/IN: Manche Aktivitäten fordern doch, daß man bestimmte eigene Gedanken genauestens verfolgt, wie beispielsweise Schreiben als Beruf oder philosophische Forschung. Aber dazu gehört doch die Fähigkeit, gewisse Ideen so lange wie möglich zu »umkreisen« oder zu verfolgen.

JOKO: Das ist auch in Ordnung. Es ist etwas ganz anderes als obsessive egozentrische Gedanken. Ein Schriftsteller oder Philosoph kann nur schöpferisch wirksam sein, wenn er *nicht* in den eigenen angstbesetzten persönlichen Gedanken befangen ist. Wenn wir wahrnehmen, wie unser Verstand funktioniert, und wenn wir unsere obsessiven Gedankenspiralen als das erkennen, was sie sind, kann uns das befreien, unseren Geist mit mehr Imagination und Kreativität zu benutzen, ohne uns in irgendwelchen allzu persönlichen Gedanken festzufahren.

SCHÜLER/IN: Gibt es ein Nachdenken über uns selbst, das nicht egozentrisch ist?

JOKO: Ja. Wir müssen oft an uns selbst denken. Wenn ich beispielsweise ein Loch im Zahn habe, muß ich einen Termin beim Zahnarzt ausmachen. Ich denke an mich selbst, aber nicht notwendigerweise in obsessiver oder egozentrischer Weise.

SCHÜLER/IN: Manchmal ist das Nachdenken über die Übungspraxis auch eine Spirale. Ich kann Phantasien entwickeln, wie wunderbar mein Leben sein wird, wenn ich mir meiner Gedanken und Gefühle immer bewußt bin.

JOKO: Ja. Dann erforschen wir nicht einfach unsere Gedanken, sondern fügen Hoffnung oder

Erwartung hinzu. Es ist keine neugierige, offene Haltung mehr. Meister Rinzai sagte: »Setze keinen Kopf über deinen eigenen.« Das wäre ein Kopf zuviel. Durch ausdauerndes aufmerksames Sitzen können wir solche Gedankenspiralen unterscheiden lernen und sie als das sehen, was sie sind.

SCHÜLER/IN: Wenn ich mich mit einer gedanklichen Aufgabe beschäftige, verfange ich mich oft in einer stark selbstkritischen Gedankenspirale. Wenn ich beispielsweise schreibe, wird der schöpferische Gedankenfluß nur allzu leicht durch kritische Urteile über das, was ich tue, unterbrochen. Dann gibt es einen Kurzschluß, und der Prozeß gerät ins Stocken.

JOKO: Ja. Wie könnten Sie übend damit umgehen?

SCHÜLER/IN: Indem ich meine selbstkritischen Gedanken einfach wahrnehme und weitermache.

JOKO: Richtig.

SCHÜLER/IN: Ich glaube, die Möglichkeit, daß meine selbstbezogenen Gedanken wirklich aufhören, erschreckt mich. Ich habe Angst, daß ich vielleicht überhaupt nicht mehr existiere, wenn diese grundlegende Bindung an das Selbst nicht mehr vorhanden ist.

JOKO: Ja. Nehmen Sie das einfach wahr. Je mehr wir bemerken, daß wir diese Veränderung nicht wollen, desto freier werden wir paradoxerweise, sie zuzulassen. Sie kann nicht forciert werden. Es gibt nichts, was man erzwingen könnte. Wir sind einfach wach und bewußt, voller Offenheit und Neugier.

SCHÜLER/IN: Manche Leute sagen, daß zuviel Meditation

einen niederdrückt und daß man sie durch andere freudigere Aktivitäten wie Feste ausgleichen müsse. Was halten Sie davon?

JOKO: Nichts im Leben ist an sich gut oder schlecht. Was ist, ist einfach das, was ist. Niedergedrückt sein, depressiv sein besteht aus nichts anderem als bestimmten Körperempfindungen und den sie begleitenden Gedanken, und beides können wir erforschen. Wenn wir deprimiert sind, müssen wir unsere Empfindungen einfach wahrnehmen und unsere Gedanken benennen. Wenn wir die Depression nur beiseite schieben und beispielsweise versuchen, sie zu verdrängen, indem wir zu einer Party gehen, haben wir die Depression nicht erforscht und verstanden. Durch die Flucht bleibt die Depression vielleicht für eine Weile überdeckt, aber sie wird wieder zurückkommen. Unsere Gefühle und Gedanken zu überdecken ist auch nichts anderes als eine Art Spirale.

SCHÜLER/IN: Eine meiner Spiralen besteht darin, daß ich mir Sorgen um meine Arbeit und um finanzielle Dinge mache: »Werde ich genug Geld für das Nötigste haben? Kann ich meine Familie ernähren? Ist mein Job sicher?« Ich bleibe leicht in solchen ängstlichen, besorgten Gedanken stecken.

JOKO: Richtig. Wenn wir solche obsessiven Gedanken erforschen, geben wir sie weder auf, noch verbannen wir sie. Aber sie verlieren ganz allmählich ihre Macht über uns, weil wir sehen, was sie eigentlich sind, und die Angst spüren, die ihnen zugrunde liegt. Sie werden einfach ganz langsam immer schwächer.

SCHÜLER/IN: Ich merke, daß ich bestimmte Aktivitäten als an sich deprimierend oder erfreulich ansehe, und vergesse, daß das, was wir Depression oder Freude nennen, nur Gedanken oder Gefühle sind, die wir als Reaktion auf die Dinge haben. Oft ist das, was wir als erfreulich betrachten, nur eine momentane Flucht vor dem, was in uns vorgeht. Wir haben Angst, innezuhalten und wirklich zuzulassen, was wir spüren.

JOKO: Das stimmt. Wirkliche Freude heißt: Dieser Augenblick zu sein, wie er ist. Den Augenblick zu erfahren kann bedeuten, daß wir die Spannung spüren, die wir Depression nennen, oder die Spannung, die eintritt, wenn wir etwas Gutes erfahren. So liegt dem, was wir Depression nennen, wie dem, was wir freudige Erregung nennen, gleichermaßen Freude zugrunde. Es ist eine Art unpersönliche Qualität, eine göttliche Perspektive, die sich bei manchen Menschen entwickelt, die lange Zeit meditiert haben. Das hat nichts mit Kälte, Gefühllosigkeit oder Gleichgültigkeit zu tun. Ich bin bestimmt kein kalter Mensch, obwohl ich in meinem Leben diese unpersönliche Qualität entwickelt habe.

SCHÜLER/IN: Ich kenne Sie jetzt schon viele Jahre, und ich kann mir vorstellen, was Sie meinen. Meiner Meinung nach sind Sie in dem Maß, wie Sie »unpersönlicher« geworden sind, auch warmherziger und zugänglicher geworden.

JOKO: Es gab einmal eine Zeit, in der es mir zuviel angst machte, Menschen nahe an mich herankommen zu lassen. Jetzt sehe ich mir das an, was mich früher beunruhigt hat, und sage: »Aha, das ist los. Interessant.« Es geht nur um dieses Nachfragen, diese Neugier: »Was geschieht jetzt?« Das ist unser Leben. So wurde zum Beispiel vor ein paar Tagen mein Auto zusammengefahren. Sie paßte nicht auf, und ich paßte nicht auf – und schon hatten wir einen Unfall. Es löste aber keinerlei Reaktion bei mir aus. Ich sage nicht, daß das gut oder schlecht sei, aber für die Adrenalindrüsen ist es sicher leichter. Wenn dabei jemand verletzt worden wäre, hätte ich vielleicht eine stärkere Reaktion gezeigt, aber ich glaube trotzdem, daß sie anders gewesen wäre als noch vor vielen Jahren. All das ist Leben, ein Geschenk für uns, Erfahrung.

Transformation

In Kalifornien werfen wir gerne mit Worten wie *Verwandlung* und *Transformation* um uns, mit denen persönliches Wachstum beschrieben werden soll. Ich bezweifle, daß Sie anderswo diese Worte auch so oft hören. Viele dieser Begriffe sind oberflächlich und nichtssagend. »Persönliches Wachstum« ist oft nichts anderes als eine kosmetische Veränderung, so, als würde man einen neuen Stuhl ins Wohnzimmer stellen. Bei einer wahren Verwandlung aber entsteht etwas grundsätzlich Neues. Es ist, als ob das vorige verschwunden wäre und etwas anderes seinen Platz eingenommen hätte. Wenn ich das Wort Transformation im Sinne von Verwandlung höre, muß ich an die Bilder denken, die wie eine Vase aussehen und dann plötzlich »umkippen« und wie ein Gesicht aussehen. Das ist wirkliche Transformation.

Der Zen-Übungsweg wird manchmal der Weg der Verwandlung genannt. Aber viele, die sich auf diesen Weg begeben, suchen nur Veränderung in dem Sinn, daß sie etwas bekommen wollen: »Ich möchte glücklicher sein.« »Ich möchte weniger Angst haben.« Wir hoffen, daß die Zen-Praxis uns diese Gefühle verschafft. Aber wenn wir wirklich eine Verwandlung erleben, bekommt unser Leben eine völlig neue Grundlage. Es ist, als wäre alles möglich – daß sich ein Rosenstrauch in eine Lilie verwandelt oder ein grober unwirscher Mensch zu einem sanften Wesen wird. Kosmetische Operationen helfen nicht. Wahre Verwandlung bedeutet, daß selbst das Ziel des »Ich«, das glücklich sein möchte, sich verwandelt. Nehmen wir beispielsweise an, ich sehe mich selbst als einen Menschen, der von Natur aus eher deprimiert oder ängstlich oder etwas anderes ist. Bei der Transformation geht es nun nicht nur darum, daß ich mit dem umgehen lerne, was ich meine Depression nenne; es geht darum, daß das »Ich«, das ganze Individuum, das ganze Syndrom, das ich »Ich« nenne, sich wandelt. Das ist etwas ganz anderes, als die meisten Zen-Schüler sich unter dem Übungsweg vorstellen. Wir wollen nicht auf diese Weise üben, weil sie bedeutet, daß wir zu allem möglichen bereit sein müssen, wenn wir zu ursprünglicher Freude gelangen wollen. Wir müssen für die Verwandlung offen sein, die das Leben mit uns vorhat. Beispielsweise muß ich dazu bereit sein, möglicherweise Landstreicherin zu werden. Ich möchte natürlich keine Landstreicherin werden. Wir haben die Vorstellung, daß wir uns wohl fühlen werden auf dem Übungsweg und daß das Leben glattgehen wird. Wir glauben, wir werden eine wunderbare neue Version von dem sein, was wir jetzt sind. Aber wahre Verwandlung bedeutet, daß der nächste Schritt vielleicht wirklich darin besteht, eine Landstreicherin zu sein.

Das ist es sicherlich nicht, was die Menschen auf den Zen-Weg lockt. Wir sind hier, um die Fassade ein wenig zu renovieren. Wenn unser Lebenswagen dunkelgrau ist, hätten wir lieber, er wäre lavendelfarben oder rosa. Aber Verwandlung bedeutet, daß vielleicht der ganze Wagen verschwindet. Vielleicht ist anstelle des Wagens plötzlich eine Schildkröte da. Aber von solchen Möglichkeiten wollen wir gar nichts hören. Wir hoffen, daß der Lehrer uns etwas sagt, was unser jetziges Modell wieder in Ordnung bringt. Viele Therapien tun nichts anderes, als Techniken zu liefern, die das Modell verbessern. Sie basteln da und dort etwas herum, und vielleicht geht es uns sogar viel besser danach. Aber das ist immer noch keine Transformation. Transformation entsteht aus einer Bereitschaft, die sich nur ganz allmählich im Lauf der Zeit entwickelt: die Bereitschaft, das zu sein, was das Leben von uns fordert.

Die meisten von uns (und das gilt auch manchmal für mich) sind wie Kinder: Wir wollen, daß etwas oder jemand uns das gibt, was ein kleines Kind von seinen Eltern erwartet. Wir wollen Frieden, Aufmerksamkeit, Trost und Verständnis bekommen. Wenn unser Leben uns das nicht gibt, denken wir: »Ein paar Jahre Zen-Meditation werden es mir geben.« Nein, das werden sie nicht. Darum geht es nicht beim Üben. Beim Üben geht es darum, uns zu öffnen, so daß dieses kleine »Ich«, das immer und immer etwas will – das in Wirklichkeit will, daß die ganze Welt Vater und Mutter für es ist –, erwachsen wird. Aber am Erwachsenwerden haben wir kein großes Interesse.
Viele Schüler versuchen, mich zu einer Ersatzmutter oder einem Ersatzvater zu machen. Aber das ist nicht meine Aufgabe. Wenn die Schüler Schwierigkeiten haben, kommen sie oft zu mir gelaufen; ich rege sie dann an, so gut wie möglich selbst mit dem Problem fertig zu werden. Sobald ein Schüler eine Vorstellung hat, wie er mit dem Problem fertig werden könnte, ist das beste, ihn selbst den Kampf durchfechten zu lassen. Dann hat er die Möglichkeit zur Transformation.
Transformation bedeutet, uns selbst zu erlauben, in diesem Augenblick an unserem Leben teilzunehmen. Das ist eine gewagte Sache. Es gibt keine Garantie für Bequemlichkeit, Frieden, Geld oder irgend etwas anderes. Wir müssen sein, was wir sind. Die meisten von uns haben aber andere Vorstellungen. Es ist, als wären wir ein Baum, der nur Blätter oder Früchte einer bestimmten Art hervorbringt. Wir wollen genau diese hervorbringen, weil es uns so angenehm ist. Verwandlung aber bedeutet, das hervorzubringen, was das Leben durch uns hervorbringen möchte. Wir können nicht wissen, was das sein wird. Jede Art von Transformation ist möglich – in der Arbeit, die wir tun, in unserer Lebensweise,

in unserer Gesundheit (die sich sogar verschlechtern könnte und nicht unbedingt besser werden muß).
Dennoch bedeutet Transformation Freude. Transformation heißt, daß alles, was das Leben ist, ob schwierig, ob einfach, ob tröstlich, ob untröstlich, Freude ist. Mit Freude meine ich kein Glücksgefühl. Freude hat mehr mit Neugier zu tun. Denken Sie an ein etwa neun Monate altes Baby, das herumkrabbelt und allen möglichen Wundern begegnet: Man kann die Neugier und das Staunen auf seinem Gesicht sehen. Babys krabbeln nicht, um Informationen aufzunehmen, sie versuchen nicht, bessere Babys zu sein, die schneller krabbeln können; sie krabbeln überhaupt aus keinem bestimmten Grund. Sie krabbeln einfach aus reiner Lust und Neugier. Wir müssen die Fähigkeit zurückgewinnen, alles in unserem Leben, auch die Katastrophen, mit Neugier zu betrachten. Nehmen wir an, daß ein Partner, mit dem wir lange Jahre zusammen waren, uns unerwartet verläßt. Solch ein Schlag kann uns in ein Melodrama der Reaktionen stürzen. Können Sie sich vorstellen, das Ereignis statt dessen mit Neugier zu betrachten? Was würde es bedeuten, solch eine Katastrophe mit Neugier zu betrachten?

SCHÜLER/IN: Wir wären in einem Zustand des Staunens.

JOKO: Das stimmt. Wir wären am Ganzen interessiert, einschließlich unserer emotionalen Reaktionen: unseres Schreiens, unserer Stimmungsschwankungen, unserer physischen Empfindungen – einfach Neugier in jeder einzelnen Sekunde. Das mag kalt klingen, ist es aber nicht; es bedeutet, daß wir zum ersten Mal offen für die Situation sind, von ihr lernen und mit ihr umgehen können. Diese Neugier gehört auch zur Freude, zum Staunen. Aber Neugier und Staunen sind uns nicht wichtig. Wir wollen die Dinge lieber so zurechtbiegen, daß wir uns gut fühlen. Die Neugier, von der ich spreche, kann aber auf jeden Fall dasein, ob wir uns gut oder schlecht fühlen.

Vor Jahren war ich mit einem hervorragenden Wissenschaftler befreundet. Ich fragte ihn, was es bedeutet, Wissenschaftler zu sein. Er sagte: »Wenn man ein Wissenschaftler ist, und es steht vor einem auf dem Tisch ein Teller, und man weiß, daß irgend etwas unter dem Teller ist, aber man weiß nicht, was, dann hat man Tag und Nacht keine Ruhe, bis man gesehen hat, was unter dem Teller ist. Man *muß* es einfach wissen.« In unserer Übungspraxis sollten wir diese Haltung kultivieren. Durch unser Bemühen, uns selbst zu schützen, haben wir den größten Teil unserer Neugier auf das Leben verloren. Wenn wir deprimiert sind, wollen wir nichts anderes, als daß die Depression aufhört. Ebenso ist es, wenn wir besorgt, einsam oder durcheinander sind. Wir sollten unserem Seelenzustand statt dessen aber mit Neugier und offenem Staunen begegnen. Dieses offene, neugierige Hinhören auf das Leben ist Freude – egal, in welcher Stimmung wir gerade sind.

Das ist der Weg der Verwandlung. Wir brauchen das Leben nicht mehr immer unter dem Aspekt zu sehen, wie wir uns schützen können, wie wir bekommen, was wir haben wollen, wir hängen nicht mehr so an unseren Bildern oder Phantasien davon, wie unser Leben aussehen und sich entwickeln müßte. Der Übungsweg, der Weg der Transformation ist ein allmählicher zeitlicher Wandel zu einem neuen Sein in der Welt. Dieser Weg ist natürlich therapeutisch, aber gleichsam absichtslos. Ein Mensch, der voller Neugier ist, ist weder glücklich noch unglücklich. Ein Krabbelkind, das eine Tasse entdeckt, die wir auf den Boden gestellt haben, ist weder glücklich noch unglücklich. Anstatt »glücklich« zu sein, ist das Kind einfach vertieft. Es ist nicht ehrgeizig; es ist kein gutes oder schlechtes Kind; es ist einfach vertieft in das Wunder dessen, was es sieht.

Leider werden kleine Kinder zu Erwachsenen. Es ist ja auch nicht der Sinn des Übungsweges, wie ein kleines Kind zu bleiben. Im Idealfall behalten wir die Offenheit und das Staunen des kleinen Kindes, verbunden mit der geistig-seelischen Reife und den Fähigkeiten eines Erwachsenen. Aber anstatt voller Neugier und Staunen zu sein, begegnen wir dem Leben mit festen, auf uns selbst bezogenen Vorstellungen und wollen, daß alles nach unserem Kopf geht und uns Annehmlichkeiten bereitet. Die Menschen, die wir mögen, sind jene, bei denen wir uns gut fühlen. Die Freunde, die wir um uns haben wollen, sind Leute, die es uns leichtmachen. Leute, bei denen wir uns immer schlecht fühlen, werden abgeschrieben. Jemand, der aber einfach offen und neugierig ist, handelt nicht so, zumindest nicht im gleichen Maß.

Carlos Castaneda schreibt, unser Üben müsse »untadelig« sein.[15] Das bedeutet, daß wir in jedem Augenblick so bewußt wie möglich sind, damit unsere »Persönlichkeit«, die aus unseren Selbstschutz-Strategien besteht, zerbricht und wir immer unmittelbarer und einfacher auf den Augenblick reagieren können. Untadeliges Üben bedeutet beispielsweise, daß wir uns ein oder zwei Dinge als Übung vornehmen und dabei nicht nachlassen. Nehmen wir an, wir haben die Gewohnheit, an Gedanken wie »Ich tauge nichts« zu glauben. Untadeliges Üben bedeutet, daß wir uns diesen Gedanken so gut wie nie durchgehen lassen. Selbst wenn es hier und da passiert, bedeutet untadeliges Üben, daß wir dabei nicht lockerlassen. Damit versuchen wir nicht, besser zu sein, und sind auch nicht schlecht, wenn es uns nicht gelingt. Aber wir müssen sehr sorgfältig sein. Untadeliges Üben bedeutet, nie aufzuhören. Wir gehen nicht den Weg der Verwandlung, wenn wir sagen: »Ach, heute habe ich genug geübt; ich höre jetzt auf und lasse es mir gutgehen.« Es ist nichts dagegen zu sagen, es uns gutgehen zu lassen, aber beim untadeligen Üben müssen wir uns auch dessen bewußt sein, wann uns das wichtiger ist. Sonst führen wir uns nur selbst an der Nase herum.

Auch wenn wir alles sehr genau nehmen, kämpfen wir beim reifen, sorgfältigen Üben nicht. In den ersten Jahren können wir den Kampf allerdings nicht vermeiden. Aber allmählich, im Lauf der Jahre, läßt er nach. Wir können den Übungsweg auch nicht einfach verlassen, wenn wir schwierige Zeiten erleben. Anstatt uns zu sagen: »Es ist jetzt alles so schwierig, ich werde nächste Woche üben«, müssen wir gerade *jetzt* üben, den Kampf mit hineinnehmen; sonst ist unsere Meditation nichts als Spielerei und reine Zeitverschwendung.

Der Weg der Verwandlung fordert einen untadeligen Krieger, und das ist nicht das gleiche wie ein perfekter Krieger. Wir geben immer unser Bestes und handeln mit großer Sorgfalt. Anstatt zu beschließen: »Ich werde aufmerksam sein«, sollten wir beschließen: »Ich werde besonders aufmerksam sein, wenn ich das hier tue.« Anstatt mit allem zugleich arbeiten zu wollen, arbeiten wir an einem oder zwei Themen vielleicht zwei oder drei Monate lang und lassen uns dabei nicht beirren. Wenn wir uns auch nur einen Gedanken wie: »Ach, es ist wirklich hoffnungslos mit mir« durchgehen lassen, ohne dessen gleich gewahr zu werden, sollten wir versuchen, uns ein wenig aufrechter zu setzen und wieder neu zu beginnen. Wir müssen unaufhörlich üben und Muskeln entwickeln für die lange schwere Reise. Zuletzt erkennen wir, daß es gar keine lange schwere Reise ist, aber das sehen wir erst, wenn wir es sehen.

Wenn ich nicht im Zen-Zentrum von San Diego anwesend bin, führen die Leute manchmal eine zweitägige Sitzübung durch. Das ist gut. Es können nicht alle daran teilnehmen; manche haben zum Beispiel kleine Kinder. Aber solch eine Sitzübung durchzuführen – zwei Tage stillzusitzen und um anhaltendes Gewahrsein zu kämpfen –, das ist es, worüber wir sprechen. Nimmt man den Übungsweg ernst, so kann man dieser Art von Kampf nicht aus dem Weg gehen. Der Kampf muß lange Zeit durchgehalten werden. Es gibt kein Entrinnen. Durch den Kampf entwickeln wir Kräfte. Er läßt uns erwachsen werden. Wenn wir uns beklagen, wenn wir verbittert darüber sind, was uns jemand angetan hat, wie das Leben uns mitgespielt hat, dann sind wir wie Kinder. Wir klammern uns an einen starken Arm. Der Zen-Übungsweg bedeutet Erwachsenwerden. Wir sollten uns erst auf einen Weg wie diesen begeben, wenn wir das wirklich wollen. Wir müssen ein wirklich verwandeltes Leben wollen.

Der natürliche Mensch

Gleichgültig, wie lange wir schon auf dem Übungsweg sind, wir neigen dazu, das Wesen dieses Weges mißzuverstehen. Irgendwie glauben wir, daß es beim Üben darum ginge, einen Fehler zu berichtigen. Wir stellen uns vor, daß, wenn wir dieses tun und jenes beherrschen, wir unser Fehlverhalten schließlich überwinden werden. Und wir meinen, wir könnten alles irgendwie »hinbiegen«, damit wir besser mit dem Leben zurechtkommen.

Viele Therapieformen beginnen mit der Annahme, daß derjenige, der sich einer Therapie unterzieht, etwas falsch macht und daß dieser Fehler durch die Therapie korrigiert werden könne. Diese in unserer Kultur so weit verbreitete Haltung nehmen wir auch unserem spirituellen Übungsweg gegenüber ein.

Wir glauben, daß mit unserem Leben etwas nicht stimme, weil wir nicht zufrieden sind mit uns selbst. Von unserem persönlichen Standpunkt aus stimmt auch tatsächlich etwas nicht. Wie können wir dieses Dilemma verstehen?

Betrachten Sie einen Wirbelsturm. Vom Standpunkt des Wirbelsturms selbst aus ist das Zerstören Tausender von Bäumen, das Zerreißen elektrischer Leitungen, das Töten von Menschen, das Verwüsten von Küstenstreifen und so weiter nichts Schlimmes. Wirbelstürme machen das eben so. Von unserem Standpunkt aus – vor allem, wenn wir ein Haus haben, das von einem Wirbelsturm zerstört wird – ist das keineswegs in Ordnung. Wenn wir könnten, würden wir die Wirbelstürme in den Griff kriegen. Wir haben es bloß bis jetzt noch nicht geschafft.

Unglücklicherweise entstehen oft eine ganze Reihe neuer Probleme, wenn wir versuchen, die Dinge in den Griff zu bekommen. Das Auto beispielsweise ist eine großartige Erfindung, die uns das Leben auf vielerlei Weise erleichtert; aber wie wir alle wissen, hat es unzählige große Probleme mit sich gebracht. Überläßt man die Natur sich selbst, so richtet sie allerlei Unheil an. Aber es scheint wieder von selbst heil zu werden, und der Naturprozeß ordnet sich selbst wieder. Wenn wir die Vorstellung haben, daß wir alle Probleme des Lebens lösen müßten, erleiden wir damit meist Schiffbruch. Der Grund unseres Scheiterns liegt darin, daß unser Standpunkt durch unsere egoistischen Bedürfnisse begrenzt ist. Wenn wir annehmen könnten, was das Leben uns bringt, könnte nichts uns etwas anhaben.

Sollten wir uns also einfach passiv verhalten, alles geschehen lassen und nicht eingreifen? Nein. Aber wir bringen uns in Schwierigkeiten durch den emotionalen Kontext, in den wir die Dinge stellen, die Einstellung, daß etwas nicht in Ordnung sei und wir es in den Griff bekommen müßten.

Vor allem wollen wir uns selbst anders haben, als wir sind. Wir wollen beispielsweise »erleuchtet« sein. Wir stellen uns ein erleuchtetes Selbst als etwas Herrliches, Besonderes und vom Rest der armen, gewöhnlichen Sterblichen Unterschiedenes vor. Erleuchtung erscheint uns als höchste Errungenschaft des Ich. Dieses Streben nach Erleuchtung geistert in vielen spirituellen Zentren als eine Art unterschwellige Erregung herum, die mit der spirituellen Praxis verbunden ist. Das ist wirklich lächerlich.

Aber wenn wir uns schlecht fühlen, stellen wir uns immer noch gerne vor, wir könnten etwas finden, das uns so hinbiegt, daß wir nur noch die angenehmsten Beziehungen haben werden. Wir stellen uns vor, daß es uns immer gutgeht und daß wir eine Arbeit tun, die keine schmerzhaften Ecken und Kanten hat.

Betrachten wir jemanden, den wir als »natürlichen Menschen« bezeichnen könnten. In der Bibel wäre der natürliche Mensch Adam (oder Eva), bevor er aus dem Paradies vertrieben wurde – bevor er sich also seiner selbst als getrenntes Wesen bewußt wurde. Wie war dieser natürliche Mensch? Was würde es bedeuten, auch solch ein natürlicher Mensch zu sein?

SCHÜLER/IN: Ein natürlicher Mensch wäre voll Staunen.

JOKO: Das stimmt, obwohl er (oder sie) sich dessen nicht bewußt wäre.

SCHÜLER/IN: Er würde keine Trennung empfinden zwischen sich und der Welt, die ihn umgibt.

JOKO: Auch das stimmt. Aber auch das Fehlen der Getrenntheit wäre ihm nicht bewußt.

SCHÜLER/IN: Er wäre einfach da, würde einfach sein.

JOKO: Ja, er würde einfach sein. Und wie würde er sich verhalten? Wäre er ein Heiliger, oder würde er auch ab und zu zum Jagen gehen?

SCHÜLER/IN: Er würde alles tun, was notwendig ist, um zu überleben.

JOKO: Ja, er würde tun, was er zum Überleben braucht. Wenn es notwendig ist, würde er auch jagen, vielleicht wie die amerikanischen Ureinwohner, die den Tieren, die sie töten mußten, Opfergaben brachten.

SCHÜLER/IN: Würde er Kriege mit seinen Stammesgenossen führen?

JOKO: Möglicherweise, aber ich bezweifle, daß es zu Blutvergießen kommen würde. Vielleicht gäbe es hier und da kleine Auseinandersetzungen.

SCHÜLER/IN: Ich stelle mir einen natürlichen Menschen wie meine Katze vor: Sie ißt, sie schläft, sie tut, was von Augenblick zu Augenblick nötig ist, ohne sich dessen bewußt zu sein oder darüber nachzudenken.

JOKO: Das trifft es so ungefähr. Hunde sind ein schlechtes Beispiel, weil wir sie zu dem machen, was wir haben wollen. Aber Katzen sind unabhängiger, dem natürlichen Menschen ähnlicher.

Der natürliche Zustand ist das Thema des Übungsweges. Um ein natürlicher Mensch zu sein, muß man nicht zu einer Art Heiligen werden. Ohne das Gefühl des Getrenntseins von der Welt wird jedoch immer eine natürliche Güte und eine Angemessenheit des Handelns vorhanden sein. Unsere beiden Hände beispielsweise verhalten sich nicht unangemessen zueinander, weil sie Teil des gleichen Leibes sind.

Ein natürlicher Mensch genießt das Essen. Er genießt die Liebe. Er wird ab und zu ärgerlich, aber meist nicht für lange Zeit. Wenn sein Überleben bedroht ist, empfindet er wahrscheinlich Furcht.

Im Gegensatz dazu ist unser Leben sehr unnatürlich. Wir fühlen uns getrennt von der Welt, und das ist unsere Vertreibung aus dem Paradies. Und indem wir uns selbst von der Welt abgetrennt haben, haben wir auch die Welt in gut und böse, befriedigend und unbefriedigend, angenehm und unangenehm eingeteilt. Weil wir die Dinge so unterteilt haben, versuchen wir immer, eine Seite anzusteuern und die andere zu vermeiden, damit wir nur mit dem Teil des Lebens zu tun haben, der uns angenehm ist.

Die Natur ist wie der Wirbelsturm. Was geschieht, geschieht. Aber in unserem Leben wollen wir es nicht so haben. Wir wollen einen Wirbelsturm, der andere Häuser wegreißt, nicht unseres. Wir suchen immer nach einem sicheren, kleinen Ruheplatz inmitten des Lebensorkans. Solch einen Platz gibt es aber nicht. Leben heißt einfach lebendig sein und alles genießen, was geschieht. Weil wir aber egozentrisch denken, glauben wir, es ginge im Leben darum, uns selbst zu schützen. Das hält uns gefangen. Der Ego-Verstand ist immer auf sich selbst bezogen. Er verbringt seine Zeit mit Nachdenken darüber, wie er überleben und in Sicherheit sein, es bequem haben, Spaß haben und immerzu ungestört sein kann. Wenn wir so leben, sitzen wir auf dem falschen Dampfer. Wir haben unseren Mittelpunkt verloren. Je weiter wir uns vom Mittelpunkt entfernen, desto ängstlicher und exzentrischer – also vom Zentrum entfernter – wird unser Leben.

Von den ersten Augenblicken unseres Lebens an entwickeln wir einen Ego-Verstand. Das Leben vom Ego-Verstand bestimmen zu lassen heißt einfach, es auf eine bestimmte Weise zu betrachten. Das ist im Grunde nichts Schlimmes; es bedeutet eben, daß wir das Leben nur von unserem eigenen Standpunkt aus sehen. Unser Wesensgrund bleibt davon immer unberührt. Das sehen wir jedoch nicht, weil wir nun dauernd diesen begrenzten, einseitigen Standpunkt einnehmen.

Wir sind weit davon entfernt, »einfach zu leben«, wie ein natürlicher Mensch leben würde. Wir denken die ganze Zeit über das Leben nach. Wahrscheinlich verbringen wir achtzig oder neunzig Prozent unserer Zeit damit. Und wir wundern uns, warum alles nicht so richtig stimmt. Von unserem Standpunkt aus fühlen wir uns gar nicht wohl.

Auf sich selbst angewiesen, ist der natürliche Mensch im Grunde gut. Er jagt, wenn es sein muß. Er tut, was getan werden muß. Weil er sich aber von seiner Umwelt nicht getrennt fühlt, richtet er sehr wenig Schaden an. Wir müssen uns nur selbst betrachten, um zu sehen, wie weit wir von dieser Art Leben entfernt sind.

Auf dem Übungsweg geht es im wesentlichen darum, nichts erreichen zu wollen. Unsere wahre Natur – die Buddhanatur – ist immer da. Sie bleibt von allem unberührt. Sie ist gegenwärtig. Wir erkennen, daß wir heil sind, wenn wir mit ihr in Berührung kommen. Aber wir sind nicht mit ihr in Berührung, weil wir von der Mitte abgewichen, einseitig sind. Und das schafft die Probleme in unserem Leben.

Es heißt oft, daß das Wesen jeder religiösen Praxis darin besteht, daß Selbst aufzugeben. Das ist nur zu wahr, wenn wir die Worte richtig verstehen. Aber was müssen wir da eigentlich aufgeben?

SCHÜLER/IN: Unsere Bindungen.

JOKO: Ja. Woraus entstehen unsere Bindungen?

SCHÜLER/IN: Aus egozentrischen Gedanken?

JOKO: Aus egozentrischen Gedanken. Nehmen wir an, jemand sagt zu mir: »Du bist blöd, Joko.« Sie sagt mir nur ihre Meinung. Dann knalle ich ihr meine Meinung hin: »Ich bin nicht blöd. Du bist diejenige, die nicht weiß, was sie tut.« Und so geht es hin und her. In diese Spiele verfallen wir, weil wir selbstsüchtig und egozentrisch denken. Von diesem Standpunkt aus stimmt mit der Welt immer irgend etwas nicht. Dabei ist das Leben selbst immer stimmig und ungestört. Was die Störungen verursacht, sind unsere Meinungen.

Es geht auf dem Übungsweg nicht darum, etwas zu finden. Wir müssen keine Erleuchtung finden. Wir müssen nicht versuchen, unsere Buddhanatur zu finden. Sie ist das, was wir sind. Wir müssen nur unsere Blindheit ablegen, um das wieder sehen zu können. Was für praktische Schritte können wir tun, um unsere Blindheit abzulegen?

SCHÜLER/IN: Wir können unsere Gedanken benennen.

JOKO: Ja, wir können unsere Gedanken benennen, damit wir sie als bloße Gedanken erkennen, als etwas, das wir uns selbst konstruiert haben. Wir müssen sehen, daß sie im Grunde nichts Wirkliches sind.

SCHÜLER/IN: Ich glaube, man muß akzeptieren, daß man blind ist. Ich kann nichts benennen, wenn ich nicht bereit bin, es anzusehen.

JOKO: Das stimmt. Gewöhnlich sind wir nicht bereit, die Mühe des Erkennens auf uns zu nehmen, bevor wir nicht merken, daß wir leiden. Aber ein egozentrisches Leben bringt das auf jeden Fall mit sich: Wir leiden an uns selbst und an den Menschen, die uns umgeben.

Unser kleiner Verstand bringt Klagen hervor. Er bringt Bitterkeit hervor und das Gefühl, Opfer zu sein. Er bringt Krankheit hervor. Er ist nicht die einzige Ursache von Krankheit; aber ein Körper, der ständig verspannt ist, kämpft an mehreren Fronten zugleich. Der kleine Verstand bringt Selbstgefälligkeit und Arroganz hervor. Und er hindert uns daran, mit unseren Körperwahrnehmungen und mit dem Leben selbst in Berührung zu bleiben. Aber wenn wir damit in Berührung sind, ähnelt unser Leben mehr dem des natürlichen Menschen. Was bedeutet das?

SCHÜLER/IN: Es bedeutet, ein Gespür für das richtige Handeln zu haben.

JOKO: Ja. Und sonst noch?

SCHÜLER/IN: Größere Offenheit. Die natürliche Intelligenz nimmt Informationen über die Sinne auf und funktioniert als Teil des Ganzen.

JOKO: Ja. Dann sehen wir klar. Dann wissen wir, wie wir die Dinge im Gleichgewicht halten und was wir in einer bestimmten Situation zu tun haben. Wir bleiben eher ruhig, weil uns nicht jede Kleinigkeit aufregt. Wir können spielerischer sein. Wir können spontaner sein. Wir können kooperativer sein. Wir sehen die anderen ungetrübter und nicht als Objekte unserer Manipulationen.

Es gibt keine schnellen Resultate. Die Arbeit, die wir auf dem Meditationskissen tun, ist manchmal sehr langweilig. Es ermüdet uns, unsere Gedanken zu benennen und immer wieder zu unseren Körperwahrnehmungen zurückzukehren. Diese Arbeit ist nicht sinnlos, aber sie nimmt viele Jahre in Anspruch. Wir sind störrisch, wir wollen die notwendige Mühe nicht aufbringen. Aber wenn wir das nicht tun, ist das Leben für uns und für unsere Umgebung schwer. Trotzdem unterlassen wir oft die notwendige Arbeit.

Selbstaufgabe klingt exotisch; wir stellen uns Christus am Kreuz oder irgend etwas anderes Großartiges vor. Aber Selbstaufgabe ist meistens etwas sehr Einfaches und Grundlegendes. Sie geschieht jedesmal, wenn wir sehen, daß unsere Gedanken kreisen, wenn wir sie benennen und unser kleines Selbst – das nur aus unseren Gedanken besteht – aufgeben und zu dem zurückkehren, was gerade geschieht. Wir kehren zur Wahrnehmung unseres Körpers zurück, zum Geräusch der Autos, die vorbeifahren, zum Geruch des Essens. Das bedeutet Selbstaufgabe. Wenn wir eine Woche lang in einem Sesshin meditieren, sollten wir es zehntausendmal tun: unsere Gedanken benennen, die Phantasien sehen, zur Wahrnehmung dessen, was ist, zurückkehren, auf das kleine Selbst verzichten um des wahren Selbst willen. Das Ergebnis: Das Leben kann einfach in uns einströmen. Daran ist nichts Besonderes. Wir tun es vielleicht zehnmal während einer Meditationssitzung; wenn wir wirklich wach sind, möglicherweise sogar zwanzig- oder dreißigmal. Verlieren wir uns eine Viertelstunde lang in unseren Gedanken, so nehmen wir uns etwas von unserer Arbeit.

Niemand eilt herbei und überreicht uns einen Orden dafür, daß wir diese Arbeit tun. Niemand. Um sie zu tun, müssen wir verstehen, worum es geht. Es geht um alles – um unser ganzes Leben. Alles, was uns wirklich wichtig ist, hat mit dieser langweiligen Arbeit zu tun, die wir immer und immer wieder tun.

Es gibt Zeiten, in denen wir einfach nicht bereit sind, kontinuierlich weiterzuarbeiten. »Egal, was Joko sagt, mir ist mein Tagtraum lieber.« Also gehen wir unseren kleinen Phantasien nach und kehren dann zur Arbeit zurück. Unser Geist taucht aus den egozentrischen Phantasievorstellungen auf und kehrt wieder zur Wahrnehmung unserer Knie, zur Wahrnehmung der Verspannung in unserem Körper zurück, die er einfach sein läßt, losläßt. In diesem Augenblick haben wir uns selbst aufgegeben. Das ist der Zustand der Erleuchtung: einfach dazusein.

Wir kehren immer wieder zu unserem kleinen Selbst zurück. Aber während wir sitzen, werden die Intervalle, in denen wir das Leben einfach sein lassen, wie es ist, ein bißchen länger, und die Unterbrechungen durch unsere Selbstbezogenheit werden ein wenig kürzer. Die Unterbrechungen dauern nicht mehr so lang, und wir nehmen sie nicht mehr so ernst. Sie werden immer mehr wie Wolken, die über den Himmel gleiten: Wir bemerken sie, aber sie haben weniger Einfluß auf uns. Im Lauf der Zeit wirkt sich dieser Prozeß auch als eine Veränderung in unserem Leben aus. Wir fühlen uns besser. Wir funktionieren besser. Nach einem intensiven Sesshin beispielsweise sehen die meisten Menschen das, was vorher ein Problem für sie war, als trivial an; sie können sogar darüber lachen. Das »Problem« hat sich nicht verändert, aber das Denken ist anders. In meinen Vorträgen – und im Sesshin selbst – geht es um diese Rückkehr zum alltäglichen Leben. Wenn wir aber zu den komplexeren Forderungen unseres gewöhnlichen Lebens zurückkehren, vergessen wir oft weiterzuüben. Anstatt unser kleines Selbst mit uns durchgehen zu lassen, dürfen wir nicht aufhören, zu beobachten und wahrzunehmen. Tun wir das nicht, beginnt die gewonnene Klarheit zu schwinden. Aber das muß nicht passieren; wir müssen nicht am Tag nach einem Sesshin einen Streit mit jemandem vom Zaun brechen.

Je länger wir üben und je mehr wir mit den Gewohnheiten des Übungsweges eins werden, desto länger halten die guten Auswirkungen des Sesshin an. Schließlich erreichen wir einen Punkt, an dem kein Unterschied mehr ist zwischen einem Sesshin und dem täglichen Leben.

Wir müssen daran denken, daß wir dabei nichts »in den Griff bekommen«. Wir versuchen nicht, anders zu sein, als wir sind. Im Grunde geht es auf dem Übungsweg darum, zu dem zurückzukehren, was wir schon immer waren. Wir tun nichts Besonderes. Wir versuchen nicht, erleuchtet zu sein. Wir kehren nur immer wieder zurück, geben das kleine Selbst auf, immer und immer wieder.

Wenn wir diese Arbeit tun, beginnen wir, das Leben auf andere Weise zu empfinden, und das ist das einzige, was uns wirklich etwas lehren kann. Worte wie diese kommen und gehen; wenn wir die Arbeit nicht tun, haben die Worte keine Bedeutung. Ein Buch zu lesen oder einem Vortrag zuzuhören reicht allein nicht aus. Die Arbeit, die wir tun, läßt uns ahnen, daß sich unser Leben anders anfühlen kann. Und wenn diese Ahnung zur Gewißheit wird, entdecken wir, daß wir nicht mehr zurück können, selbst wenn wir wollten. Indem wir uns selbst mehr in das verwandeln, was wir wirklich sind, verspüren wir die Auswirkungen immer dauerhafter, und unser Leben verändert sich.

Gibt es dazu Fragen?

SCHÜLER/IN: Sie beschreiben das Üben als eine Rückkehr zu den augenblicklichen Geräuschen oder Körperempfindungen, aber was ist, wenn ich mit einer starken Emotion wie Kummer oder Wut übe?

JOKO: Was ist eine Emotion? Eine Emotion ist einfach die Verbindung von Körperempfindungen und Gedanken. Die Gedanken sind egozentrisch. »Wie kann er es wagen, mit jemand anderem auszugehen! Er hat doch gesagt, daß er mich liebt.« Solche Gedanken wüten wie Feuer in uns. »Wie kann er nur so etwas tun!« Unsere Gedanken drehen sich im Kreis. »Das darf er einfach nicht!« Und so geht es immer weiter. Während wir diese Gedanken in uns bewegen, verspannt sich der Körper. Nehmen wir jedoch an, daß wir beginnen, die Gedanken zu benennen. Das mag Tage dauern, aber es kommt der Punkt, an dem unsere Gedanken zusammenbrechen und wir mit diesem verspannten, leiden-

den Körper zurückbleiben. Wenn wir diese Verspannung und dieses Leiden wahrnehmen und aushalten – was geschieht dann? Die Spannung wächst, bricht zusammen, und die Emotion hat sich aufgelöst.
Das liegt daran, daß egozentrische Emotionen nichts Reales haben. Wir alle glauben, unsere Emotionen seien wichtig; es gibt jedoch nichts Unwichtigeres als eine egozentrische Emotion. Sie besteht nur aus Spannung und Gedanken, die wir uns zusammengesponnen haben. Die Gedanken sind in ihrem Wesen unreal, das heißt, sie haben keinen Bezug zur Realität. Ich kann beispielsweise denken, daß ein Wirbelsturm ungerecht ist, daß er mich nicht treffen darf. Solche Gedanken sind müßig, sie haben mit der Wirklichkeit nichts zu tun. Sie sind nicht wichtig. Meine Körperempfindungen sind einfach das, was sie sind, weder gut noch schlecht. Wenn wir die egozentrischen Emotionen durchschauen, erkennen wir, daß sie unnötig sind.

SCHÜLER/IN: Wenn ich meine Gedanken benenne, und ein Gedanke entsteht, der in meinem Kopf zu kreisen beginnt, und ich sofort sage: »Hoppla, das ist ein Gedanke«, sollte ich dann sofort zu meinen Körperempfindungen zurückkehren, oder ist es besser, erst den Gedanken bewußt zu verfolgen, bevor ich ihn fallenlasse?

JOKO: Wenn dieser Gedanke irgendeine Dringlichkeit für Sie hat, wird er zurückkehren. Sie müssen sich keine Sorgen darüber machen, falls Sie ihn nicht zu Ende gedacht haben.

SCHÜLER/IN: Was ist eine wahre Emotion?

JOKO: Eine wahre Emotion steht in Beziehung zur Wirklichkeit. Nehmen Sie an, mein Freund hätte einen Herzanfall. Natürlich würden sich Emotionen in mir regen, während ich ihm zu Hilfe eile. Andererseits ist es *keine* reale Emotion, wenn ich ärgerlich über etwas bin, das vor fünf Minuten passiert ist. Wenn jemand mich fünf Minuten zuvor gekränkt hat, will ich aber gar nicht wissen, daß meine Emotion über diese Kränkung unwirklich ist. Ich möchte statt dessen an diesem »Das hätte er nicht tun sollen. Er ist schrecklich!« festhalten. Wenn ich meine kleinen Emotionen ernst nehme, verstärke ich meine Vorstellung von mir selbst und kann das Spiel weiterspielen.

SCHÜLER/IN: Kann Wut eine wahre Emotion sein?

JOKO: Sie kann es sein, aber das ist selten. Wenn ich sehe, wie jemand einen Menschen zusammenschlägt, und eingreife, um ihn daran zu hindern, werde ich wahrscheinlich eine gewisse Wut empfinden. Aber es ist doch eher ein kleiner Sturm, nicht das, was wir gewöhnlich Wut nennen. Fast immer, wenn wir glauben, wirkliche Wut zu äußern, machen wir uns selbst etwas vor.

SCHÜLER/IN: Gibt es eine wahre Emotion des Mitgefühls?

JOKO: Wahres Mitgefühl ist selbst keine Emotion. Es können Emotionen wie Liebe darin enthalten sein. Aber Mitgefühl als solches ist einfach Offenheit für das, was ist. Da es völlig offen ist, wird es empfänglich sein, es wird erkennen, was zu tun ist, und das auch tun. Mitgefühl kann das Endergebnis des Übungsweges sein. Niemand ist immer von Mitgefühl erfüllt, aber wenn wir wirklich und richtig üben, wird die Fähigkeit dazu wachsen. Wir nehmen die anderen dann mehr als Personen und nicht als Dinge wahr, die wir kontrollieren, manipulieren oder verändern wollen. Sie sind für uns dann Zentren des realen Bewußtseins. Diese Fähigkeit wächst im Lauf des Übungsweges. Geschieht das nicht, so haben wir nicht begriffen, worum es beim Üben geht, oder haben uns dem Weg nicht wirklich hingegeben.

Ich muß gar nicht nachforschen, was jemand auf dem Meditationskissen tut, wenn ich sehe, wie er sich im übrigen Leben verhält. Es ist ganz offensichtlich, wenn jemand auf dem Übungsweg weiterkommt. Das Gefühl des Opferseins, des Selbstmitleids schwindet. Der Betreffende hat viel mehr Bewußtsein für die Bedürfnisse anderer Menschen und eine wachsende Bereitschaft, diese Bedürfnisse zu erfüllen – was sich grundlegend vom »Helfer-Syndrom« unterscheidet.

SCHÜLER/IN: Dann nehmen wir Mitgefühl also nicht unbedingt als Gefühl wahr?

JOKO: Nein. Wenn wir einem anderen Menschen wirklich voller Mitgefühl zuhören, haben wir wahrscheinlich keine großen Emotionen dabei; wir hören ihm einfach zu und handeln entsprechend. Wir neigen dazu, Mitgefühl mit Liebe zu verwechseln. Mitgefühl kann Liebe enthalten, die eine Emotion sein kann, aber Mitgefühl selbst ist keine Emotion. Beim wahren Mitgefühl gibt es keine Trennung, das heißt, es stehen keine egozentrischen Gedanken zwischen mir und dem anderen Menschen. Dieses Nicht-Getrenntsein ist Mitleid.

SCHÜLER/IN: Mitgefühl bedeutet doch in Wirklichkeit nur, mitzufühlen, was der andere fühlt. Das heißt nicht unbedingt, daß man auf sein Gefühl reagiert oder mit ihm übereinstimmt. Mitgefühl bedeutet, die Erfahrung des anderen selbst zu erfahren, ohne darin zu stecken.

JOKO: Jemand, der wirklich Mitgefühl empfindet, denkt darüber gar nicht nach. Es ist für ihn einfach völlig natürlich. Es ist nicht das Ergebnis seines Versuches, mitfühlend zu sein. Wenn man versuchen wollte, mitfühlend zu sein, so ist das, als versuchte man, spontan zu sein. Wir sind es entweder, oder wir sind es nicht. Sind wir es nicht, können wir sicher sein, daß wir in irgendeinem egozentrischen Traum gefangen sind. Wenn wir in unseren Gedanken gefangen sind, werden wir kein Mitgefühl empfinden. So geht es beim Üben also darum, den egozentrischen Traum, an dem wir so hängen, zu durchschauen. Wenn wir nicht mehr darin gefangen sind, können wir wirklich mitfühlen.

SCHÜLER/IN: Sind Liebe und Mitgefühl dasselbe?

JOKO: Manchmal schwingt bei der Liebe kurze Zeit etwas Emotionales mit. Jemanden wirklich zu lieben bedeutet jedoch nicht, daß wir ihm gegenüber von schwankenden Emotionen erfüllt sind. Wir können unsere Kinder lieben und gleichzeitig den Wunsch haben, daß sie sich die Schuhe abstreifen, bevor sie ins Haus kommen. Wenn wir uns ärgern, daß sie sich die Schuhe nicht abstreifen, ist das eine Emotion; das Grundgefühl der Liebe für die eigenen Kinder bleibt davon jedoch unberührt, es ist beständig.

Wenn wir verliebt sind, enthält diese Liebe fast immer ein Element des Brauchens, den Gedanken, daß wir etwas davon haben könnten. »Es ist so aufregend, mit dir zusammenzusein.« »Ich fühle mich so gut, wenn du bei mir bist.« »Du machst mich so glücklich.« »Ich fühle mich ganz, wenn ich mit dir zusammen bin.« »Du erfüllst alle meine Bedürfnisse.« Wenn etwas geschieht, das diese Phantasievorstellungen zerstört, verändern sich die Worte: »Ich hasse ihn! Ich frage mich, was ich in ihm gesehen habe.«

In Wirklichkeit macht uns niemand glücklich oder traurig; das tun nur wir selbst. Verliebtheit ist voller Illusionen; wirkliche Liebe oder wirkliches Mitgefühl sind frei von Illusionen. Sie sind einfach das, was wir sind.

VII
WUNDER

Der Sturz

Es war einmal ein Mann, der stieg in den obersten Stock eines zehnstöckigen Gebäudes und sprang hinunter. Als er auf seinem Weg nach unten am fünften Stock vorbeikam, hörte man, wie er sagte: »So weit, so gut!«

Wir lachen über den Mann, weil wir sehen, was im nächsten Augenblick mit ihm geschehen wird. Wie kann er sagen, es ginge noch gut? Was ist der Unterschied zwischen der Sekunde, in der er sich auf der Höhe des fünften Stockes befindet, und der Sekunde, in der er auf dem Gehsteig aufschlägt? Die Sekunde, bevor er auf dem Gehsteig aufschlägt, ist das, was die meisten von uns als Krise bezeichnen würden. Wenn wir uns vorstellen, wir hätten nur noch ein paar Minuten oder Tage bis zu unserem Tod, würden die meisten von uns sagen: »Das ist eine Krise.« Wenn andererseits unser Leben relativ ungestört verläuft (der bekannte Job, die bekannten Leute, die bekannten Aufgaben), erscheint es uns vielleicht nicht gerade wunderbar, aber wir sind zumindest daran gewöhnt. In diesen Zeiten haben wir nicht das Gefühl, in einer Krise zu stecken, und fühlen uns deshalb auch nicht gedrängt, mit aller Sorgfalt zu üben. Lassen Sie uns einmal diesen vermeintlichen Unterschied zwischen Krise und Nicht-Krise betrachten.

Ein Sesshin ist eine künstliche Krise. Wenn wir uns in ein Sesshin begeben, müssen wir dabeibleiben und uns mit einer schwierigen Situation auseinandersetzen. Am Ende des Sesshin haben die meisten von uns die Krise durchgestanden – zumindest so weit, daß wir unser Leben etwas anders sehen. Es ist traurig, daß wir nicht verstehen, daß jeder Augenblick unseres Lebens – wenn wir eine Tasse Kaffee trinken, wenn wir zur nächsten Ecke gehen, um eine

Zeitung zu kaufen – *der* Augenblick ist. Warum erkennen wir diese Wahrheit nicht? Wir erkennen sie nicht, weil unser kleiner Verstand denkt, vor dieser Sekunde, die wir jetzt erleben, hätte es Hunderttausende gegeben und Hunderttausende würden noch folgen. Und so leben wir nicht wirklich. Statt dessen tun wir das, was die Menschen die meiste Zeit tun und was eine vollkommene Zeitverschwendung ist: Wir denken uns alles mögliche aus und versuchen, alles zu planen, um nie eine Krise durchleiden zu müssen. Wir zehren all unsere Energien im Versuch auf, beliebt, erfolgreich, freundlich, angenehm, aggressiv (oder nicht aggressiv) zu sein, je nachdem, was wir für vorteilhaft für uns halten. Wir haben feste Vorstellungen. Fast unsere gesamte Kraft verschwenden wir an diese Vorstellungen, mit denen wir versuchen, unser Leben in den Griff zu bekommen, um nie auf dem Boden aufschlagen zu müssen. Deshalb ist es so gut, wenn wir nahe an diesen Punkt des Aufschlagens kommen. Deshalb erwachen Menschen oft, die schwer krank sind oder in schreckliche Lebensumstände kommen. Erwachen wofür? Wofür erwachen wir?

SCHÜLER/IN: Für die Gegenwart?
JOKO: Ja. Und sonst?
SCHÜLER/IN: Für die Vergänglichkeit.
JOKO: Die Vergänglichkeit. Ja, das ist wahr.
SCHÜLER/IN: Für unsere Körperwahrnehmungen.
JOKO: Ja, und wofür erwachen wir vor allem?
SCHÜLER/IN: Für das Wunder, das in all dem liegt.
JOKO: Das Wunder dieser Sekunde. Wenn diese Sekunde nicht ich ist oder irgend etwas anderes, sondern einfach Oh! – und das ist keine große Emotion –, dann sind alle unsere Sorgen nicht mehr da. Diese Erkenntnis haben wir

aber gewöhnlich nur, wenn wir so sehr unter Druck sind, daß unser Geist ganz in den gegenwärtigen Augenblick gerissen wird; dann können wir all unsere Pläne vergessen, mit denen wir uns selbst, jemand anderen oder die Umstände in den Griff bekommen wollten. Die meisten Menschen verbringen 95 Prozent ihres Wachlebens mit dem Versuch, dem Aufprall auszuweichen. Aber wir können ihm nicht ausweichen. Wir sind alle auf dem Weg nach unten, jeder von uns. Wir entgehen dem Aufprall nicht, aber wir verbringen den größten Teil unserer Zeit mit dem Versuch, diesem Augenblick auszuweichen.

Aufzuwachen bedeutet zu erkennen, daß unsere Situation hoffnungslos – und wunderbar ist. Wir brauchen nichts anderes zu tun, als einfach diesen Augenblick zu leben. Wenn wir in einer Krise oder in einem Sesshin sind, wachen wir vielleicht noch nicht ganz auf, aber wir wachen genug auf, um unser Leben anders zu sehen. Wir erkennen, daß unsere üblichen Manöver – Bedauern über die Vergangenheit, Sorgen und Pläne für eine imaginäre Zukunft – keinen Sinn haben; wir vergeuden kostbare Sekunden damit.
Von einem gewissen Standpunkt aus sind wir immer in einer Krise: Wir sind immer im Sturz begriffen. Aber von einem anderen Standpunkt aus gibt es keine Krise. Wenn wir eine Sekunde später sterben werden – gibt es dann eine Krise? Nein, es gibt nur diese Sekunde. In einer Sekunde leben wir, in der nächsten sind wir tot. Das ist keine Krise, das ist einfach so, wie es ist. Aber der menschliche Drang, das Unmögliche zu vollbringen, verpfuscht uns alles. Wir ver-

bringen unser Leben mit dem Versuch, das Unvermeidliche zu vermeiden. Unsere Energien, unsere Emotionen, unsere Pläne richten sich einzig darauf, Geld zu verdienen, erfolgreich zu sein, beliebt zu sein bei allen, weil wir insgeheim glauben, daß all dies uns schützen wird. Eine unserer stärksten Illusionen besteht in dem Glauben, daß das Verliebtsein uns wirklich schützen könnte. In Wirklichkeit gibt es keinen Schutz, keine Antwort. Unser Leben ist absolut hoffnungslos. Deshalb ist es so wunderbar. Und es ist nichts Besonderes daran.

Wer möchte erfolgreich sein? Wer möchte beliebt sein? Wir alle. Es ist auch nichts gegen solche Wünsche zu sagen – wenn wir nicht an die Illusion glauben. Selbst wenn man sich eine Million Dollar wünscht, kann das Spaß machen – ein Spiel wie andere Spiele sein –, wenn wir es einfach als lustiges Spiel sehen können und beim Spielen niemand anderem schaden. Aber wir sehen es nicht als Spiel, und deshalb schaden wir anderen Menschen, während wir unseren Weg verfolgen, der zum Tode führt.

Erleuchtung ist einfach Erkennen der Wahrheit, nicht im Kopf, sondern im ganzen Sein, das Erkennen, daß es »das ist«. Es ist wunderbar. Haben Sie Zahnschmerzen? Auch das ist es – wunderbar. Wenn wir über die Zahnschmerzen nachdenken, meinen wir natürlich nicht, sie seien wunderbar. Aber es *ist* wunderbar, einfach das zu sein, was das Leben in dieser Sekunde umfaßt – samt Zahnschmerzen und allem anderen.

Dummerweise legt uns unser menschliches Denken herein. Tiere sind größtenteils weniger manipulativ ihrem Leben gegenüber; allerdings versuchen sie auch manchmal ihre kleinen Tricks. Ich hatte einmal einen Hund, der nicht ins Haus kommen wollte, wenn er gerufen wurde, und sich deshalb hinter der Hecke auf der gegenüberliegenden Straßenseite versteckte. Im Sommer funktionierte das auch: Er stand dann einfach völlig reglos hinter der Hecke – versteckt. Aber wenn im Herbst die Blätter fielen, lief er immer noch dorthin, um reglos stehenzubleiben – und war natürlich zu sehen! Doch Hunde und andere Tiere verlieren sich nicht im Wirrwarr ihrer Gedanken über den Sinn ihres Lebens; anders als wir leben sie einfach.

Manche von uns stecken mitten in einer »Katastrophe«; manche auch nicht. Natürlich stecken wir nicht ewig in so einer großen Katastrophe, aber wenn wir darin stecken, nehmen wir es mit dem Üben sehr genau, tauchen öfters im Zendo auf, tun alles, um damit zurechtzukommen. Wenn unser Leben dann wieder in normaleren Bahnen verläuft, hören wir auf, mit solcher Intensität zu üben. Ein Kennzeichen der Reife auf dem Übungsweg ist es, wenn wir sehen, daß das Leben immer zugleich ganz Krise und ganz Nicht-Krise ist: Beides ist das gleiche. Wenn wir im Üben gereift sind, arbeiten wir genauso hart an uns, ob wir in einer Krise stecken oder nicht. Krise oder Nicht-Krise – wir tun es einfach.

Nichts wird wirklich gelöst, bevor wir nicht begriffen haben, daß es *keine Lösung* gibt. Wir fallen, und es gibt keine Lösung dafür. Wir können den Sturz nicht unter Kontrolle bekommen. Wir verbringen unser Leben mit dem Versuch, den Sturz aufzuhalten; aber er hört nie auf. Es gibt keine Lösung, keinen wunderbaren Menschen, der ihn aufhalten kann. Kein Erfolg, kein Traum, nichts kann ihn aufhalten. Unser Körper fällt einfach.

Der Sturz ist ein großer Segen. Wenn jemand eine Pille erfände, die den Tod besiegen und uns unaufhörliches Leben schenken könnte, wäre das eine wahre Katastrophe. Stellen Sie sich vor, wie Sie in 6000 Jahren immer noch dasselbe denken würden! Mit einem Mittel gegen den Tod würde sich der ganze Sinn des Daseins auf diesem Planeten verändern. Und wohin dann mit den neugeborenen Kindern?

Wir alle merken, wie wir altern. Graue Haare, Falten, Zipperlein. Vom Augenblick unserer Empfängnis an sterben wir. Wenn ich diese Dinge an mir bemerke, juble ich auch nicht. Ich mag sie genausowenig wie Sie. Aber es ist immer noch ein großer Unterschied, ob man diese Veränderungen nicht mag oder ob man panisch versucht, sie aufzuhalten.

Früher oder später erkennen wir, daß die Wahrheit des Lebens die Sekunde ist, die wir gerade erleben, gleichgültig, ob sie sich auf der Höhe des neunten oder auf der des ersten Stockwerks abspielt. In gewissem Sinn hat unser Leben überhaupt keine Dauer: Wir leben immer in der gleichen Sekunde. Es gibt nichts als diese Sekunde, den zeitlosen gegenwärtigen Augenblick. Ob wir sie auf der Höhe des fünften Stockwerks oder kurz vor dem Gehsteig erleben – es ist immer die gleiche Sekunde. Durch diese Erkenntnis ist jede Sekunde eine Quelle der Freude. Ohne diese Erkenntnis ist jede Sekunde Leiden. (Leider wollen wir oft insgeheim leiden; wir wünschen uns geradezu Mittelpunkt eines Melodramas zu sein.)

Die meiste Zeit meinen wir, es gäbe gar keine Krise. (»So weit, so gut!«) Oder wir denken, die Krise bestünde darin, daß wir uns nicht glücklich fühlen. Aber das ist keine Krise, das ist eine Illusion. Und so verbringen wir den größten Teil unseres Lebens mit dem Versuch, dieses nichtexistente Wesen, das wir zu sein glauben, in den Griff zu kriegen. In Wirklichkeit sind wir diese Sekunde. Was sollten wir sonst auch sein? Und diese Sekunde hat weder Raum noch Zeit. Ich kann nicht die Sekunde sein, die vor fünf Minuten war. Wie könnte ich auch? Ich bin hier. Ich bin jetzt. Ich kann auch nicht die Sekunde sein, die in zehn Minuten kommen wird. Das einzige, was ich sein kann, ist das Herumrutschen auf meinem Sitzkissen, das Spüren des Schmerzes in meinem linken Knie, das Wahrnehmen all dessen, was jetzt geschieht. Das bin ich. Ich kann nichts anderes sein. Ich kann mir zwar vorstellen, daß ich in zehn Minuten keinen Schmerz mehr im linken Knie haben werde, aber das ist bloße Phantasie.

Ich kann mich an eine Zeit erinnern, in der ich jung und schön war. Auch das ist bloße Phantasie. Unsere Schwierigkeiten, unsere Hoffnungen und unsere Sorgen sind meist bloße Phantasievorstellungen. Es hat nie etwas anderes gegeben als diesen Augenblick. Das ist alles. Das ist alles, was wir sind. Aber die meisten Menschen verbringen 95 Prozent oder mehr ihrer Zeit in ihren Phantasievorstellungen. Wir denken darüber nach, was uns widerfahren ist, was hätte geschehen können, wie es auf uns gewirkt hat, daß wir anders sein sollten, daß andere anders sein sollten, daß alles so schlimm ist und so weiter und so fort; all das sind Phantasien und Vorstellungen. Erinnerung *ist* Vorstellung. Jede Erinnerung, an der wir hängen, zerstört unser Leben.

Etwas ganz anderes ist das praktische Denken, bei dem wir nicht an irgendwelchen Phantasien hängen, sondern konkret etwas anpacken. Wenn mein Knie weh tut, sollte ich mich vielleicht nach einer Behandlung dafür umsehen. Die Gedanken, die uns zerstören, sind jene, mit denen wir versuchen, den Sturz aufzuhalten und nicht auf dem Boden zu landen. »Ich werde schon alles hinkriegen.« »Ich werde mich schon hinkriegen.« Oder: »Ich werde mich verstehen. Wenn ich mich endlich selbst verstehe, finde ich Frieden, und mein Leben ist in Ordnung.« Nein, es wird nicht in Ordnung sein. Es wird all das sein, was es ist, in dieser Sekunde. Einfach ein Wunder.

Können wir beim Sitzen das Wunder spüren? Können wir

das Wunder wahrnehmen, das in der Tatsache besteht, daß wir hier sind, daß wir als Menschen dieses Leben schätzen können? In dieser Hinsicht sind wir glücklicher dran als die Tiere. Ich zweifle daran, daß die Katze oder der Käfer diese Fähigkeit hat, das Leben zu schätzen, aber ich kann mich auch täuschen. Und ich kann diese Wertschätzung verlieren, das Wunder verlieren, wenn ich mich aus diesem Augenblick fortstehle. Wenn jemand mich anbrüllt: »Joko, du bist fürchterlich!« und ich mich in meinen Reaktionen (meinen Gedanken, wie ich mich schützen oder rächen könnte) verliere, dann habe ich auch das Wunder verloren. Aber wenn ich diesem Augenblick nicht ausweiche, werde ich einfach angebrüllt. Es ist nichts. Aber wir alle bleiben in unseren Reaktionen stecken.

Wir haben als Menschen die wunderbare Fähigkeit, zu sehen, was das Leben ist. Ich weiß nicht, ob irgendein anderes Tier diese Fähigkeit hat. Wenn wir sie vergeuden und nicht wirklich üben, hat das Auswirkungen, die jeder zu spüren bekommt, der mit uns zu tun hat. Das heißt: unsere Partner, unsere Kinder, unsere Eltern, unsere Freunde. Wir üben nicht nur für uns selbst. Aber selbst wenn wir das täten, wäre es in gewisser Hinsicht kein Unterschied. Wenn unser Leben sich zur Wirklichkeit hin verändert, verändert sich auch jeder, dem wir begegnen. Wenn irgend etwas dieses leidende Universum beeinflussen kann, dann dies.

Das Gurren einer Taube und die kritische Stimme

Neulich rief mich jemand von der Ostküste an und sagte mir: »Als ich heute morgen meditierte, war es ganz still, und dann plötzlich hörte ich eine Taube gurren. Und da war keine Taube mehr, da gab es kein Ich mehr, da war nur noch *dies.*« Dann wartete sie auf meinen Kommentar. Ich antwortete: »Das ist wunderbar! Aber nehmen Sie an, daß Sie anstatt der Taube eine kritische Stimme hören, die einen Fehler an Ihnen entdeckt hat. Was ist der Unterschied zwischen dem Gurren der Taube und der kritischen Stimme?« Stellen Sie sich vor, wir sitzen in der Stille des frühen Morgens da, und plötzlich hören wir Vogelgezwitscher. Solch ein Augenblick kann zauberhaft sein. (Oft denken wir, genau das wäre Zen.) Aber nehmen wir an, unser Chef kommt ins Zimmer gestürzt und schreit: »Ihr Bericht hätte schon gestern fertig sein müssen. Und wo ist er bitte?« Was haben beide Geräusche gemeinsam?

SCHÜLER/IN: Beides hören wir einfach.

JOKO: Ja, es geht einfach um das *Hören.* Alles, was uns tagsüber begegnet, ist einfach ein Aufnehmen über einen der Sinne: einfach hören, einfach sehen, einfach riechen, einfach berühren, einfach schmecken. Wir haben also gesagt, was das gleiche an den beiden Geräuschen ist. Was aber ist der Unterschied? Gibt es überhaupt einen Unterschied?

SCHÜLER/IN: Das eine Geräusch mögen wir, das andere nicht.

JOKO: Warum ist das so? Schließlich sind beide bloß

Geräusche. Warum mögen wir die kritische Stimme nicht genauso wie das Gurren der Taube?

SCHÜLER/IN: Wir hören die Stimme nicht einfach; wir bilden uns eine Meinung über das, was wir hören.

JOKO: Das stimmt. Wir bilden uns eine Meinung über diese kritische Stimme – und zwar mit starken Gedanken und Reaktionen.

Im letzten Vortrag habe ich die Geschichte eines Mannes erzählt, der aus dem zehnten Stock eines Hauses sprang und der in dem Augenblick, als er am fünften Stock vorbeikam, rief: »So weit, so gut!« Er hoffte, daß er für immer da oben bleiben würde. So leben auch wir unser Leben: Wir hoffen, der kritischen Stimme aus dem Weg gehen zu können, wir hoffen, die Schwerkraft überwinden und immer oben bleiben zu können.
Manche Menschen scheinen die Schwerkraft überwunden zu haben. Jemand, den ich im Lauf der Jahre immer wieder bewundert habe, ist Greg Louganis, wahrscheinlich der größte Kunstspringer, der je gelebt hat. Ein hervorragender Springer wie Louganis hat die Fähigkeit, beim Absprung eine bemerkenswerte Höhe und Weite zu erlangen, so daß er auf dem Weg hinab ins Wasser viel Bewegungsspielraum gewinnt. Je höher er beginnt, desto mehr Freiraum hat er. Ein anderer bemerkenswerter Sportler, der die Schwerkraft überwinden zu können scheint, ist der Basketballspieler Michael Jordan, der manchmal aussieht, als schwebe er frei in der Luft. Es ist unglaublich. Ebenso bewundern wir Barischnikow, den großen Tänzer. All diese Menschen erreichen bemerkenswerte Sprunghöhen, aber an einem gewissen Punkt müssen sie alle wieder herunter. Der gesunde

Menschenverstand sagt uns, daß die Schwerkraft immer stärker ist.

Aber wir leben nicht nach dem gesunden Menschenverstand. Wir lieben die kritische Stimme nicht; wir wollen nicht herunterkommen. Das gefällt uns überhaupt nicht. Doch ob wir es mögen oder nicht – das Leben besteht nun einmal aus einer Menge unangenehmer Erfahrungen. Selten gibt uns das Leben das, was wir wollen. Deshalb verbringen wir all unsere Zeit mit dem Versuch, zu schaffen, was kein Mensch schaffen kann. Wir versuchen, irgendwie oben zu bleiben, damit wir nur nie herunterkommen und den Aufprall erleben. Wir versuchen, das Unvermeidliche zu vermeiden.

Aber es gibt keine Möglichkeit, in einem Menschenleben allen unangenehmen Erfahrungen aus dem Weg zu gehen. Wir erfahren Kritik, Schmerz, Verletzungen, Krankheiten, Enttäuschungen. Unser kleiner Verstand sagt: »Du kannst dich aufs Leben nicht verlassen. Du solltest dich irgendwie versichern.« Wir tun, was wir können, um jede Berührung mit der schmerzhaften Wirklichkeit zu vermeiden.

Wenn wir im Zazen sitzen, ist unser Verstand unaufhörlich damit beschäftigt, zu phantasieren und »oben zu bleiben«. Aber es gelingt uns nicht. Doch wir Menschen beharren auf dem Versuch, das zu schaffen, was nicht zu schaffen ist: allem Schmerz aus dem Weg zu gehen. »Ich werde Pläne machen. Ich werde die beste Methode herausfinden. Ich werde herausfinden, was ich tun muß, um zu überleben und Sicherheit zu haben.« Wir versuchen, die Wirklichkeit mit unserem Denken zurechtzumodeln, damit sie uns bloß nie nahekommt.

Ich habe die Geschichte schon einmal erzählt, wie ich in einem Zendo neben einer jungen Frau saß, die immer auf ihrem Kissen hin und her rutschte. Sie hatte die ganze Zeit

Probleme mit ihrem Fußgelenk. Sie streckte es aus, sie suchte vor sich einen Platz dafür, sie verdrehte das Bein nach hinten. Dauernd bewegte sie ihr Gelenk. Der Zendo-Aufseher beugte sich zu ihr hinunter und flüsterte ihr zu: »Sie müssen stillhalten. Hören Sie bitte auf, Ihr Fußgelenk zu bewegen.« Sie sagte: »Aber es tut weh.« Er antwortete: »In diesem Raum gibt es viele Fußgelenke, die weh tun.« Da sagte sie: »Aber es ist *mein* Fußgelenk!« Wenn wir unsere Erfahrung mit einem bestimmten Schmerz gemacht haben, werden wir Mitgefühl mit einem anderen Menschen haben, der einen ähnlichen Schmerz durchmacht. Aber wenn ein anderer Schmerz empfindet, ist es trotzdem nicht das gleiche, wie wenn wir ihn empfinden. Wenn ein anderer sagt: »Ich fühle mit dir«, stimmt das gar nicht wirklich, weil er nicht so fühlen *kann* wie wir selbst. Wir haben ein oberstes Ziel: Wir wollen den Schmerz von uns fernhalten, wir wollen ihn gar nicht kennenlernen. Wir wollen irgendwo da oben in den Wolken bleiben und über die notwendigen Maßnahmen nachgrübeln, wie wir besser werden können.

Der Wunsch, besser werden zu wollen, ist an sich nichts Schlechtes; wir beschließen zum Beispiel, ungesundes Essen zu vermeiden, uns mehr körperlich zu betätigen oder mehr zu schlafen. Das ist alles gut. Falsch daran ist, daß wir solche Bemühungen mit der Hoffnung verbinden, solche Besserung oder persönliche Weiterentwicklung würde uns Unannehmlichkeiten vom Hals halten – die kritische Stimme, die Enttäuschung, die Krankheit, das Altern. Wenn Michael Jordan einmal siebzig ist, wird er wahrscheinlich keine so großen Sprünge mehr machen wie heute. Ähnlich ist es mit Beziehungen und mit der Ehe: Mit welchen Erwartungen überfrachten wir sie?

SCHÜLER/IN: Wir erwarten, daß sie uns das Glück garantieren.

JOKO: Stimmt. Es ist sinnvoll, daran zu arbeiten, daß eine Ehe gut ist. Aber das überlagern wir noch mit der Hoffnung, daß unser Partner uns helfen wird, die Schwerkraft zu überwinden und unseren Sturz aufzuhalten.

Solange wir noch meinen, es bestünde ein Unterschied zwischen dem Gurren einer Taube und dem Klang einer kritischen Stimme, werden wir weiterkämpfen. Wenn wir die kritische Stimme aus unserem Leben ausschließen wollen und mit unserer Reaktion darauf noch nicht umgehen können, verwickeln wir uns immer weiter in Kämpfe. Wir alle kämpfen ja. Worum kämpfen wir?

SCHÜLER/IN: Der Kampf entsteht aus dem Unterschied zwischen dem, was wirklich geschieht, und dem, was in unserem Kopf vorgeht.

JOKO: Stimmt. Auf ganz subtile Weise fügt unser Verstand immer etwas hinzu wie: »Diese Situation mag ich« oder: »Ich mag das nicht.« Wir bilden uns eine Meinung darüber.

Wenn wir einfach nur hören, haben wir keine Meinung. Wenn das Geräusch an unser Trommelfell dringt, gibt es keine Meinung; es gibt nur das Hören. Der Kampf auf unserem Übungsweg hat genau das zum Inhalt. Den ganzen Tag lang nehmen wir über die Sinne Wahrnehmungen auf. Aber vom menschlichen Standpunkt aus sind für uns nur manche dieser Wahrnehmungen akzeptabel.

Heißt das, daß es mir gleich angenehm sein muß, ob Sie meine Hand zart streicheln oder ob Sie eine spitze Nadel hineinstechen? Nein, ich werde eines davon bevorzugen. Wir alle wissen, daß wir angenehme Empfindungen bevorzugen. (Ich habe es ganz besonders ungern, wenn mir jemand eine Nadel in die Fingerspitze sticht, um mir Blut abzuzapfen.) An solchen Vorlieben oder Abneigungen ist an sich nichts auszusetzen; was uns in Schwierigkeiten bringt, sind die Emotionen, mit denen wir sie überlagern. Wegen unserer Emotionen verwandeln wir Vorlieben in Forderungen. Das Üben hilft uns, diesen Prozeß umzukehren, Forderungen wieder in einfache Vorlieben umzuwandeln, so daß sie nicht emotional überfrachtet sind. Wenn ich beispielsweise ein Picknick geplant habe, wünsche ich mir, daß es an diesem Tag nicht regnet. Dieser Wunsch ist jedoch zur Forderung geworden, wenn wir uns aufregen, falls es wirklich regnet. »Jetzt hab' ich das ganze Essen gekauft und mir die ganze Mühe gemacht – und was soll ich nun tun? Das Leben ist wirklich ungerecht!«

Das Sitzen hilft uns, die mentalen Manöver immer objektiver zu sehen, mit denen wir uns zu schützen versuchen, um »oben zu bleiben«. Wir lernen einfach, diese mentalen Manöver zu beobachten und zur unbefangenen Erfahrung der Sinneswahrnehmungen zurückzukehren. Sitzen ist eigentlich etwas Einfaches.

Wenn wir beim Sitzen aber aufrichtig sind, finden wir heraus, daß wir gar nicht auf unseren Körper hören *wollen*. Wir wollen *denken*. Wir wollen uns in all jenen Vorstellungen ergehen, die uns die Hoffnung geben, daß unser Leben »oben bleibt«. Wir wollen diese Hoffnung nicht aufgeben.

Der erste Schritt ist also, aufrichtig zu sein. Das bedeutet, daß wir unsere Gedanken so klar wie möglich wahrnehmen und auf unseren Körper hören. Bevor unsere Hoffnung nicht schwindet, werden wir nicht viel Zeit damit verbringen, auf den Körper zu hören. Denn wir sind ja gar nicht wirklich dazu bereit. Nach Jahren des Sitzens jedoch verändert sich dieser Widerstand allmählich. Beim Sitzen geht es nicht um irgendein Glücksgefühl, es ist kein Honigschlekken. Es geht darum, endlich zu sehen, daß es keinen wirklichen Unterschied gibt zwischen dem Hören einer Taubenstimme und dem Hören einer kritischen Stimme; der »Unterschied« spielt sich nur in unserem Kopf ab. Es geht also nicht darum, jeden Morgen eine Weile glücklich dazusitzen; es geht darum, unser Leben unmittelbar anzuschauen, damit wir erkennen, was wir wirklich tun. Gewöhnlich besteht unser Tun in dem Versuch, unser Leben oder das Leben der anderen zu manipulieren. Also *beobachten* wir einfach, daß wir versuchen, Menschen oder Ereignisse zu manipulieren, damit das »Ich« – diese Illusion, die sich auf nichts als egozentrische Gedanken gründet – nicht verletzt werden kann.

Aufrichtigkeit: das Erkennen meiner Meinungen über mein Sitzen, mich selbst, den Menschen, der neben mir sitzt. Aufrichtigkeit: »Ich lasse mich sehr leicht stören, ich bin ganz schön boshaft.« Solche Aufrichtigkeit versetzt uns mehr und mehr in die Lage, auf den Körper zu hören – zwei Sekunden lang, zwanzig Sekunden lang, länger vielleicht. Je weniger Hoffnung wir haben, daß wir die Dinge durch unser Denken in den Griff bekommen oder nach unseren Wünschen zurechtmodeln können, desto länger werden wir in der Lage sein, beim Hören und Wahrnehmen des Wirklichen auszuharren. Und schließlich dämmert uns vielleicht die Erkenntnis, daß es keine Lösung gibt. Nur ein Ego muß Lösungen finden, aber es gibt keine endgültigen Lösungen. An einem gewissen Punkt sehen wir vielleicht sogar, daß, wenn es keine Lösungen gibt, es auch gar kein Problem gibt. Betrachten Sie solch einen Vortrag nicht als etwas, über dessen Worte man tiefsinnig nachgrübelt; wir lassen sie im

Augenblick auf uns wirken, dann sind sie wieder vorbei, und wir kehren zum einfachen, unmittelbaren Üben zurück. Werden wir irgendwann wunderbar und vollkommen sein? Nein. Wir werden auch nichts erreichen. Es gibt nichts zu erreichen. Wir sind schon an dem Ort, an dem es keinen Unterschied gibt zwischen dem Gurren einer Taube und einer kritischen Stimme. Unsere Aufgabe ist es, zu erkennen, daß wir längst an diesem Ort angekommen sind.

Freude

Mir wird oft vorgeworfen, daß ich zuviel auf den Schwierigkeiten beim Üben herumreite. Dieser Vorwurf ist berechtigt. Tatsächlich gibt es diese Schwierigkeiten; wenn wir sie nicht erkennen und nicht wissen, warum sie entstehen, laufen wir Gefahr, uns selbst etwas vorzumachen. Aber die eigentliche tiefere Wirklichkeit – nicht nur beim Sitzen, sondern auch in unserem ganzen Leben – ist Freude. Mit Freude meine ich nicht Glücklichsein; das ist nicht das gleiche. Glücklichsein hat ein Gegenteil, Freude hat es nicht. Solange wir nach dem Glück streben, werden wir auch immer wieder unglücklich sein, weil wir zwischen beiden Polen hin- und herschwingen.

Von Zeit zu Zeit erleben wir wirkliche Freude. Sie kann plötzlich während der Meditation dasein oder in einem anderen Augenblick unseres Lebens. Vielleicht sind wir auch eine Zeitlang nach einem Sesshin von Freude erfüllt. Nach einigen Jahren auf dem Übungsweg vertieft sich unsere Erfahrung der Freude – wenn wir wissen, worum es beim Üben geht, und wenn wir auch eifrig üben. Die meisten tun das nicht.

Freude ist nicht etwas, das wir finden müssen. Freude ist das, was wir sind, wenn wir nicht mit etwas anderem beschäftigt sind. Wenn wir versuchen, Freude zu finden, fügen wir der grundlegenden Tatsache dessen, was wir sind, einen Gedanken hinzu – und einen nicht besonders nützlichen zudem. Wir müssen nicht nach Freude Ausschau halten. Aber wir müssen durchaus etwas tun. Die Frage ist: was? Wir empfinden selten Freude in unserem Leben und versuchen dauernd, ein Mittel gegen diese Freudlosigkeit zu finden.

In unserem Leben geht es vor allem um Wahrnehmung. Die

Wahrnehmung umfaßt alles, was wir durch die Sinne aufnehmen. Wir sehen, wir hören, wir berühren, wir riechen und so weiter. Daraus besteht das Leben eigentlich. Die meiste Zeit jedoch ersetzen wir die Wahrnehmung durch eine andere Aktivität; wir überdecken sie mit etwas anderem, das ich Bewertung nennen möchte. Mit Bewertung meine ich keine objektive leidenschaftslose Analyse – wie wenn wir beispielsweise ein unordentliches Zimmer vor uns haben und abschätzen, was wir tun müssen, um es wieder schön zu machen. Die Bewertungen und Überlegungen, die ich meine, sind egozentrisch: »Wird diese nächste Episode in meinem Leben mir etwas bringen, was ich mag, oder nicht? Werde ich verletzt oder nicht? Wird sie angenehm oder unangenehm sein? Spiele ich dabei eine wichtige oder eine unwichtige Rolle? Springt materiell etwas dabei für mich heraus?« Es liegt in unserem Wesen, die Dinge so zu bewerten. Aber in dem Maß, wie wir uns solchen Bewertungen hingeben, wird auch die Freude in unserem Leben ausbleiben.

Es ist erstaunlich, wie schnell wir in diese Bewertungen hineinrutschen. Vielleicht fühlen wir uns ganz wohl bei dem, was wir gerade tun – und dann werden wir plötzlich von jemandem kritisiert. In Bruchteilen von Sekunden fabrizieren wir eine Menge Gedanken dazu. Wir sind nur allzu bereit, uns auf diesen interessanten Standpunkt des Beurteilens anderer und unserer eigenen Person zu begeben. Das ist alles sehr dramatisch, und gerade das mögen wir mehr, als es uns selbst klar ist. Solange sich das Drama nicht zu sehr in die Länge zieht und uns bedroht, lassen wir uns bereitwillig darauf ein, weil wir als Menschen einfach von Natur aus zum Drama neigen. Vom gewöhnlichen Standpunkt aus ist das Leben in einer Welt der reinen Wahrnehmung ziemlich langweilig.

Nehmen wir an, wir waren eine Woche im Urlaub und kommen zurück. Vielleicht haben wir es genossen, oder wir glauben zumindest, wir hätten es genossen. Wenn wir an unseren Arbeitsplatz zurückkehren, hat sich eine Menge angesammelt, das aufzuholen ist, und überall auf dem Schreibtisch liegen entsprechende Notizen. Wenn uns jemand am Arbeitsplatz anruft, bedeutet das gewöhnlich, daß er etwas von uns will. Jemand, den wir mit einer Aufgabe beauftragt haben, hat sie vielleicht nicht erledigt. Sofort beginnen wir die Situation zu bewerten. »Wer hat das verschlampt?« »Wer hat da wieder herumgetrödelt?« »Warum ruft sie an? Wahrscheinlich wieder wegen der alten Geschichte.« »Sollen sie sich doch selbst darum kümmern. Warum müssen sie denn mich anrufen?« Ähnlich geht es uns vielleicht nach einem Sesshin, nach dem wir von Freude erfüllt sind und spüren, wie das Leben im Fluß ist; dann fragen wir uns, warum dieses Gefühl plötzlich dahinschwindet. Es ist zwar gar nicht dahingeschwunden, aber trotzdem ist etwas geschehen: Wolken haben den klaren Blick getrübt.

Bevor wir nicht erkennen, daß Freude genau das ist, was jetzt geschieht, abzüglich unserer Meinung darüber, werden wir nur wenig wirkliche Freude erleben. Wenn wir aber in der Wahrnehmung bleiben, anstatt uns in der Bewertung zu verlieren, kann sogar der Mensch Freude für uns bedeuten, der die Arbeit während unserer Abwesenheit nicht erledigt hat. Sie kann auch in der interessanten Begegnung am Telefon mit all den Menschen bestehen, die wir anrufen müssen, gleichgültig, was sie nun von uns wollen. Halsweh zu haben, kann Freude bedeuten; es kann Freude bedeuten, gekündigt zu bekommen oder unerwartet Überstunden machen zu müssen. Es kann Freude bedeuten, ein Mathematikexamen abzulegen oder mit dem früheren Ehepartner zu tun zu haben, der mehr Geld haben will. Aber wir glauben im allgemeinen natürlich nicht, daß diese Dinge mit Freude zu tun haben.

Auf dem Übungsweg geht es um den Umgang mit dem Leiden. Nicht daß das Leiden in sich wichtig oder wertvoll wäre, aber es ist unser Lehrer. Es ist die andere Seite des Lebens, und solange wir nicht das ganze Leben sehen können, erleben wir auch keine Freude. Wenn wir aufrichtig sind, ist ein Sesshin kontrolliertes Leiden. Wir bekommen darin die Chance, uns in einer Übungssituation mit unserem Leiden auseinanderzusetzen. Beim Sitzen müssen wir uns in allen traditionellen Eigenschaften eines guten Zen-Schülers bewähren: in der Ausdauer, der Bescheidenheit, der Geduld und dem Mitgefühl. Diese Dinge klingen großartig, wenn wir in Büchern über sie lesen, aber wenn uns etwas weh tut, sind sie weniger anziehend. Deshalb sollte ein Sesshin nicht leicht sein: Wir müssen lernen, bei unserem Leiden zu sein und trotzdem richtig zu handeln. Wenn wir lernen, unsere Erfahrung, wie sie auch sein mag, anzunehmen, sind wir uns der Freude, aus der unser Leben besteht, eher bewußt. Ein Sesshin ist eine gute Chance, um diese Lektion zu lernen. Wenn wir bereit sind zu üben, kann Leiden sich für uns positiv auswirken. Niemand von uns möchte diese Tatsache zur Kenntnis nehmen. Auch ich versuche natürlich, dem Leiden aus dem Weg zu gehen; es gibt eine Menge Dinge, von denen ich keineswegs möchte, daß sie in meinem Leben geschehen. Aber wenn wir nicht lernen, ganz in der Erfahrung zu leben, auch wenn sie schmerzlich ist, werden wir die Freude nie kennenlernen. Freude heißt, mit unseren Lebensumständen, wie sie sind, eins zu sein, auch wenn es bedeutet, daß jemand ungerecht zu uns ist, oder daß jemand die Unwahrheit über uns verbreitet.

Der materielle Reichtum des Landes macht es uns in gewisser Weise schwer, die ursprüngliche Freude des Daseins zu erfahren. Leute, die nach Indien gereist sind, berichten manchmal, daß sie dort trotz der großen Armut außergewöhnlicher Freude begegnet sind. Die Menschen dort, die sich ununterbrochen mit Leben und Tod auseinandersetzen müssen, haben etwas gelernt, was für die meisten von uns sehr schwer ist: Sie haben gelernt, jeden Augenblick zu schätzen. Wir haben es darin noch nicht sehr weit gebracht. Gerade unser Wohlstand – all die Dinge, die wir als selbstverständlich betrachten, und all die Dinge, von denen wir nicht genug kriegen können – ist in gewisser Hinsicht ein Hindernis. Es gibt aber auch noch andere Hindernisse, grundlegendere. Doch unser Wohlstand spielt dabei bestimmt eine große Rolle.

Bei unseren Meditationsübungen kehren wir immer wieder zur Wahrnehmung zurück, zum bloßen Dasitzen. Üben bedeutet einfach hören, einfach sehen, einfach spüren. Das ist es, was die Christen das »Angesicht Gottes« nennen: die Welt, wie sie sich manifestiert, einfach wahrzunehmen. Wir fühlen unseren Körper; wir hören die Autos und die Vögel. Das ist alles. Aber wir sind nicht bereit, mehr als ein paar Sekunden in dieser Welt der reinen Wahrnehmung zu verweilen. Schon sind wir wieder abgelenkt, erinnern uns an das, was uns letzte Woche widerfahren ist, oder denken über das nach, was nächste Woche geschehen wird. Wir denken zwanghaft über Leute nach, mit denen wir Schwierigkeiten haben, über unsere Arbeit oder über sonst etwas. Es ist ganz natürlich, daß solche Vorstellungen in uns aufsteigen, aber wenn wir uns in ihnen verlieren oder festbeißen, sind wir in der Welt der Bewertung von unserem egozentrischen Standpunkt aus. Die meisten von uns verbringen den größten Teil ihres Lebens mit dieser Sicht der Dinge.

Es ist ganz natürlich zu denken: »Wenn ich nicht so einen schwierigen Partner (oder schwierigen Mitbewohner oder irgend etwas anderes Schwieriges) hätte, dann könnte ich sicher viel ruhiger leben. Ich könnte das Leben viel mehr genießen.« Das mag für eine gewisse Zeit stimmen. Natürlich würde sich das Leben eine Zeitlang besser anfühlen. Aber solche Annehmlichkeit ist nicht so wertvoll wie die Auseinandersetzung mit dem, was uns ärgert oder aufregt, weil gerade dieser Ärger und dieses Aufgeregtsein (unsere Neigung, an unseren Dramen zu hängen, uns in ihnen zu verlieren, die Gedanken wie wild kreisen und die Emotionen brodeln zu lassen) das Hindernis ist. In solch einem Leben gibt es keine wirkliche Freude; es gibt überhaupt keine Freude. Wir laufen aber vor unseren Schwierigkeiten davon; wir versuchen etwas zu eliminieren – unseren Partner, unseren Mitbewohner oder sonst etwas –, damit wir den vollkommenen Ort finden, an dem uns nichts mehr aufregen kann. Hat irgend jemand solch einen Ort gefunden? Wo könnte er sein? Was könnte ihm auch nur annähernd gleichen?

Vor Jahren erlaubte ich mir, zehn Minuten am Tag von einer tropischen Insel zu träumen, und jeden Tag richtete ich mir meine kleine Hütte ein bißchen besser ein. Mein Phantasieleben wurde immer großartiger. Schließlich hatte ich alles, was das Leben angenehm macht. Es gab alles zu essen, was das Herz begehrt, ich war umgeben von einem friedlichen Meer, hatte eine Lagune vor mir, die zum Schwimmen einlud, nur ein paar Schritte von der Hütte entfernt ... Nichts gegen bewußtes Tagträumen, wenn es zeitlich begrenzt ist. Aber mein Traum konnte nicht existieren, es gab ihn nur in meinem Kopf. Es gibt keinen Ort auf der Erde, an dem wir von uns selbst frei wären. Wenn wir meditierend in einer Hütte säßen, würden wir immer noch irgend etwas denken wie: »Wie edel von mir ist es, hier in dieser Hütte zu sitzen!« Und nach einiger Zeit: »Was für eine Ausrede könnte ich erfinden, hier rauszukommen, ohne mein Gesicht zu verlieren?« Wenn wir innehalten und herausfinden, was wir wirklich fühlen oder denken, werden wir – selbst wenn wir wirklich hart an uns arbeiten – immer noch einen dünnen Schleier von Eigensucht finden, der über unserem Tun liegt. Erleuchtung bedeutet einfach, davon frei zu sein. Erleuchtung bedeutet, einfach das, was wir tun, ganz zu tun und auf das zu reagieren, was sich uns darbietet. In der modernen Sprache heißt das »im Fluß sein«. Freude ist eben dies: Etwas geschieht; ich nehme es wahr. Etwas ist notwendig, und ich tue es; und dann das nächste und das nächste. Dann nehme ich mir etwas Zeit für einen Spaziergang oder für ein Gespräch mit Freunden. Wenn wir unser Leben so leben, gibt es keine Probleme. Die Freude würde nie aufhören, es sei denn, ich unterbräche sie durch Bewertungen: durch das Reagieren auf Ereignisse als Probleme, durch Tadel, Ablehnung, Anstrengung. »Dazu habe ich keine Lust.« Wenn das, was als nächstes dran ist, nicht zu meiner Vorstellung von dem paßt, was ich tun möchte, habe ich bereits ein Problem. Selbst wenn es eine Aktivität ist, die mir Freude macht, kann ich mir so die Freude nehmen. Was wären Beispiele dafür?

SCHÜLER/IN: Ich will perfekt sein.

SCHÜLER/IN: Ich will mich damit wichtig machen, daß ich etwas tue.

SCHÜLER/IN: Ich bin nicht mehr aufmerksam dabei, sondern denke nur daran, wie ich es hinter mich bringen kann.

SCHÜLER/IN: Ich vergleiche mich selbst mit anderen und trete mit ihnen in Wettbewerb.

SCHÜLER/IN: Ich mache mir Sorgen darüber, ob ich es richtig mache.

SCHÜLER/IN: Ich mache mir Sorgen darüber, daß es bald vorbei ist.

JOKO: Gut. Und unterhalb der bewußten Ebene gibt es noch unsere tiefsitzende Konditionierung, liegen die unbewußten Motive, die uns dazu antreiben, zu tun, was wir tun. All das kommt irgendwann hoch. Selbst wenn wir mit etwas beschäftigt sind, was wir mögen, selbst wenn wir einen Partner haben, mit dem wir grundsätzlich einverstanden sind, ist die menschliche Natur so geartet, daß wir versuchen, die Dinge festzuhalten, und das nimmt uns die Freude. Jede egozentrische Einschätzung einer Situation wird die reine Wahrnehmung verdunkeln, die selbst Freude ist. Wenn solche Gedanken aufkommen, sehen wir einfach diese Gedanken und lassen sie ziehen, sehen sie wiederkommen und lassen sie wieder ziehen. Wir kehren zur Wahrnehmung dessen zurück, was ist. Dadurch sind wir für die Freude offen.

Gutes Sitzen bedeutet nicht, daß wir plötzlich einen freien Raum haben, in dem nichts geschieht. Das mag zuweilen vorkommen, aber es ist nicht von Bedeutung. Notwendig für gutes Sitzen ist, daß wir mehr und mehr bereit sind, all dessen, was geschieht, gewahr zu sein. Wir sind bereit, uns bewußt zu sein, daß wir denken: »Ja, ich tue nichts, sondern denke über Tahiti nach. Ist das nicht interessant?« Oder: »Ich habe mich vor einem halben Jahr von meinem Freund getrennt, und was tue ich? Ich komme mit meinen Gedanken nicht davon los. Wie interessant!« Aus dieser Art von Denken entstehen Emotionen – Depression, Sorge, Angst –, und wir stecken wieder fest in unseren Obsessionen. Wo bleibt da die Freude?

Wenn wir ganz im Augenblick gegenwärtig sind und uns immer wieder daran erinnern, daß wir eben dazu da sind, bedeutet das für die meisten von uns Leiden. Wir müssen bereit sein, nicht nur zu üben, wenn wir auf dem Meditationskissen sitzen, sondern immerzu im Leben. Wenn wir das tun, erhöht sich der Anteil unserer Zeit, in der wir Freude erleben. Aber dafür müssen wir einen Preis bezahlen. Manche Menschen werden ihn bezahlen, manche nicht. Es gibt Leute, die stellen sich vor, daß ich irgendwie für sie Freude herbeizaubern könnte. Aber ich kann nichts anderes für andere tun, als ihnen zu sagen, was sie tun sollten. Wirklich tun kann ich es nur für mich selbst. Deshalb werden wir das Schloß zu dieser Tür nie aufschließen, wenn das Üben zu einfach gemacht wird und kein Preis bezahlt werden muß. Wenn wir in unserem Leben vor allem davonlaufen, was uns mißfällt, wird sich der Schlüssel nie im Schloß drehen.

Wir sollten uns nicht zu sehr unter Druck setzen. Manchmal können wir nicht anders, als ein bißchen lockerzulassen, auszuweichen. Aber wenn wir ausweichen, können wir sicher sein, daß unsere Probleme uns nicht loslassen. Sie mögen uns, und sie werden uns die Treue halten, bis wir ihnen wirklich unsere Aufmerksamkeit zuwenden. Wir sagen, wir wollen eins sein mit der Welt, in Wirklichkeit wollen wir nur, daß die Welt uns gefällt. Wenn wir wirklich »mit der Welt eins sein« wollen, müssen wir viele Jahre sorgfältigen Übens auf uns nehmen, wir müssen schwer daran arbeiten. Es gibt keine Abkürzung, keinen Weg zu einem relativ ausgeglichenen und freudvollen Leben, ohne daß wir dafür einen Preis bezahlen. Wir müssen erkennen, wie wir uns in unserem persönlichen Wirrwarr verlieren, müssen diese Tatsache einfach wahrnehmen und dann immer wieder in die Welt der reinen Wahrnehmung zurückkehren, die uns im Grunde gar nicht interessiert. Suzuki Roshi sagte einmal: »Vom gewöhnlichen Standpunkt aus würde uns der Zustand der Erleuchtung als ziemlich langweilig erscheinen.« Es ist nämlich gar nichts Dramatisches daran; man ist dann einfach nur da.

Unsere Fähigkeit, ganz bei unserer Wahrnehmung zu bleiben, ist unterschiedlich. Aber wir alle haben diese Fähigkeit. Sie zeigt sich vielleicht bei jedem ein klein wenig anders, aber wir haben sie. Da wir Menschen sind, können wir wach sein, und wir können das Maß der Zeit, in der wir wach sind, immer mehr erhöhen. Wenn wir wach sind, verwandelt sich der Augenblick: Er beginnt sich gut anzufühlen, und er gibt uns Kraft, das Nächstliegende, Notwendige zu tun. Diese Fähigkeit kann immer noch wachsen. Wir müssen uns dessen bewußt sein, was wir in dieser Sekunde sind. Wenn wir ärgerlich sind, müssen wir das wissen. Wir müssen es spüren. Wir müssen sehen, welche Gedanken daran beteiligt sind. Wenn wir gelangweilt sind, ist das ganz bestimmt etwas, dem wir auf die Spur kommen müssen. Wenn wir entmutigt sind, müssen wir das anerkennen. Wenn wir urteilen oder selbstgerecht sind, müssen wir das zur Kenntnis nehmen. Wenn wir diese Dinge nicht sehen, herrschen sie über uns.

Fassen wir zusammen. Beim Sitzen geschehen zwei Dinge: Das eine ist die reine Wahrnehmung, einfach das Dasitzen. Der Inhalt dieser Wahrnehmung kann alles sein. Das andere ist das Beurteilen: Es geschieht, wenn wir aus der reinen Wahrnehmung in unsere egozentrischen Urteile über alles und jeden hineinrutschen. Beim Sitzen im Zazen setzen wir uns mit dieser Spannung, diesem Druck, diesem kreisenden Denken auseinander. Wir müssen dem, was noch an Konditionierung in uns vorhanden ist, ins Auge sehen; es ist der einzige Weg zur Freude. Wir sehen dem ins Auge, was hier und jetzt geschieht.

Chaos und Wunder

Wenn ich mit Schülern spreche, höre ich so manches über die Gründe, aus denen sie meditieren: »Ich möchte mich selbst besser kennenlernen.« »Ich möchte, daß mein Leben ganz wird.« »Ich möchte gesünder werden.« »Ich möchte das Universum kennenlernen.« »Ich möchte das Leben erkennen.« »Ich bin einsam.« »Ich suche eine Beziehung.« »Ich will, daß meine Beziehung besser wird.« Es gibt endlose Variationen über diese und andere Motive, sich auf den Übungsweg zu begeben. Sie sind alle gut; es ist nichts gegen sie zu sagen. Aber wenn wir glauben, es gehe beim Sitzen darum, diese Dinge zu erreichen, dann mißverstehen wir das, was wir da eigentlich tun. Natürlich müssen wir uns und unsere Emotionen und ihre Funktionen nach und nach kennenlernen. Wir müssen die Beziehung zwischen unseren Emotionen und unserer physischen Gesundheit aufspüren. Wir müssen den Mangel an Ganzheit in unserem Leben erkennen und all das, was mit diesem Mangel zusammenhängt. Das Sitzen berührt jeden Aspekt unseres Lebens; aber wenn wir eines außer acht lassen, haben wir alles außer acht gelassen. Ohne dieses eine ist alles andere nicht möglich. Es ist schwer, es zu benennen. Wir könnten es »Wunder« nennen. Wenn wir das Wunder dessen, was uns begegnet, außer acht lassen, geraten wir in Schwierigkeiten; dann kommen wir mit unserem Leben nicht zurecht.

Es ist wahr, daß wir auf dem Übungsweg wirklich in enge Berührung kommen müssen mit den Dingen, die ich oben genannt habe: mit Emotionen, Spannungen, mit unserer Gesundheit – und noch anderen Faktoren. Solange wir uns nicht daran gewöhnt haben, diesen Kontakt herzustellen, wird das Wunder nicht greifbar sein. Der Kontakt muß nicht vollständig sein, aber nur wenn wir nicht ständig mit diesen Faktoren kämpfen, können wir das Wunder sehen. Ein Beispiel: Wenn ich mit jemandem zusammen bin, der mich einfach nur irritiert, habe ich das Wunder vergessen, das dieser Mensch bedeutet. Ein anderes Beispiel: das Wunder, eine Arbeit zu tun, die ich nicht gern tue. Gestern habe ich beschlossen, den Platz unter dem Spülbecken zu reinigen. Das ist eine Arbeit, die wir nur allzu gern auf die lange Bank schieben. Aber auch darin lag etwas Wunderbares: das Staunen über die kleinen Schmutzteilchen und all die anderen Dinge, die ich dort fand. Das Wunder ist nicht irgend etwas anderes, das sich von dem, was wir tun, unterscheidet. Wir stellen uns das Wunderbare als ekstatischen Zustand vor, und es kann auch wirklich etwas Ekstatisches sein. Wenn wir über die Rocky Mountains fahren, wenn wir den Grand Canyon sehen, dann sind das solch spektakuläre Augenblicke, daß wir einen Moment lang das Wunder darin erkennen. Solche Erfahrungen können eine starke emotionale Dimension haben. Aber das Wunder ist nicht immer so emotional; wir könnten solch starke Emotionen auch gar nicht die ganze Zeit aushalten.

Wir stellen uns vielleicht vor, daß wir das Wunder nur in bestimmten, besonderen Tätigkeiten finden. »Vielleicht können Maler oder Musiker das Wunderbare leicht sehen. Aber ich bin Buchhalterin. Was soll denn dabei Wunderbares sein?« Selbst wenn Maler und Musiker dem Wunder in ihrem speziellen Bereich begegnen, sehen sie es vielleicht anderswo nicht. Man könnte beispielsweise meinen, daß Physiker und andere Wissenschaftler vom Wunder des Lebens weit entfernt seien. Aber ich hatte viel mit Physikern zu tun und habe bemerkt, daß es für sie sehr wichtig ist, daß eine Lösung *elegant* ist. Man wundert sich, dieses Wort von Mathematikern inmitten ihrer Computer zu hören. Ich habe einmal einen Physiker gefragt, warum er dieses Wort benutzt. Er sagte einfach: »Jede gute Lösung muß elegant sein.« Als ich ihn fragte, was das bedeute, sagte er, daß Eleganz bedeute, ohne irgend etwas Überflüssiges das Wesentliche herauszuarbeiten. Darin liegt etwas Wunderbares. Das Ergebnis muß nicht einmal stimmen; Physiker setzen sich mit Theorien auseinander. In gewissem Sinn ist keine Formel »wahr«. Es ist auch nichts »Wahres« an irgendeiner Beziehung. Aber eine Beziehung kann in diesem Augenblick einfach ein Wunder sein. Wenn wir das nicht erkennen, erkennen wir nicht, wozu wir uns überhaupt auf den Übungsweg begeben haben.

Auf dem Übungsweg geht es nicht einfach darum, ganz oder gesund oder ein guter Mensch zu sein, auch wenn all diese Dinge Thema der Übung sind. Auf dem Übungsweg geht es um das Wunder. Wenn Sie sich selbst überprüfen wollen, fragen Sie sich das nächstemal, wenn Ihnen etwas begegnet, das Ihnen unangenehm ist: »Was ist das Wunder darin?« Die Fähigkeit, das zu sehen, wächst im Lauf der Übungspraxis. Es gelingt uns, das Wunder in allem zu sehen, gleichgültig, ob wir das, was uns begegnet, mögen oder nicht. »Ich liebe dich für das, was du bist, und ich liebe dich für das, was du nicht bist.« Anstatt Fehler zu finden – »Du redest zu viel«, »Du sagst nie ein Wort«, »Du läßt deine Kleider überall herumliegen«, »Du machst die Küche nie sauber«, »Du hast dauernd etwas an mir auszusetzen« – sehen wir durch alles das Wunder hindurchschimmern. »Ich liebe dich für das, was du bist, und ich liebe dich für das, was du nicht bist.«

Woher wissen wir, ob wir wirklich richtig üben? Nur durch das eine: daß wir einfach immer mehr das Wunder erkennen. Was ist dieses Wunder? Ich weiß es nicht. Solche Dinge können wir nicht durch Nachdenken herausfinden. Aber wir spüren sehr genau, wenn es da ist.

Manchmal kann ich das Wunder überhaupt nicht sehen, obwohl ich es schon öfter entdecke als vor fünf Jahren. Wenn wir das Üben wirklich ernst nehmen, bewegen wir uns auf einem Kontinuum hin zu immer mehr Gewahrsein für das Wunder. Ich meine dabei nicht irgendeinen Zustand, in dem wir auf Wolken schweben; vielleicht ist es einfach das Wunder, jemanden vor uns zu haben, den wir nicht mögen. »Wie wunderbar – sie ist einfach so, wie sie ist!« Oder wir sehen das Wunder in einem Menschen, der schwer krank ist. Solch ein Mensch kann eine so starke Ausstrahlung haben, daß sie den ganzen Raum um ihn zum Leuchten bringt.

Wenn Sie Ihren Tag durchleben mit all seinen kleinen Aufregungen und Schwierigkeiten, fragen Sie sich immer wieder: »Wo ist das Wunder?« Es ist immer da. Das Wesen des Lebens selbst ist das Wunder. Wenn wir es nicht spüren, üben wir einfach beharrlich weiter; wir können es nicht forcieren, ein Gespür dafür zu bekommen. Wir können nur mit den Grenzen arbeiten, an die wir stoßen. Die Grenze schaffen wir uns selbst; sie entsteht nicht aus dem, was uns widerfährt. Auch das gehört zu dem Wunder. Wenn Sie wissen, wovon ich spreche, ist das gut. Wissen Sie aber nicht, wovon ist spreche, so ist es auch gut. Beides gehört zum Wunder: es zu wissen und es nicht zu wissen; wie es auch ist, es ist gut so.

SCHÜLER/IN: Ich mußte viel über den Konflikt mit dem Irak nachdenken. (Das Gespräch fand 1992 während des Golfkriegs statt; Anm. d. Übersetzers.) Ich kann darin wirklich nichts Wunderbares sehen.

SCHÜLER/IN: Ich kann nicht anders, als diesen Konflikt als furchtbar zu empfinden. Unter dieser Empfindung liegt Angst. Wir wollen das Wunder nicht sehen, weil wir in der Angst gefangen sind.

JOKO: Ja, das trifft im allgemeinen zu.

SCHÜLER/IN: Wenn ich an den Konflikt denke, kann ich das Wunder erahnen bei der Aussicht, daß die Welt vielleicht mehr zusammenwächst.

JOKO: Ja. Als Mensch bin ich voller Entsetzen angesichts des Konflikts. Aber das Chaos selbst ist interessant. In der Physik gibt es einen relativ neuen Bereich, der Chaostheorie genannt wird. Der Krieg bringt Chaos hervor. Durch das Chaos entstehen neue Möglichkeiten. Alles wird aufgerüttelt, und der Nahe Osten wird von nun an verändert sein. Unsere Beziehungen zu allen Menschen, die damit zu tun haben, werden verändert sein. Ihre Beziehungen zu allem anderen werden verändert sein. Wir können die Ordnung im Chaos nicht sehen, weil wir Menschen sind. Aber es ist nicht notwendigerweise etwas Schlechtes; selbst im Schrecken liegt ein Wunder. Das, was geschieht, ist das Wunderbare. Und das können wir nicht beurteilen oder einordnen. Natürlich würde ich das Töten verhindern, wenn ich könnte. Es ist sinnlos; es ist einfach chaotisch, aber doch ist das Chaos nicht Chaos, sondern Wunder. Aus dem Chaos entsteht neue Ordnung, die wiederum zu Chaos wird. So ist das Leben. Frieden bedeutet für uns, bereit zu sein, uns nicht gegen das Chaos zu sträuben. Das bedeutet nicht, daß wir nichts tun, nicht eingreifen. Aber selbst unser Tun ist Teil des Chaos. Wir haben immer zwei mögliche Standpunkte: unseren persönlichen Standpunkt und denjenigen, der sich durch unsere Übungspraxis ergibt. Er ist offen für das Wunder. Ein Beispiel: Es ist furchtbar, daß so viele Millionen Menschen im letzten Krieg sterben mußten; aber vom Standpunkt des Gesamtwohls für die Erdbevölkerung sind weniger Menschen besser. Es leben schon zu viele Menschen auf der Erde. Wenn ich einer der Menschen bin, die umkommen, oder wenn jemand, den ich kenne, getötet wird, ist das für mich persönlich natürlich eine Katastrophe. Aber das Leben auf der Erde kann nicht in irgendeinem Zustand festgehalten werden. Saddam Hussein ist die nächste Figur auf dem Schachbrett; wenn er sich bewegt, bewegt sich auch alles andere, und es entsteht Chaos. Ist das gut oder schlecht? Keines von beidem. Es ist einfach gut so, wie es ist.

SCHÜLER/IN: Es ist wie bei einer Krebszelle: Wir wollen die Krebszelle bekämpfen, weil sie dem ganzen Körper zu schaden versucht.

JOKO: Aber die Krebszelle sieht es keineswegs so. Sie tut nur das, was sie tut.

SCHÜLER/IN: Wir wollen irgend etwas gegen den Krebs unternehmen; aber an einem bestimmten Punkt können wir auch erkennen, daß ein Wunder darin liegt.

JOKO: Wir können den Krebs bekämpfen, wir können alles Menschenmögliche tun, um zu überleben, und zugleich können wir das

Wunder dieses Prozesses wahrnehmen, der wir sind. Wenn ich Krebs hätte, würde ich ihn nach Kräften bekämpfen. Ich bin eine Kämpferin. Aber gleichzeitig ist das Wunder immer da.

SCHÜLER/IN: Es kommt mir vor, als wäre das Wunder das letzte, was ich sehen wollte.

JOKO: Sie haben recht. Das letzte, was wir sehen wollen, ist das Wunder, weil es demütigend ist; wir fühlen uns davon immer irgendwie angegriffen. Alles im Leben ist dieses Wunder, aber da das Leben, wie es ist, uns fast nie in den Kram paßt, können wir das Wunder nicht sehen. Dann grübeln wir darüber nach, warum es uns schlechtgeht. Das, was wir aus unserem Leben zu verbannen versuchen, ist das, was wir wirklich wollen und brauchen.

SCHÜLER/IN: Wenn ich an die neue Verteilung der Gewichte im Nahen Osten denke, erinnert mich das an die großen Spannungen, die ich kürzlich in meiner Beziehung erlebte. Wir machen unsere eigenen kleinen Schlachten und Veränderungen durch, und wir versuchen, zu einem neuen Gleichgewicht zu kommen. Es ist wie ein Mikrokosmos dessen, was überall in der Welt vor sich geht. Und wenn ich den Konflikt im Nahen Osten beobachte, kann ich ein bißchen klarer sehen, was jetzt bei mir selbst zu Hause vorgeht.

SCHÜLER/IN: Als ich drei Jahre im Nahen Osten lebte, wurde mir der Standpunkt verständlich, den viele Araber einnehmen. In unserem Land bekommen wir einen Großteil unseres Erdöls aus diesem Bereich; aber wir vergeuden auch eine Menge davon. Wir sind ganz gierig auf dieses Erdöl, das wir zu brauchen glauben. Unsere Gier ist völlig außer Kontrolle geraten, und wir brauchen die Ressourcen anderer Menschen auf, um diese Gier zu befriedigen. Auch das ist Teil des Chaos. Es gibt eine arabische Perspektive im Zusammenhang mit diesen Fragen, die auch ihre Gültigkeit besitzt.

SCHÜLER/IN: Ich bin vor kurzem von einer Reise nach Afrika zurückgekommen. Auf meiner Reise begegnete ich manchmal Arabern in ihren langen Gewändern. Ich merkte, daß meine Reaktion auf sie beeinflußt war von den Dingen, die man mir erzählt hatte über die Unterdrückung der Frauen, die in manchen arabischen Kulturen gang und gäbe ist. Ich merkte, wie sich mein Körper verspannte. Als ich einmal während eines Fluges den Gang zwischen den Sitzen entlangging, stieß ich leicht mit einem Araber zusammen. Er sagte »Verzeihung«, sah mir in die Augen und lächelte. In diesem Augenblick öffnete sich etwas für mich, und ich sah ihn einfach als Menschen und nicht mehr als Araber.

SCHÜLER/IN: Ich bin oft fasziniert von all dem Chaos rings um mich. Ich sehe den Konflikt in meinem eigenen Kopf, und andere Menschen erzählen mir von den Dingen, die sie durchmachen, und dann sehe ich die Leute auf dem Weg zur Arbeit rings um Los Angeles. Obwohl es so ein großes Durcheinander ist, kommt fast jeder an seinen Arbeitsplatz. Es ist kaum zu glauben! Wenn ich mir jemanden vorstelle, der außerhalb steht und versucht, all das Gehetze und Gedränge in eine Choreographie zu bringen – es wäre völlig unmöglich. Jeder scheint es wahnsinnig eilig zu haben. Aber gerade weil sich alle so unter Druck fühlen, machen die Leute ein bißchen Platz und lassen die anderen durch, und so bleibt alles im Fluß. Es ist faszinierend, daß es überhaupt funktioniert.

JOKO: Auf einem Flug nach Los Angeles sprach ich einmal mit einem Mitreisenden, der Städteplaner war. Er sah aus dem Fenster auf die Autobahnen und Häuser und sagte: »Es kann nicht mehr lange gutgehen!« Aber es geht irgendwie immer noch gut, weil eine Anpassung stattfindet. Irgendwie passen sich die Leute an, finden sich zurecht.

SCHÜLER/IN: Ich merke, daß ich mich angesichts der Unvermeidlichkeit des Chaos entspanne – und vielleicht geht das auch anderen so. Vielleicht verhindert das, daß es in der Stadt noch verrückter wird, als es schon ist. Jeder, der auf einer Autobahn oder einer überfüllten Straße irgendwohin fahren muß, kommt nur zurecht, wenn er einigermaßen gelassen ist. Es gibt Momente in der Großstadthektik, in denen müssen die Leute locker sein und sich dem Geschehen überlassen. Es ist eine Art spirituelles Spiel.

JOKO: In den Kämpfen im Nahen Osten und anderswo sehen wir das Endergebnis der Gewalttätigkeit, die in uns allen ist. Wir glauben, wir könnten unsere Probleme durch äußere Kämpfe und Kriege lösen. Wir geben unglaubliche Beträge für Waffen aus; aber die Rate der Kindersterblichkeit ist bei uns fast die höchste in der gesamten industrialisierten Welt. Auch das ist Teil des Chaos. Es ist gut, wenn wir einen persönlichen Standpunkt einnehmen und diese Dinge zu verändern versuchen. Aber unser persönlicher Standpunkt muß ein Gegengewicht in der Erkenntnis finden, daß Millionen von Dingen – weit mehr, als wir je erfassen können – zusammenkommen und sich immerzu verlagern und verändern.

Wenn wir uns nicht mit unserer eigenen Situation und all dem Chaos in unserem Leben auseinandersetzen, können wir auch sonst wenig Sinnvolles tun. Es wird auf jeden Fall Chaos vorhanden sein, aber wenn wir ihm ins Auge sehen, sehen wir es anders. Nur wollen wir ihm nicht ins Auge sehen. Wir wollen in den eigenen vier Wänden leben, die wir uns zurechtgezimmert haben, und übertünchen lieber die Wände, als eine Tür ins Freie zu brechen. Wir lieben unser Gefängnis im Grunde; das ist einer der Gründe, warum das Üben so schwierig ist. Widerstand gegen Veränderung ist ein Grundzug der menschlichen Natur.

Ein Mensch wie Saddam Hussein erscheint nicht grundlos aus dem Nichts; er ist das Ergebnis vieler Umstände, die zusammenkommen, ebenso wie Hitler. Wir dürfen aber nicht glauben, daß es kein Chaos mehr gäbe, wenn alle Welt Zazen übte. Darum geht es auch nicht. Das Chaos wird weiterbestehen. Wir müssen uns darüber keine Sorgen machen. Aber wenn wir uns auf den Übungsweg begeben, werden wir irgendwann eher bereit sein, die Dinge so anzunehmen, wie sie sind. Wir werden natürlich weiter persönliche Vorlieben und Vorstellungen haben, aber keine persönlichen Forderungen mehr. Vorlieben und Forderungen sind etwas ganz Verschiedenes. Wenn die Dinge nicht so gehen, wie wir es gern hätten, können wir uns viel rascher daran anpassen, wie die Dinge sind. Das ist es, was nach Jahren des Übens geschieht. Wenn Sie etwas anderes erwarten – schade … Paradoxerweise entspringt tiefer Friede daraus, wenn wir lernen, das Chaos anzunehmen. Aber das stellen wir uns meist nicht so vor.

SCHÜLER/IN: Ist das das Wunder?

JOKO: Das ist das Wunder.

VIII
EINFACH ZEN

Vom Drama zum Nicht-Drama

Auf dem Zen-Übungsweg bewegen wir uns von einem Leben voller Dramen – oft rührselig wie ein Kitschfilm – hin zu einem Leben ohne Drama. Was wir auch sagen mögen, wir alle lieben unsere persönlichen Dramen sehr. Der Grund dafür? Woraus unser spezielles Drama auch besteht, wir sind immer in dessen Mittelpunkt – und da wollen wir sein. Durch unsere Übungspraxis verlagert sich der Schwerpunkt allmählich, wir entfernen uns von dieser ausschließlichen Beschäftigung mit uns selbst. So geht es auf dem Zen-Weg, auch wenn das sehr langweilig klingt, um nichts anderes als um den Weg vom Leben im Drama zum Leben im Nicht-Drama. Lassen Sie uns diesen Prozeß einmal näher betrachten.

Wenn wir mit dem Sitzen beginnen, sollten wir zunächst ein paar tiefe Atemzüge machen, wobei wir den Bauch, den mittleren und oberen Brustkorb ganz mit Luft anfüllen, diese Luft dann ausströmen lassen und einen Augenblick innehalten. Tun Sie das drei- oder viermal. Das ist in gewissem Sinn künstlich, aber es hilft, ein Gleichgewicht zu schaffen, und bildet eine gute Grundlage für die Meditation. Wenn wir so geatmet haben, ist der nächste Schritt, es zu vergessen: Vergessen Sie, Ihren Atem zu kontrollieren. Natürlich können wir es nicht ganz vergessen, aber es hat keinen Sinn, den Atem kontrollieren zu wollen. Nehmen Sie ihn statt dessen einfach wahr, was etwas ganz anderes ist. Wir versuchen nicht, die Atemzüge langsam oder gleichmäßig sein zu lassen, wie in vielen Büchern vorgeschlagen wird. Was wir wollen, ist, uns vom Atem führen zu lassen, so daß der Atem uns atmet. Wenn der Atem flach ist, lassen Sie ihn flach sein. Indem wir eins werden mit unserem Atem, beginnt der Atem von selbst, langsamer zu werden. Der Atem bleibt normalerweise flach, weil wir lieber denken, als unser Leben unmittelbar zu erfahren. Wenn wir das tun, wird alles flacher und kontrollierter. Wenn wir so stark im Kopf leben, verspannen sich Kopf, Hals und Schultern; wir haben Angst und atmen dadurch nur sehr oberflächlich. Ein Atem, der in die Tiefe geht (was nach einigen Jahren des Sitzens meist der Fall ist), stellt sich dann ein, wenn der Verstand die Hoffnung aufgegeben hat. Alles, auf was wir hoffen, geben wir allmählich auf, und unser Atem sinkt in die Tiefe. Das ist nichts, was wir willentlich tun könnten. Für uns heißt Üben einfach, den Atem so wahrzunehmen, wie er ist.

Wir glauben auch, unser Verstand müsse zur Ruhe kommen. In vielen Büchern heißt es: Erleuchtet wird man, wenn der Verstand zur Ruhe kommt. Das ist wahr: Wenn wir keine Hoffnung haben, versucht unser Verstand sich auszudenken, wie wir diese wunderbaren Dinge erlangen können, nach denen wir uns sehnen, oder er versucht, uns vor all den schrecklichen Dingen zu schützen, die auf keinen Fall passieren dürfen. Und so ist unser Geist alles andere als ruhig. Aber was können wir nun tun, anstatt den Geist dazu zu zwingen, ruhig zu werden? Wir können uns dessen bewußt sein, was er tut. Darum geht es beim Benennen unserer Gedanken. Anstatt uns in Hoffnungen zu verlieren, beginnen wir zu sehen: »Ach so, heute hoffe ich also schon zum zwanzigsten Mal, daß es mir bald besser geht.« In einem guten Sesshin sagen wir uns vielleicht fünfhundertmal: »Ich hoffe, daß er mich anruft, wenn das Sesshin vorbei ist.« Und so benennen wir also diesen Gedanken: »Die Hoffnung, daß er mich anruft, wenn das Sesshin vorbei ist.« »Die Hoffnung, daß er mich anruft, wenn das Sesshin vorbei ist.« Wenn wir es fünfhundertmal gesagt haben – was passiert dann damit? Wir sehen, was es ist: Unsinn. Denn die Wahrheit ist, daß er entweder anrufen wird oder nicht anrufen wird. Wenn wir unsere Gedankenwelt jahrelang beobachten, verlieren sich die Hoffnungen allmählich. Und was bleibt übrig? Ich weiß, es mag grauenhaft erscheinen: Wir haben nur noch das Leben, *wie es ist.*

Es ist sinnvoll, sich diesem Prozeß mit einer forschenden Haltung zu nähern. Anstatt unsere Meditationssitzungen als gut oder schlecht oder als etwas anzusehen, das sich immer verbessern soll, wäre es gut, wir würden einfach genau hinschauen, beobachten, was wir wirklich tun. Es gibt kein gutes oder schlechtes Meditieren; es gibt nur das Gewahrsein oder den Mangel an Gewahrsein dafür, was in unserem Leben vor sich geht. Und wenn es uns gelingt, einen höheren Grad an Bewußtheit aufrechtzuerhalten, sehen wir die Fragen, die wir über unser Leben haben, in einem neuen Licht. Wir haben keinen neuen Standpunkt, sondern sehen die Dinge anders. Wenn dieser Prozeß im Lauf der Zeit fortschreitet, wird unser Geist allmählich ruhig – nicht vollständig; und was zur Ruhe kommt, sind auch nicht die Gedanken. (Wir können zwanzig Jahre lang sitzen und werden immer noch Gedanken haben, die uns durch den Kopf schießen.) Was sich beruhigt, ist unsere *Bindung* an die Gedanken. Wir sehen sie immer mehr als Schauspiel; es ist, als sähen wir Kindern beim Spielen zu. (Mein Verstand denkt praktisch die ganze Zeit. Also lasse ich ihn denken, wenn er will.) Es ist unsere Bindung an unsere Gedanken, die Samadhi verhindert. Wir können alle mögliche Gedanken haben und trotzdem in tiefem Samadhi sein, solange wir nicht an ihnen hängen und einfach erleben, was geschieht. Zwar denken wir immer weniger, je länger wir sitzen, weil wir immer weniger von irgend etwas besessen sind. Deshalb wird unser Geist ruhiger; nicht aber, weil wir uns sagen: »Ich muß meinen Geist zur Ruhe bringen!«

Wenn wir in der Meditation sitzen, gewinnen wir von Zeit zu Zeit verschiedene Einsichten in unser Leben. Einsichten sind an sich weder gut noch schlecht, und vom Standpunkt des Zen-Übungswegs sind sie nicht einmal besonders wichtig. Obwohl sie eine gewisse Nützlichkeit haben können, geht es beim Zazen nicht um das Gewinnen von Einsichten. Sie kommen einfach; plötzlich sehen wir: »O ja – das tue ich. Interessant.« Aber selbst diese Einsichten sind einfach Material, das uns durch den Kopf geht; es kommt und es geht, kommt und geht. Wir werden Wissenschaftler, die dieses Experiment, das wir unser Leben nennen, leben. Wir selbst und unser Denken sind vor uns ausgebreitet; wir betrachten das Schauspiel mit Interesse, aber wir sehen es nicht als unser persönliches Drama an. Je stärker wir diese Perspektive entwickeln können, desto besser ist unser Leben. Wenn wir beispielsweise ein Experiment mit Salz und Zucker machen, sagen wir ja auch nicht: »Wie schrecklich! Das Salz und der Zucker kämpfen miteinander!« Es ist uns gleichgültig, was Salz und Zucker tun, wir beobachten sie einfach und nehmen ihre Interaktion wahr. Aber es ist uns ganz und gar nicht gleichgültig, was unsere Gedanken tun. Wir beobachten sie nicht einfach voller Interesse, wie Wissenschaftler einen Vorgang beobachten. »Wenn ich dieses und jenes vermische – interessant«. Der Wissenschaftler beobachtet einfach, er nimmt wahr.
Wenn diese Fähigkeit zum Beobachten, zum Wahrnehmen und Er-Leben stärker wird, begegnet die Wirklichkeit (die einfach Bewußtheit ist) der Unwirklichkeit, unserem kleinen Gedankendrama. Und wir sehen klarer, was wirklich und was unwirklich ist, weil Licht in die Dunkelheit fällt. Wenn wir mehr Wirklichkeit (Bewußtheit) in unser Leben bringen, scheint sich das zu verändern, was dunkel und getrübt war. Wenn wir mehr Bewußtheit in unser Leben

bringen, beginnen wir, unser persönliches Drama aufzulösen. Und das wollen wir eigentlich gar nicht. Wir *lieben* unsere persönlichen Dramen, und wir wollen sie beibehalten. Jeder von uns hat seine eigene Lieblingsgeschichte; so glauben wir beispielsweise: »Meine Lebensumstände sind ganz besonders schlecht. Meine Kindheit war schlimmer als die der meisten anderen.« Oder vielleicht: »Durch diese eine Erfahrung ist alles für mich schlecht gelaufen.« Es ist wahr, diese Ereignisse gab es, und sie haben uns konditioniert. Aber solange wir unsere Überzeugung aufrechterhalten, daß die Geschichten, die wir erzählen, die Wahrheit über unser Leben sind, werden wir gar nicht richtig üben können. Die Überzeugungen blockieren das Üben.

Solange wir nicht eine gewisse Bereitschaft haben, den Glauben an diese persönlichen Lebensgeschichten aufzugeben, gibt es nichts, was ich oder sonst jemand für Sie tun könnte. Manchmal wird auch ein genügendes Maß an Leiden den kleinen Spalt öffnen, durch den das Bewußtsein eindringen kann. Aber bevor diese kleine Öffnung nicht entstanden ist, kann niemand etwas tun. Sehr hartnäckige Menschen können an ihrer persönlichen Geschichte festhalten, bis sie sterben. Solche Menschen haben ein hartes Leben. Eine feste Überzeugung dieser Art – »Ich bin ein Opfer« – ist wie eine dunkle Kammer. Wenn wir in dieser Kammer hinter fest verschlossener Tür sitzen wollen, kann nichts eindringen. Unglücklicherweise merken wir auch, daß niemand wirklich Lust hat, hereinzukommen und sich zu uns zu setzen, solange wir darauf bestehen, in dieser Kammer sitzenzubleiben. Offengestanden hat niemand besonderes Interesse am Drama eines anderen. Was uns interessiert, ist unser eigenes Drama. Ich kann vielleicht nicht davon lassen, mich in meine eigene Kammer einzusperren, aber ich werde mich bestimmt nicht mit Ihnen in die Ihre setzen.

Jeder von uns hat seine eigene Kammer. Die Kammer ist unser persönliches Drama, und wir wollen allein darin sein, damit wir uns selbst so richtig im Mittelpunkt spüren können. Es ist ein außerordentlich interessantes Leiden. Und ob wir es merken oder nicht, wir lieben es. Doch wenn wir einmal die Erfahrung gemacht haben, wie es ist, wenn wir die Tür öffnen und das Licht hereinlassen, wenn wir einmal gesehen haben, wie es ist, wenn wirklich helles Licht in unsere Kammer fällt, dann können wir gar nicht mehr für immer darin bleiben. Vielleicht dauert es Jahre, aber irgendwann werden wir die Tür öffnen. Es kann zum Beispiel auch bei einem Sesshin geschehen, daß sich diese Tür ein klein wenig öffnet. Deshalb kann ein Sesshin etwas sehr Unbequemes sein.

Irgendwann beginnen wir zu verstehen, daß nicht das, was in unserem Leben geschieht, entscheidend ist; es wird immer irgend etwas geschehen. Das, was geschieht, wird immer eine Mischung aus Angenehmem und Unangenehmem sein. Das wird nie aufhören. In dem Maß, wie wir jedoch mehr zum Wissenschaftler werden, lassen wir uns weniger vom Geschehen gefangennehmen und sind eher in der Lage, einfach zu beobachten, was sich da abspielt. Die Fähigkeit und Bereitschaft zu dieser Art von Beobachtung wächst im Lauf der Jahre, die man sich auf dem Übungsweg befindet. Zunächst ist sie vielleicht noch sehr gering. Unsere Aufgabe ist es, diese Bereitschaft und diese Fähigkeit wachsen zu lassen.

Es ist letztlich nicht wichtig, wie wir uns fühlen. Es hat keine Bedeutung, ob wir deprimiert, nervös, konfus oder glücklich sind. Aufgabe des Schülers ist es, wahrzunehmen, zu erfahren, bewußt zu sein. Eine Depression beispielsweise, die man wirklich vollständig wahrnimmt, hört auf, Depression zu sein, und wird Samadhi. Auch die Nervosität kann man wahrnehmen, und indem wir sie wahrnehmen, erfahren wir sie plötzlich anders und machen kein Problem mehr daraus. Keine Umstände, kein Gefühl – darum geht es. Was einzig zählt, ist die Gelegenheit zur bewußten Wahrnehmung.

Wir glauben oft, wir müßten verdrängtes psychologisches »Material« hervorholen und damit arbeiten. Aber das stimmt gar nicht. Wo soll denn dieses Material verborgen sein? Es ist eine recht ungenaue Vorstellung, anzunehmen, es gäbe unterhalb des Bewußtseins irgendwelches Material, das irgendwann hochkommt (obwohl wir es vielleicht so empfinden mögen). Während eines Sesshin werden wir vielleicht emotional traurig, verzweifelt, aber diese Emotionen sind keine verborgenen Geheimnisse, die plötzlich zutage treten. Sie sind einfach das, was wir sind, und wir erleben, wer wir sind. Wenn wir versuchen, dieses Material zu bearbeiten, ist das einfach ein weiterer Versuch der Selbstvervollkommnung, der nicht funktioniert. Bei der Meditation geht es nicht darum, auf einem Kissen zu sitzen, damit unser Unterbewußtes hochkommen kann, auf daß wir es bearbeiten und uns zu besseren Menschen machen. In Wirklichkeit sind wir schon gut, so wie wir sind. Es geht nicht darum, irgendwohin zu gelangen.

Wir blockieren unser bewußtes Gewahrsein durch unsere Schuldgefühle und durch unsere Ideale. Nehmen wir beispielsweise an, ich hätte jemandem gesagt: »Ich bin einfach keine gute Lehrerin. Ich reagiere nicht in jeder Situation vollkommen richtig.« Indem ich diesen Gedanken festhalte, blockiere ich jede Fähigkeit zum Lernen. Schuldgefühle und Idealvorstellungen, wie ich sein *sollte*, blockieren das, worauf es einzig ankommt, ein klares Gewahrsein: »Ich sehe, was geschieht. Ich habe mich ziemlich blöd benommen. Also was kann ich daraus lernen?« Ein anderes Beispiel: ein Koch, der Probleme mit dem Abendessen hat. Nehmen wir an, er hat es anbrennen lassen. Jetzt hat es keinen Sinn, wenn er sich sagt: »O Gott! Was für eine Katastrophe! Was werden die Leute von mir denken – alles habe ich anbrennen lassen!« Was kann man in solch einem Augenblick tun? Ganz einfach: Jede Scheibe Brot, die noch im Haus ist, zusammensuchen und ein Abendessen daraus improvisieren. Die Welt wird nicht untergehen, weil das Abendessen angebrannt ist. Aber Schuldgefühle blockieren sinnvolles Reagieren und Lernen.

Das einzige, was zählt, ist das Gewahrsein dessen, was gerade geschieht. Wenn wir uns mit Idealen und Schuldgefühlen belasten, werden die Entscheidungen selbst schwierig, weil wir nicht sehen, wie sehr wir in unseren Sorgen gefangen sind: »Wird es mir nützen? Was wird geschehen? Ist das wirklich eine gute Entscheidung? Wird mein Leben sicherer, schöner, perfekter sein?« Das sind die falschen Fragen. Was aber sind die richtigen Fragen? Und was sind die richtigen Entscheidungen? Das können wir im voraus nicht sagen, aber an einem bestimmten Punkt werden wir es wissen, wenn wir uns nicht in Schuldgefühlen und perfektionistischen Idealvorstellungen verlieren, mit denen wir gewöhnlich an unsere Entscheidungen herangehen. Beim Sitzen geht es um diese Art von Klärung.

Alle Techniken sind nützlich, und alle sind begrenzt. Welche Technik wir auch bei der Meditation anwenden, sie wird uns eine Weile dienen – solange wir nicht anfangen, sie gar nicht richtig anzuwenden oder mit ihr ins Träumen zu kommen. So ist bei jeder Technik das Entscheidende unsere Absicht. Wir müssen die Absicht haben, präsent und gewahr zu sein und wirklich zu üben. Und niemand hat diese

Absicht wirklich die ganze Zeit. Wir haben sie immer wieder einmal. Wir wollen einen Lehrer finden, der sich für uns um all diese Dinge kümmert; wir alle wollen gerettet und umsorgt werden. Die Absicht, wirklich zu üben, ist das Allerwichtigste. Keine Technik wird uns retten, kein Lehrer wird uns retten, kein Zen-Zentrum wird uns retten. Es gibt *überhaupt nichts,* das uns retten wird. Das ist der härteste Schlag für uns.

Unser Leben voller Dramatik zu einem Leben ohne Drama werden zu lassen bedeutet, ein Leben, in dem wir unaufhörlich suchen, analysieren, hoffen und träumen, zu einem Leben werden zu lassen, indem wir das Leben selbst, wie es ist, einfach wahrnehmen, in diesem Augenblick. Der Schlüssel dafür ist Gewahrsein, Wahrnehmen des Schmerzes, wie er ist. Paradoxerweise bedeutet das Freude. Es gibt keine andere Freude auf der Welt als diese.

Diese Art des Übens hat eine vernichtende Wirkung: Sie wird uns unser Drama nehmen. Aber unsere Persönlichkeit nimmt sie uns nicht. Wir sind alle verschieden, und wir werden verschieden bleiben. Doch das Drama ist nicht wirklich. Es ist das, was uns an einem sinnvollen Leben voller Liebe für die anderen hindert.

Der einfache Geist

Der einzige Geist, der das Leben auf verwandelte Weise wahrnehmen kann, ist ein einfacher, einfältiger Geist. Unser Bewußtsein kann eine Vielfalt von Dingen aufnehmen, ebenso wie ein Auge viele Details zugleich sehen kann. Aber das Bewußtsein selbst ist ein-fach, ein-fältig. Es bleibt unwandelbar, ohne Hinzufügungen, ohne Modifikationen. Bewußtsein ist ganz einfach; wir müssen nichts dazutun, wir müssen es nicht verändern. Es ist anspruchslos und bescheiden; es kann nicht anders, als so zu sein. Bewußtsein ist kein Ding, das durch dieses oder jenes beeinflußt werden kann. Wenn wir aus reinem Gewahrsein leben, werden wir nicht durch unsere Vergangenheit, unsere Gegenwart oder unsere Zukunft beeinträchtigt. Da Bewußtsein nichts vortäuschen kann, ist es bescheiden. Es ist schlicht und einfach.

Auf dem Übungsweg geht es darum, einen einfachen Geist zu entwickeln oder zu entdecken. Ich höre beispielsweise oft, daß Leute sich beklagen, sie fühlten sich von ihrem Leben überrollt. Sich überrollt zu fühlen heißt, sich gefangennehmen zu lassen von all den Objekten, den Gedanken, den Ereignissen des Lebens, emotional besetzt zu sein von ihnen und dadurch in Wut und Aufregung zu geraten. Wenn wir in diesem Zustand sind, tun und sagen wir möglicherweise Dinge, die uns selbst und anderen Menschen weh tun. Anders als der einfache Geist des reinen Gewahrseins sind wir verwirrt von der Vielfalt der äußeren Welt. Wir können dann nicht sehen, daß alles Äußere wir selbst sind. Wir können nicht sehen, daß alles Existierende wir sind, solange wir nicht achtzig oder neunzig Prozent unserer Zeit aus dieser Einfachheit heraus leben können. Auf dem Übungsweg geht es um die Entwicklung dieser Art von

Geisteshaltung. Es ist nicht leicht, es bedarf endloser Geduld, Sorgfalt und Entschlossenheit.
In dieser Einfachheit, diesem Gewohntsein verstehen wir Vergangenheit, Gegenwart und Zukunft und sind immer weniger beeinflußbar durch all die Erfahrungen, die auf uns einstürmen. Wir können unser Leben dankbar und erfüllt von Mitgefühl leben. Unser Leben dreht sich dann nicht mehr um Urteile wie: »Ach, er ist so ungerecht zu mir. Was bin ich doch für ein armes Opfer.« »Du hast mich verletzt.« »Du bist nicht so, wie ich dich gerne hätte.« Die Schüler sagen mir manchmal, daß nach einem Sesshin das Leben einfach fließt, ohne Probleme. Es sind noch dieselben Umstände da, aber sie bereiten weniger Schwierigkeiten. Das geschieht, weil der Geist in einem Sesshin einfacher wird. Leider verlieren wir diese Einfachheit bald, weil wir uns wieder in das verrennen, was uns als außerordentlich komplexes Leben rings um uns erscheint. Wir haben das Gefühl, die Dinge seien nicht so, wie wir sie wollen, und wir beginnen zu kämpfen und uns ganz unseren Emotionen auszuliefern. Wenn das geschieht, verhalten wir uns leider oft sehr destruktiv.
Je länger wir sitzen, desto öfter erleben wir – zunächst nur kurze Zeit, dann länger –, daß wir spüren, wir müssen nicht gegen die anderen sein, selbst wenn sie schwierig sind. Anstatt sie als Probleme zu sehen, beginnen wir, ihre Schwächen sympathisch zu finden ohne das Bedürfnis, etwas an ihnen zu verbessern. Wir können beispielsweise die Tatsache sympathisch finden, daß sie zu schweigsam sind oder daß sie zuviel sprechen oder daß sie zuviel Make-up auflegen. Sich der Welt ohne Urteil zu erfreuen ist das, was ein verwirklichtes Leben ausmacht. Es bedarf vieler, vieler Jahre des Übens. Selbst dann kann man natürlich noch nicht jedes Problem ohne Reaktion wahrnehmen; aber es hat eine

Verschiebung stattgefunden, und wir entfernen uns von einem rein reaktiven Leben, in dem alles, was geschieht, immer nur unseren bevorzugten Abwehrmechanismus auslösen kann.

Ein einfacher Geist ist nicht geheimnisvoll. In einem einfachen Geist ist einfach nur Gewahrsein da. Er ist offen, er ist durchlässig. Es ist nichts Kompliziertes daran. Bei den meisten von uns ist dieser Zustand allerdings den größten Teil der Zeit unerreichbar. Je mehr wir jedoch Berührung mit einer solch schlichten Geisteshaltung bekommen, desto eher spüren wir, daß alles nur wir selbst sind, und desto eher fühlen wir uns auch für alles verantwortlich. Wenn wir unsere Verbundenheit wahrnehmen, müssen wir anders handeln.

Sind wir in unserem eigenen Denken gefangen, tun wir unsere Arbeit nicht – nämlich Vergangenheit und Zukunft gleichermaßen in der Gegenwart zu erfahren. Wir stellen uns sogar vor, daß es in Ordnung wäre, allein und isoliert in einem Zimmer zu sitzen und sich über alles mögliche aufzuregen. In Wirklichkeit tun wir unsere Arbeit nicht, wenn wir uns auf diese Weise gehenlassen, und unser ganzes Leben wird davon beeinträchtigt. Wenn wir das Gewahrsein aufrechterhalten, geschieht Heilung, ob wir es wissen oder nicht. Wenn wir lange genug üben, beginnen wir die Wahrheit zu ahnen: Wir begreifen allmählich, daß das »Jetzt« Vergangenheit und Zukunft und Gegenwart umfaßt. Wenn wir in einer einfachen Geisteshaltung meditieren können und nicht in unseren eigenen Gedanken gefangen sind, beginnen wir allmählich etwas zu ahnen, und eine Tür, die bisher geschlossen war, öffnet sich allmählich. Damit das geschehen kann, müssen wir mit unserer Wut, unserer Aufregung, unseren Urteilen, unserem Selbstmitleid und unserer Vorstellung arbeiten, daß die Vergangenheit die Gegen-

wart beeinflusse. Wenn sich die Tür öffnet, sehen wir, daß die Gegenwart absolut ist und daß das ganze Universum in gewissem Sinn in diesem Augenblick, in jeder Sekunde neu beginnt. Und die Heilung unseres Lebens geschieht in dieser Sekunde des einfachen Gewahrseins.
Heilung bedeutet, mit einem einfachen Geist einfach nur hier zu sein.

Dorothy und die verschlossene Tür

Wir alle suchen nach etwas. Die meisten Menschen fühlen sich irgendwie unvollständig und suchen nach etwas, das den Mangel, den sie empfinden, behebt. Selbst jene, die behaupten: »Ich suche nicht; ich bin zufrieden mit meinem Leben«, suchen auf ihre Weise. Und so gehen die Leute in diese oder jene Kirche, in Zen-Zentren oder Yoga-Zentren, in Kurse zur persönlichen Weiterentwicklung, immer in der Hoffnung, dieses Fehlende zu finden.

Ich möchte Ihnen von einem Mädchen namens Dorothy erzählen. Dorothy lebte in San Diego in einem riesigen alten viktorianischen Haus. Ihre Familie hatte es seit Generationen bewohnt. Jeder hatte sein eigenes Zimmer, und es gab noch eine Menge unbenutzter Zimmer und Kämmerchen und außerdem einen Speicher und einen Keller. Als Dorothy noch ein kleines Mädchen war, erfuhr sie, daß es etwas Seltsames in dem Haus gab: Im obersten Stock dieser alten viktorianischen Villa gab es ein verschlossenes Zimmer. Die Leute konnten sich erinnern, daß es schon immer verschlossen gewesen war. Es gab ein Gerücht, daß irgend jemand es einmal geöffnet hätte, aber niemand wußte, was in dem Zimmer war. Ein seltsames Schloß hing an der Tür zu diesem Zimmer, und es war nie jemandem gelungen, es zu öffnen. Die Fenster des Zimmers waren auch irgendwie verhüllt. Einmal war Dorothy auf einer Leiter an der Außenseite des Hauses hinaufgeklettert und hatte versucht hineinzuspähen. Aber sie konnte nichts sehen.

Fast alle in der Familie gewöhnten sich an das Zimmer mit der verschlossenen Tür. Sie wußten, daß es da war, aber sie wollten sich nicht damit beschäftigen. Man sprach einfach nicht darüber. Aber Dorothy war anders. Schon als kleines

Kind beschäftigte sie sich unaufhörlich mit diesem Zimmer und mit dem, was wohl darin sein mochte. Sie hatte das Gefühl, sie müsse es um jeden Preis öffnen.
An sich lebte Dorothy auch nicht anders als andere kleine Mädchen. Sie wuchs heran; sie trug einen Pferdeschwanz; sie wurde ein Teenager. Sie frisierte sich nach der neuesten Mode; sie hatte eine beste Freundin und dann auch einen Freund. Sie begeisterte sich für das neueste Make-up und den letzten Schlager. Sie war ganz normal. Aber nie verlor sie ihre Faszination für das verschlossene Zimmer. In gewisser Weise beherrschte es ihr Leben. Manchmal ging sie hinauf, setzte sich vor das Zimmer und rätselte darüber nach, während sie auf die Tür starrte.
Als Dorothy größer wurde, ahnte sie, daß das Zimmer etwas mit dem zu tun hatte, was in ihrem Leben fehlte. So probierte sie die verschiedensten Kurse und Übungsmethoden aus, in der Hoffnung, das Geheimnis zu entdecken, wie sich die Tür öffnen ließ. Sie probierte viele verschiedene Wege: Sie ging in eine Reihe von Zentren, zu einer Reihe von Lehrern, immer auf der Suche nach der Formel, die die Tür öffnen würde. Sie besuchte Selbsterfahrungsseminare, sie machte Rebirthing, sie versuchte es mit Hypnose. Sie tat alles; aber nichts half, die Tür aufzubekommen. Ihre Suche dauerte all die Jahre, während sie das College und die Universität besuchte. Sie entwickelte Techniken, mit denen sie sich in die verschiedensten Geisteszustände versetzen konnte, aber immer noch war sie nicht in der Lage, die Tür zu öffnen.
Dann kam sie eines Tages nach Hause und fand das Haus leer. Sie ging die Treppe ins oberste Stockwerk hinauf und setzte sich vor die verschlossene Tür. Mit einer ihrer esoterischen Praktiken versetzte sie sich in einen tiefen Meditationszustand. Einem Impuls folgend streckte sie die Hand aus und drückte gegen die Tür – und da begann sie sich zu

öffnen. Sie war erschrocken. In all den Jahren, in denen sie versucht hatte, die Tür zu öffnen, war nie etwas dergleichen geschehen. Dorothy war von Angst und Aufregung zugleich erfüllt. Zitternd stand sie auf und ging in das Zimmer. Und da entdeckte sie ...

Enttäuschung und Verwirrung. Dorothy fand sich nicht in einer seltsamen neuen wunderbaren Welt in dem geheimnisvollen Zimmer wieder, sondern war mit einemmal zurück im ersten Stock des alten viktorianischen Hauses, inmitten all der bekannten, vertrauten Dinge. Sie hatte denselben Anblick, dieselben Möbel standen da, alles war, wie es immer gewesen war. Enttäuscht und erstaunt zugleich stieg sie einige Stunden später wieder die Treppe ins oberste Stockwerk hinauf und ging zu dem geheimnisvollen Zimmer. Die Tür war immer noch verschlossen. Dorothy hatte die Tür geöffnet – und sie zugleich nicht geöffnet.

Das Leben ging weiter. Dorothy heiratete. Sie bekam mehrere Kinder. Sie lebte immer noch mit ihrer Familie zusammen in dem viktorianischen Haus. Sie war eine gute Ehefrau und Mutter. Aber ihre Besessenheit gab sie nie auf. Ja, die eine Erfahrung, die sie mit dem Öffnen der Tür gemacht hatte, motivierte sie sogar noch mehr. Sie verbrachte viel Zeit im obersten Stockwerk vor der verschlossenen Tür, saß mit gekreuzten Beinen da und versuchte, die Tür zu öffnen. Sie hatte es schon einmal geschafft, also würde sie es wieder schaffen. Und tatsächlich, nach ein paar Jahren geschah es wieder: Sie drückte gegen die Tür, und die öffnete sich. Aufgeregt dachte sie bei sich: »Diesmal ist es soweit!« Sie ging in das Zimmer – und fand sich wieder im ersten Stockwerk des gleichen alten viktorianischen Hauses, im alltäglichen Leben mit ihrem Mann und ihren Kindern. Da rannte sie die Treppe zu dem geheimnisvollen Zimmer hinauf, und was fand sie? Die Tür war verschlossen.

Was kann man da schon machen? Eine verschlossene Tür ist eine verschlossene Tür. Dorothy führte ihr gewohntes Leben weiter. Ihre Kinder wuchsen heran. Aber immer noch verbrachte Dorothy viel Zeit vor der verschlossenen Tür im Meditationssitz. Sie war eine recht gute Ehefrau und Mutter, aber ihre Aufmerksamkeit richtete sich immer noch hauptsächlich auf das verschlossene Zimmer. Und da sie ein ausdauernder, sorgfältiger Mensch war, gab sie nicht so leicht auf. Von Zeit zu Zeit gelang es ihr, die Tür zu öffnen und in das Zimmer zu gehen, doch immer fand sie sich plötzlich im ersten Stock wieder, mitten in ihrem normalen Leben.

Indessen füllte sich das Haus immer mehr. Die Familienmitglieder schienen allerlei Dinge anzuhäufen und zu sammeln, und die freien Zimmer wurden allmählich zu Abstellräumen. Das Haus war so vollgestopft, daß kein Raum mehr für Gäste und kaum mehr genug Platz für die Familie selbst blieb. Es hatten gerade noch Dorothy, ihr Mann und ihre Kinder in dem Haus Platz – aber das war auch gut so, weil sie so sehr mit sich selbst beschäftigt waren, daß sie sich sowieso um nichts anderes kümmerten.

Allmählich ließ Dorothys Besessenheit nach, und ihr Kampf um die Tür trat mehr und mehr in den Hintergrund. Anstatt viel Zeit vor der Tür zu verbringen, widmete sie ihren Kindern und Enkeln und auch dem Haus etwas mehr Zeit: Sie wachste die Böden, hängte neue Vorhänge auf und so weiter. Das Haus war in keinem schlechten Zustand, aber Dorothy hatte es ein wenig vernachlässigt, weil sie dauernd damit beschäftigt war, vor der Tür zu sitzen. Jetzt lenkte sie ihre Aufmerksamkeit wieder mehr auf die alltäglichen Dinge, die erledigt werden mußten. Es war ein allmählicher Prozeß. Gelegentlich ging sie noch ins oberste Stockwerk und warf einen Blick auf die Tür, aber sie wußte, was sie finden würde, wenn sie sie öffnete. Ganz langsam stellten sich Entmutigung und Enttäuschung ein. Immer mehr vergaß sie alles andere und lebte einfach ihr Leben, sorgte für das ihr Anvertraute, Augenblick für Augenblick. Und dann kam sie eines Tages ins oberste Stockwerk und warf zufällig einen Blick auf die verschlossene Tür. Na so was! Sie war weit geöffnet! Vor ihr lag ein wunderschönes Gästezimmer. Es stand ein gemütliches Bett darin und ein Toilettentisch, und es waren all die kleinen Dinge da, die einem Gast das Leben angenehm machen.

Als sie dieses herrliche geräumige Gästezimmer sah, merkte Dorothy, was aus dem übrigen Haus geworden war. Sie sah, wie vollgestopft und eng es war; man konnte sich gar nicht mehr frei im Haus bewegen. Als sie das erkannte, begannen die Veränderungen. Ohne daß sie sich groß anstrengte, wurde es heller und geräumiger in dieser alten viktorianischen Villa. Es war plötzlich mehr Raum für wichtige Dinge und Menschen im Haus. Alles weitete sich. Es war, als wäre all der Kram, der vorher da war, geisterhaftes Gerümpel ohne Substanz gewesen. Eigentlich war er gar nicht vorhanden. Das Haus wurde wieder zu dem, was es immer gewesen war. In Wirklichkeit war immer viel Platz für Gäste gewesen, und Dorothy merkte jetzt, daß die Tür urprünglich nie verschlossen gewesen war; sie war die ganze Zeit offen gewesen. Nur ihre zähen Versuche hatten sie verschlossen gehalten.

Das ist unsere grundlegende Illusion über den Übungsweg: daß die Tür versperrt sei. Die Illusion ist unvermeidlich; wir alle haben sie in einem gewissen Maß. Solange wir glauben, die Tür sei verschlossen, *ist* sie verschlossen. Wir tun alles, um sie zu öffnen. Wir gehen in dieses oder jenes Zentrum; wir machen Kurse; wir versuchen alles mögliche. Schließlich merken wir, daß die Tür nie verschlossen war.

Aber Dorothys Leben voller sinnloser Bemühungen war genau das richtige für sie. Sie mußte es so machen. Wir alle müssen es so machen. Wir müssen unserem Üben alles opfern, um zu erkennen, daß von Anfang an nichts als Vollkommenheit da war. Das Zimmer ist offen, das Haus ist weit und offen, wenn wir es nicht mit unserem Phantomgerümpel vollstopfen. Aber dieses Wissen muß erst erfahren werden.

Eine christliche Form der spirituellen Disziplin ist die Meditation über die Gegenwart Gottes. Als Christen suchen wir nach dem Leuchten in allen Dingen, das die Mystiker »das Antlitz Gottes« nennen. Dieses Leuchten ist nicht irgendein fernes Geheimnis, sondern ist hier und jetzt da, gerade vor unseren Augen. So erkannte auch Dorothy, daß das, was sie ihr Leben lang gesucht hatte, einfach ihr Leben selbst war: die Menschen, das Haus, die Zimmer. All das war das Antlitz Gottes.

Aber das sehen wir nicht. Wenn wir es wirklich sähen, würden wir uns selbst und die anderen nicht so quälen, wie wir es tun. Wir sind unfreundlich, wir manipulieren gern, wir sind unaufrichtig. Wenn wir sehen könnten, daß genau dieses Leben, das wir führen, das Antlitz Gottes selbst ist, könnten wir uns gar nicht so verhalten – nicht wegen irgendwelcher Gebote oder Verbote, sondern einfach, weil wir die Bedeutung des Lebens erkannt hätten.

Nicht daß unsere Übungen – das Sitzen vor der Tür – sinnlos wären. Aber viel von dem, was wir Übung nennen – das Jagen nach Idealen oder Erleuchtung –, ist Illusion. Es öffnet die Tür nicht. Solange wir diese Tatsache nicht so deutlich wahrnehmen wie den Geschmack unserer Haferflocken am Morgen, werden wir auf viele Umwege und Abwege kommen, Enttäuschungen und Krankheiten begegnen müssen – den Lehrern unseres Lebens. All diese Kämpfe gehören zum Lernen, zu unseren Erfahrungen mit der Tür. Wenn wir gut üben, klärt sich das Rätsel früher oder später, und die Tür ist immer öfter offen.

SCHÜLER/IN: Dorothy hätte vielleicht weniger Zeit vergeudet, wenn sie in der Küche meditiert hätte, inmitten ihrer Familie und ihrer alltäglichen Aufgaben, statt sich ins oberste Stockwerk des Hauses, weit weg von allem, zurückzuziehen.

JOKO: Wir suchen immer da, wo wir *glauben*, dort müsse die Antwort liegen, bis wir soweit sind, wirklich zu sehen. Was wir tun, tun wir so lange, bis wir es nicht mehr tun. Das ist weder schlecht noch gut; so ist es einfach. Wir müssen unsere Illusionen so lange haben, bis sie erschöpft sind. Wenn wir uns sagen: »Um die Tür zu öffnen, muß ich nur mehr Zeit mit meinen Kindern verbringen«, wird auch das nur eine neue Vorstellung, von der wir besessen sind. Wenn wir viel Zeit mit unseren Kindern verbringen, um erleuchtet zu werden, wird uns das jedenfalls nicht zu besseren Eltern machen.

SCHÜLER/IN: Geht es beim Üben nicht darum, das Herz zu öffnen? War es nicht das, was Dorothy eigentlich wollte?

JOKO: Ja, so kann man es beschreiben. Und was entdeckte sie?

SCHÜLER/IN: Daß ihr Herz schon immer offen war.

JOKO: Stimmt. Die Eltern, die wir nicht leiden können, der Partner, der uns verletzt hat, der Freund, über den wir uns ärgern: mit ihnen stimmt nur dann etwas nicht, *wenn wir es glauben.* Solange wir nicht bereit sind, das zu sehen, werden wir es allerdings auch nicht sehen.

SCHÜLER/IN: Wenn die Geschichte von einem Gästezimmer handelt, dann ist Dorothy offenbar nie auf den Gedanken gekommen, Gäste einzuladen.

JOKO: Das stimmt. Sie kam gar nicht auf den Gedanken.

Wir denken: »Ich sollte netter, liebenswürdiger, gastfreundlicher sein.« Aber wenn wir in unseren Illusionen gefangen sind, können wir nicht wahrhaft gastfreundlich sein. Wir sind es vielleicht pro forma, aber wahrhaftig gastfreundlich zu sein bedeutet, einfach wir selbst zu sein, wie wir sind. Wir können keinen anderen Menschen willkommen heißen, wenn wir uns nicht zuerst selbst willkommen geheißen haben.

SCHÜLER/IN: Wenn wir in unserem persönlichen Melodrama gefangen sind, wie Dorothy es war, sind wir auch nicht wirklich für andere da. Wenn wir unser persönliches Melodrama durchschauen, können wir die Bedürfnisse der anderen objektiver sehen und auf sie eingehen.

JOKO: Ja. Wir haben alle schon erlebt, daß wir so durcheinander sind, daß wir einfach kein Ohr für die Probleme eines anderen haben. Dafür haben wir keinen Raum; wir sind ganz vollgestopft mit anderen Sachen. Wir haben kein »Gästezimmer«.

Aber wir können nicht einfach sagen: »Ich will nicht davon besessen sein«, und dann ist es so. Wir glauben nämlich dann immer noch, daß unserem Leben etwas fehlt, daß wir die Tür aufschließen und entdecken müssen, was dahinter ist.

SCHÜLER/IN: Meine Übungspraxis bestand aus einer Reihe von Enttäuschungen. Ich stellte mir vor: »Dieser Kurs ist es.« Ich besuchte den Kurs, und er brachte auch irgend etwas, aber letztlich war er desillusionierend. Ich finde es sehr schwer, meine Enttäuschung einfach auszuhalten, meine Verletzlichkeit zu spüren. Statt dessen verdecke ich sie irgendwie und sage mir: »Ich muß es nur versuchen. Ich werde einen besseren Kurs ausfindig machen.«

SCHÜLER/IN: Ich habe das Gefühl, daß ich viel Zeit und Energie und kostbare Augenblicke meines Lebens vergeudet habe, indem ich mich über meine Eltern und meine Lebensumstände beklagt habe und dabei immer versucht habe, die Tür aufzuschließen.

JOKO: Es hat keinen Sinn, zurückzuschauen und zu sagen: »Ich hätte es anders machen sollen.« In jedem Augenblick sind wir so, wie wir sind, und wir sehen, was uns möglich ist zu sehen. Deshalb sind Schuldgefühle immer unangemessen.

SCHÜLER/IN: Scheinbar müssen wir ein gewisses Maß an Leiden durchmachen. Wir müssen gekreuzigt werden, bevor wir loslassen.

JOKO: Ohne es zu sehr zu dramatisieren, kann man es so sagen. Wir sind sehr störrisch. Aber das ist auch in Ordnung.

SCHÜLER/IN Konnte Dorothy sich ihres Lebens erfreuen?

Es stört mich, daß man so lange kämpfen muß.

JOKO: Ja, ich glaube, daß sie sich ihres Lebens manchmal erfreute, auch bevor sie es wirklich erkannte. Wir alle erfreuen uns manchmal unseres Lebens. Aber hinter dieser Freude und Zufriedenheit liegt Angst. Wir suchen immer nach etwas, das hinter der Tür liegt, und wir fürchten, daß wir es nie finden. Wir denken: »Wenn ich dieses oder jenes hätte, wäre ich glücklich.« Momentane Freude löst das unterschwellige Unbehagen nicht auf. Es gibt keine Abkürzung auf diesem Weg. Wir müssen endlich erkennen, wer wir sind und was dieser Raum hinter der Tür ist.

SCHÜLER/IN: Bei mir ist das unterschwellige Gefühl Furcht. Undeutlich ist sie bei allem dabei, was ich tue. Die meiste Zeit meines Lebens war ich mir dessen nicht ganz bewußt; sie war einfach da und bestimmte mein Leben.

JOKO: Beim Sitzen lenken wir unsere Aufmerksamkeit auf das, was da so unmerklich im Hintergrund ist. Das bedeutet, daß wir unsere Gedanken und die kleinen Verspannungen in unserem Körper wahrnehmen. Bei Dorothy geschah das, als ihr besessenes Interesse an der verschlossenen Tür schwächer wurde und sie allmählich dem Zustand des übrigen Hauses mehr Aufmerksamkeit zuwandte. Ihre Hoffnungen begannen zu sterben.

SCHÜLER/IN: Wir müssen einfach die unmittelbar vor uns liegenden Aufgaben erfüllen.

JOKO: Richtig. Und wenn wir das erfüllen, was erfüllt werden muß, bringt uns das zu dem zurück, was wir in diesem Augenblick sind. Was sind für Sie die vollgestopften Zimmer in der Geschichte von Dorothy?

SCHÜLER/IN: Bindungen. Gedanken an vielerlei Dinge. Erinnerungen.

JOKO: Erinnerungen, Phantasien, Hoffnungen.

SCHÜLER/IN: Manchmal, wenn wir bestimmte Aufgaben zu erfüllen haben, scheint es, als würden wir uns statt dessen auf die Furcht oder Angst oder sonst etwas konzentrieren – die verschlossene Tür – und vergessen, unsere Aufmerksamkeit dem Nächstliegenden zuzuwenden. In gewisser Weise ist die Furcht (oder was auch immer) unwichtig. Das ist die Aufgabe, die zu erledigen ist, und das müssen wir einfach tun, Furcht hin oder her. Ich habe Schwierigkeiten mit meinem Leben, weil ich die unterschwellige Angst bekämpfe, anstatt einfach zu tun, was getan werden muß; ich versuche, die Tür aufzuschließen.

JOKO: Das ist so. Paradoxerweise ist die einzige Möglichkeit, die Tür aufzuschließen, sie zu vergessen. Die Schüler beklagen sich oft bei mir, daß sie beim Sitzen irgend etwas am Gewahrsein hindert: »Ich fühle mich so abgehoben.« »Ich werde so nervös. Ich kann einfach nicht stillsitzen.« Diesen Klagen liegt der Gedanke zugrunde, daß wir alle Unannehmlichkeiten loswerden müßten, um richtig sitzen zu können; wir meinen, die verschlossene Tür müsse aufgeschlossen werden, damit wir endlich zu den guten Dingen vordringen können.

Wenn wir abgehoben sind, sind wir abgehoben. Wenn wir nervös sind, sind wir nervös. Das ist die Realität unseres Lebens im Augenblick. Gutes Sitzen bedeutet einfach, dafür präsent zu sein: das Abheben oder die Nervosität zu *sein.* Die Leute nehmen alles mögliche auf sich, um unangenehme Gefühle auszuschalten. »Ich bin so angespannt; ich muß einen Workshop machen, um mich zu entspannen.« Also machen sie den Workshop und sind entspannt – aber für wie lange? Die Spannung aufheben zu wollen, ist, wie auf die verschlossene Tür zu starren und zu versuchen, sie irgendwie zu öffnen. Wenn wir davon besessen sind, die Tür zu öffnen, finden wir vielleicht sogar Techniken, um sie vorübergehend aufzubekommen; aber dann fallen wir doch wieder in unser Leben zurück, wie es immer war, wir leben immer noch in demselben alten Haus. Anstatt wie gebannt auf die verschlossene Tür zu starren, sollten wir uns um unser Leben kümmern, das heißt: das Haus in Ordnung halten, das Baby versorgen, zur Arbeit gehen, was auch immer.

SCHÜLER/IN: Ich habe kürzlich mit einer alten Freundin darüber gesprochen, was für ein schwieriges Jahr hinter uns beiden liegt. Als wir in unseren Zwanzigern und Dreißigern waren, hatten wir beide die Hoffnung, daß sich die Dinge für uns bessern würden. Jetzt, wo wir über vierzig sind, dämmert es uns allmählich, daß nichts dergleichen geschehen wird: Unser Leben wird nicht besser sein!

JOKO: Paradoxerweise hilft uns diese schmerzliche Enttäuschung in bezug auf die Zukunft, das Leben so zu schätzen, wie es ist. Erst wenn wir die Hoffnung aufgeben, daß die Dinge irgendwann nach Plan verlaufen, können wir zu der Erkenntnis gelangen, daß sie schon gut so sind, wie sie sind.

SCHÜLER/IN: Ich hatte kürzlich eine ähnliche Erkenntnis. Jahrelang habe ich mir gesagt, daß mein Leben schöner sein wird, wenn ich genug Geld gespart habe, um in den Vorruhestand zu gehen. Ich werde mehr Zeit habe für freies Arbeiten; ich werde konzentrierter sitzen können, mehr lesen und so weiter. Jetzt beginne ich zu merken, daß gerade meine jetzige Arbeit das ist, was ich brauche und will. Wenn ich versuche, etwas fertig zu machen und jemand kommt herein und lenkt mich ab, dann braucht es gerade das im Augenblick für mich. Richtig ist mich genau das, was ich gerade mache.

JOKO: Stellen wir uns zum Abschluß die Frage: »Wie versuche ich, die Tür aufzuschließen, anstatt einfach mein Leben zu leben?« Wir versuchen alle, die Tür zu öffnen, den Schlüssel oder die Formel zu finden. Wir suchen nach dem perfekten Lehrer, dem perfekten Partner, der perfekten Arbeit und so weiter. Wenn wir überhaupt merken, daß wir dauernd versuchen, die Tür zu öffnen, ist das von unschätzbarem Wert für uns; es hilft uns zu sehen, wie unser Leben wirklich ist.

Durch die Wüste wandern

Durch die Wüste wandern und nach dem verheißenen Land Ausschau halten: das ist unser Leben. Die Disziplin eines Sesshin intensiviert diesen Eindruck, auf Wanderschaft zu sein; im Sesshin fühlt man sich verwirrt, entmutigt, enttäuscht. Vielleicht haben wir Bücher gelesen, die ein wunderschönes Bild davon zeichnen, wie es im verheißenen Land aussieht, wie es ist, wenn man das Bewußtsein der Buddhanatur, die Erleuchtung erlangt und so weiter. Aber wir wandern immer weiter. Alles, was wir tun können, ist, einfach das Wandern selbst zu sein. Das Wandern zu sein bedeutet, in jedem Augenblick des Sesshin ganz dazusein, gleichgültig, wie er aussieht. Und wenn wir all die Dürre und den Durst überleben, kommen wir vielleicht schließlich zu der Entdeckung: Das Wandern durch die Wüste *ist* das verheißene Land.

Es fällt uns sehr schwer, das zu verstehen. Wir kennen unseren Schmerz und unser Leiden. Wir wollen, daß das Leiden aufhört. Wir wollen ein verheißenes Land erreichen, in dem es überhaupt kein Leiden mehr gibt.

In der Arbeit mit schwerkranken oder sterbenden Menschen hat Stephen Levine herausgefunden, daß wahre Heilung geschieht, wenn wir so tief in unseren Schmerz hineingehen, daß wir erkennen, es ist nicht nur *unser* Schmerz, sondern der Schmerz *aller* Menschen.[16] Es ist außerordentlich bewegend und hilfreich zu entdecken, daß mein Schmerz nicht ausschließlich mich betrifft. Unsere Übungspraxis hilft uns zu sehen, daß das ganze Universum Schmerzen leidet.

Ähnliches kann man über Beziehungen sagen. Wir neigen dazu, Beziehungen als zeitlich begrenzt zu sehen: Sie beginnen, sie dauern eine gewisse Zeit, und dann enden sie. Aber wir sind immer in Beziehung mit anderen, immer miteinander verbunden. Eine Beziehung kann sich zu einem gewissen Zeitpunkt auf ihre besondere Weise manifestieren, aber vor dieser Manifestation bestand sie bereits, und nachdem sie »endet«, besteht sie weiter. Wir halten sogar mit Menschen, die gestorben sind, eine gewisse Art von Beziehung aufrecht. Frühere Freunde, frühere Liebespartner, frühere Verwandte sind weiter Teil unseres Lebens und Daseins. Es mag unvermeidbar sein, daß die sichtbare Manifestation endet, aber die wirkliche Beziehung endet nie. Wir sind nicht wirklich getrennt voneinander. Unsere Leben sind verbunden; es gibt nur *einen* Schmerz, *eine* Freude, und beides ist unser. Wenn wir unserem Schmerz ins Auge sehen und bereit sind, ihn wirklich zu durchleben, anstatt ihn zu verdecken, zu vermeiden oder zu rationalisieren, sehen wir auch andere Menschen und unser eigenes Leben plötzlich mit neuen Augen.

Wie Stephen Levine sagt: Jeder Augenblick, in dem wir unsere Schwierigkeiten oder unser Leiden wirklich er-tragen, ist ein kleiner Sieg. Wenn wir bei dem Schmerz und allen Beunruhigungen bleiben, öffnen wir unsere Beziehung zum Leben und zu anderen. Dieser Prozeß geht langsam vor sich; unsere festgefahrenen Muster lösen sich nicht über Nacht auf. Wir fechten einen dauernden Kampf aus zwischen dem, was wir wollen, und dem, was ist, also dem, was das Universum uns darbietet. Im Sesshin sehen wir diesen Kampf klarer. Wir sehen unsere Phantasien, unsere Bemühungen, die Dinge gedanklich in den Griff zu kriegen und unsere Lieblingstheorien zu verfolgen; wir sehen unsere Hoffnungen, ein Tor zum verheißenen Land zu finden, in dem alles Kämpfen und Leiden ein Ende hat. Wir wollen, wollen, wollen: einen bestimmten Menschen, eine bestimm-

te Art von Beziehung, eine bestimmte Arbeit. Weil kein Wunder dieser Art je vollständig erfüllt werden kann, ist unser Wollen unaufhörlich von Spannung und Angst begleitet. Sie sind untrennbare Zwillingsbrüder.
Manchmal ist es hilfreich, die Angst noch zu betonen und einen Punkt zu erreichen, an dem wir sie einfach nicht mehr aushalten können. Dann sind wir vielleicht bereit, einen Schritt zurückzutreten und neu zu betrachten, was vor sich geht. Anstatt uns immerzu damit zu beschäftigen, was »dort draußen« nicht stimmt – mit unserem Partner, unserem Job und so weiter –, beginnt sich vielleicht unsere Beziehung zu dem hin, was ist, zu verlagern. Wir lernen, das zu sein, was wir in diesem Augenblick in einer bestimmten Beziehung oder in einem schwierigen Aspekt unserer Arbeit sind. Wir beginnen, die Beziehung zwischen uns selbst und anderen zu erkennen. Wir sehen, daß unser Schmerz auch ihr Schmerz ist und daß ihr Schmerz auch der unsere ist. Ein Arzt, der beispielsweise keine Beziehung zwischen sich und seinen Patienten herstellt, wird diese Patienten einfach als Problemfälle sehen, die er vergißt, sobald sich die Tür hinter ihnen schließt. Ein Arzt oder eine Ärztin, die ihr eigenes Unbehagen und Leiden im Unbehagen und Leiden ihrer Patienten sehen, werden Kraft aus dieser Verbundenheit ziehen und genauer und effektiver arbeiten können.
Die Mühsal unseres Alltagslebens ist die Wüste, durch die wir wandern, und in der wir nach dem verheißenen Land Ausschau halten. Unsere Beziehungen, unsere Arbeit und all die kleinen Notwendigkeiten, denen wir uns entziehen wollen, sind das Geschenk. Wir müssen unsere Zähne putzen, wir müssen die Wäsche waschen, wir müssen dafür sorgen, daß Geld auf unserem Konto ist. Diese Mühsal – dieses Wandern durch die Wüste – ist in Wirklichkeit das »Antlitz Gottes«. Unsere Kämpfe, der Partner, der uns ver-

rückt macht, der Bericht, den wir nicht schreiben wollen – sie sind das verheißene Land.

Wir sind Experten darin, uns Gedanken über unser Leben zu machen. Aber wir sind keine Experten darin, unser Leben einfach zu *sein,* unser Schmerz und unsere Freude, unsere Niederlagen und Siege zu *sein.* Selbst das Glück kann Schmerz in sich bergen, weil wir wissen, daß wir es vielleicht verlieren.

Das Leben ist sehr kurz. Die Augenblicke, die wir jetzt erleben, sind rasch für immer vorbei; wir werden sie nie wiedersehen. Jeder Tag, der vergeht, nimmt Tausende und Abertausende solcher Augenblicke mit sich. Wie werden wir die kleine Zeitspanne verbringen, die uns bleibt? Werden wir sie damit verbringen, Gedanken darüber auszuspinnen, wie schrecklich das Leben ist? Solche Gedanken sind nicht einmal real. Wir werden immer wieder solche Gedanken haben, aber wir können erkennen, daß wir sie ausdenken, und uns nicht von ihnen gefangennehmen lassen. Wenn wir beim Sitzen die Körperempfindungen und Gedanken, die den Schmerz ausmachen, wirklich erleben, verwandelt sich das Leiden in das Universelle, das Freude ist.

Es geht in unserem Leben, wie Stephen Levine sagt, darum, das zu erfüllen, wofür wir geboren sind, heil zu werden für das Leben. Das bedeutet, geheilt zu werden und von dem Schmerz unseres persönlichen, abgetrennten, gefesselten »Ich-will« zur Offenheit hin zu gelangen. Der Sinn unseres Lebens ist es, die Offenheit selbst zu sein, und das ist Freude. Zur Freude gehört Leiden, Glück, alles, was ist. Diese Art von Heilung ist es, worum es in unserem Leben geht. Wenn ich meinen Schmerz heile, heile ich auch, ohne daran zu denken, den deinen. Auf dem Übungsweg geht es darum zu entdecken, daß *mein* Schmerz *unser* Schmerz ist.

So können wir auch unsere Beziehungen nicht beenden.

Wir können weggehen, können uns scheiden lassen, aber wir können sie nicht beenden. Wenn wir glauben, wir könnten sie beenden, bedeutet das für alle Beteiligten Leiden. Wir können unsere Beziehung zu unseren Kindern nicht beenden; wir können nicht einmal unsere Beziehung zu jemandem beenden, den wir nicht mögen. Solch ein Ende würde erfordern, daß wir etwas sind, was wir nicht sind und nie sein werden: von den anderen getrennt. Wenn wir versuchen, von ihnen getrennt zu sein, beginnt das Leiden von vorn.

Stephen Levine sagt, daß wir dazu geboren sind, heil zu werden für das Leben, uns mit dem Leben zu versöhnen. Das bedeutet auch, uns mit unserem Schmerz zu versöhnen und mit dem Schmerz der Welt. Diese Heilung, diese Versöhnung bedeutet für jeden von uns etwas anderes, aber im Grunde geht es um das gleiche Ziel. Wir müssen diese Wahrheit hören und uns immer und immer wieder daran erinnern, tausende Male. Um diese Arbeit zu tun, müssen wir uns gegen die Strömung in unserer Gesellschaft stellen, die besagt, daß jeder zuerst für sich selber sorgen muß. Das tägliche Üben, das Teilnehmen an Sesshins, das Pflegen des Kontakts, wenn wir weit voneinander entfernt wohnen – all das ist hilfreich, wenn wir diese Arbeit tun wollen, die Arbeit des Heilwerdens für das Leben, der Versöhnung mit dem Leben, und wenn wir erkennen wollen, daß wir das verheißene Land schon erreicht haben.

Geben

Auf dem Übungsweg geht es im Grunde um das Geben, aber das kann leicht mißverstanden werden, deshalb müssen wir genau achtgeben. Ich las kürzlich ein Buch von einer Frau, die »Peace Pilgrim« (»Friedenspilgerin«) genannt wurde.[17] Sie ging in drei Jahrzehnten mehr als 25 000 Meilen zu Fuß, trug alles, was sie besaß, mit sich herum und bezeugte den Frieden. Ihr Buch zeigt, daß sie wirklich verstand, worum es auf dem Übungsweg geht; sie beschreibt es sehr einfach. Sie sagt, wenn wir glücklich sein wollen, sollen wir geben, geben und nochmals geben. Aber die meisten von uns wollen haben, haben und nochmals haben. Das ist die menschliche Natur.

Peace Pilgrim brauchte viele Jahre harten Übens, um ihr Leben zu wandeln. Für sie bestand die Übung darin, vollkommen zu geben. Das ist wunderbar – wenn wir es richtig verstehen. Wer als Schüler Anfänger ist, geht meist mit sehr egozentrischen Gedanken an die Übungspraxis heran: »Ich will meditieren, damit ich wirklich zu meiner Ganzheit finde.« »Ich will meditieren, um erleuchtet zu werden.« »Ich will meditieren, um ruhig zu werden.« Aber es geht bei der Meditation um nichts als Geben, Geben und nochmals Geben. Wir machen freilich einen Fehler, wenn wir das einfach zu einem neuen Ideal erheben. Geben hat nichts mit Denken zu tun. Wir sollten auch nicht geben, um dadurch etwas für uns selbst zu bekommen. Aber bei den meisten von uns ist das Geben vermischt mit selbstsüchtigen Motiven, und das ändert sich erst, wenn unser Üben uns ein festes Fundament gegeben hat.

Wir müssen uns fragen: »Was heißt geben?« Das kann uns jahrelang beschäftigen. Sollen wir beispielsweise den anderen immer geben, was sie wollen? Manchmal ja, manchmal nein. Manchmal müssen wir auch nein sagen oder uns einfach zurückhalten.

Es gibt keine Formel, deshalb werden wir immer wieder Fehler machen – und das ist gut so. Wir üben mit den Folgen unseres Handelns, und das braucht Zeit. Vielleicht beginnen wir nach vielen Jahren, etwas von der wahren Natur des Gebens zu erahnen. Ein japanischer Zen-Meister verlangt von neuen Schülern, daß sie zuerst einmal zehn Jahre allein üben, ohne mit ihm persönlich zu arbeiten. Wenn die Schüler nach zehn Jahren wieder zu ihm kommen, sagt er ihnen, sie sollen weitere zehn Jahre sitzen. Auch wenn ich es nicht so mache, kann ich ihn gut verstehen. Es braucht Zeit, bis wir entdeckt haben, was unser Leben ist.

Letzte Woche bekam ich zwei Anrufe von Menschen, die Rat für ihre Übungspraxis suchten. Eine Anruferin sagte, daß ihre Freundin von irgendwelchen seltsamen spirituellen Erkenntnissen rede und daß sie das richtige Buch brauche, um die Freundin von ihrem Irrtum abzubringen. Ein Mann rief mich um halb zwei Uhr morgens an, um mir zu sagen, daß er ein wunderbares Buch über Erleuchtung gelesen habe und merke, daß er auf seinem Übungsweg noch nicht so richtig erleuchtet sei. Ich sollte ihm helfen, herauszubekommen, woran das lag. Ich sagte ihm, daß ich es nicht für eine gute Idee hielte, mitten in der Nacht irgend jemanden anzurufen. Er sagte: »Du liebe Zeit, ist es mitten in der Nacht?« Ich sagte: »Bei der Erleuchtung geht es um das Erwachen; und wenn Sie wirklich wach sein wollen, müssen Sie auch wissen, wie spät es ist.« Er sagte: »Daran habe ich noch nie gedacht.«

Erleuchtung ist die Fähigkeit, in jeder Sekunde rückhaltlos zu geben. Es geht dabei nicht um irgendwelche großartigen Erfahrungen. Solche Augenblicke mag es geben, aber sie machen kein erleuchtetes Leben aus. Wir müssen fragen: »Was bedeutet es für mich, in diesem Augenblick zu geben?« Wenn beispielsweise das Telefon läutet – wie können wir dem anderen dann etwas geben? Wenn wir körperliche Arbeit verrichten – putzen, anstreichen, kochen –, was bedeutet es dann, rückhaltlos zu geben?

Auch wenn wir uns nicht durch bloßes Denken zu vollkommen gebenden Menschen machen können, können wir merken, wenn wir nicht vollkommen sind. Wir verbergen unsere egozentrischen Motive vor uns selbst; die Übungspraxis hilft uns zu erkennen, wie egozentrisch wir sind. Die Wahrheit ist, daß wir in jedem Augenblick so sind, wie wir sind. Das müssen wir wahrnehmen, wir müssen unsere Gedanken und unsere Körperwahrnehmungen kennen, und dann kann sich unsere Wahrnehmung wandeln. Nicht *wir* müssen das tun. Sie wandelt sich einfach von selbst. Wir können uns nicht willentlich zu etwas Bestimmtem machen. Wenn wir uns vorstellen, das wäre möglich, so sind wir in eine der gefährlichsten Fallen auf dem Übungsweg gegangen. Aber wir können unsere Intoleranz und Unfreundlichkeit wahrnehmen, unsere Bequemlichkeit und die anderen Spiele, die wir spielen. Und in dem Maß, wie wir wahrnehmen, wie wir wirklich sind, beginnen sich die Dinge ganz langsam zu verändern – so ist es bei vielen meiner Schüler. Es ist wunderschön, das zu sehen. Wenn die Wandlung geschieht, gedeiht und wächst die Freundlichkeit, die Bereitschaft zum Geben. Darum geht es auf dem Übungsweg. Statt ein neues Ideal aufzustellen – »Ich habe überhaupt keine Lust, ihn heute nachmittag zu besuchen, aber ich *soll* anderen doch etwas geben« – handeln wir und erfahren dabei, was mit uns vor sich geht.

Deshalb bitte ich euch: Gebt, gebt, gebt – und übt, übt, übt. Das ist der Weg.

ANHANG

Anmerkungen

1Lenore Friedman: *Meetings with Remarkable Women: Buddhist Teachers in America,* Boston, Shambala 1987, S. 112.

2Der ganze Spruch lautet folgendermaßen:
»Gefangen in einem egozentrischen Traum: nur Leiden.
Festhalten an egozentrischen Gedanken: ebendieser Traum.
In jedem Augenblick das Leben, wie es ist: der einzige Lehrer.
Einfach dieser Augenblick: der Weg des Mitgefühls.«

3Francis Dojun Cook: *How to Raise an Ox: Zen Master Dogen's Shobogenzo, Including Ten Newly Translated Essays,* Los Angeles, Center Publications, 1978, S. 24 f.

4Der Begriff »Sitzen« wird in der Zen-Praxis als gleichbedeutend mit *Zazen,* der Meditation im Sitzen, verwandt (Anm. d. Übers.).

5Vgl. Anm. 3.

6Weitere Ausführungen zu dem Begriff des »Hauptcharakterzugs« siehe: Don Richard Riso: *Die neun Typen der Persönlichkeit und das Enneagramm,* Knaur, München 1989.

7Hubert Benoit: *The Supreme Doctrine: Psychological Studies in Zen Thought,* New York, Viking 1955, S. 145 (deutsch: *Die Hohe Lehre,* München-Planegg 1958).

8*Mumonkan – Die torlose Schranke,* übertr. u. komm. v. Zen-Meister Koun Yamada, München, Kösel 1989, S. 51.

9Paul Reps (Hg.): *Zen Flesh, Zen Bones: A Collection of Zen and Pre-Zen Writings,* Garden City, N. Y., Anchor, Doubleday, ohne Jahr, »The Thief Who Became a Disciple«, S. 41 (deutsch: *Ohne Worte – ohne Schweigen,* München, Barth 1976).

10Lao-Tse: *Tao-Te-King,* Übers., Einl. u. Anm. v. Günther Debon, Reclam 1961, Kap. 68.

11W. H. Auden, aus »The Age of Anxiety«, in *Collected Poems,* hg. v. Edward Mendelsohn, New York, Random House 1976, S. 407.

12Hubert Benoit: a. a. O., S. 140 u. 145.

13Philip Kapleau (Hg.): *Die drei Pfeiler des Zen,* München, Barth, 7. Aufl. 1987, S. 36.

14*Der Ochs und sein Hirte. Eine altchinesische Zen-Geschichte.* Pfullingen, Neske 1958. Es handelt sich um eine traditionelle Serie von (meist 10) Zeichnungen, die anhand der Geschichte eines Mannes, der allmählich einen wilden Ochsen zähmt, den fortschreitenden Übungsweg von der Illusion zur Erleuchtung symbolisiert.

15Carlos Castaneda: *Reise nach Ixtlan, Die Lehre des Don Juan,* Frankfurt, Fischer 1976.
16Stephen Levine: *Healing into Life and Death,* New York, Doubleday 1987.
17*Peace Pilgrim, Her Life and Work in Her Own Words, Compiled by Some of Her Friends,* Santa Fe, N. M., Ocean Tree 1991. Ferner *Step Toward Inner Peace – A Discourse by Peace Pilgrim: Suggested Uses of Harmonious Principles for Human Living,* Friends of Peace Pilgrim, 43480 Cedar Avenue, Hemet, CA 92343.

Glossar

Daisan: ein formelles Gespräch zwischen Schüler und Lehrer, das Teil der Meditationsübungen ist.

Dhammapada: eines der wichtigsten und bekanntesten Bücher aus dem buddhistischen Kanon.

Dharma: das universale Gesetz; auch: die Lehre Buddhas.

Kensho: wörtl. »Wesensschau«; Erleuchtungserfahrung; das Erkennen des eigenen wahren Wesens (»Buddhanatur«) und damit des Wesens der Welt. Wird ähnlich verwendet wie *Satori.*

Kesa: formelles Gewand buddhistischer Mönche und Priester, im Zen meist stilisiert zu einer Art Brustlatz (Rakusu).

Koan: traditionelle paradoxe Frage, die sich der rationalen Analyse entzieht und die zur Vertiefung der Meditation dient.

Mantra: heilige Laute oder Worte, die zur Rezitation und Meditation verwendet werden.

Mu: wörtl. »nein« oder »nichts«; Teil des *Mu*-Koans; meist das erste Koan in der Koan-Praxis, soll neuen Schülern dazu dienen, ihre Aufmerksamkeit zu konzentrieren.

Nirwana: wörtl. »Verlöschen«; Befreiung von Geburt und Tod, Einheit mit dem Absoluten.

Retreat: wörtl. »Rückzug«; längere (oft einwöchige) Meditationsübung an einem Ort der Stille.

Roshi: Zen-Meister.

Samadhi: intensive Konzentration, die zu völliger Versunkenheit des

Geistes in sich selbst führt, zugleich aber auch zu erhöhter und erweiterter Wachheit.

Satori: Erleuchtungserfahrung; vgl. *Kensho.*

Sesshin: wörtl. »Sammlung des Herzens«; intensive einwöchige Meditationsübung in der Gemeinschaft, meist unter der Leitung eines Meisters.

Shikantaza: wörtl. »nur Sitzen«, eine reine Form der Sitzmeditation ohne Zuhilfenahme der Atembeobachtung oder eines Koans, in der der Geist ein sehr konzentriertes und waches, aber völlig ruhiges Gewahrsein der Gegenwart aufrechterhält.

Sutra: ein traditioneller buddhistischer Text, der oft in einem Sprechgesang rezitiert wird.

Tao: wörtl. »Weg« oder »Lehre«; zentraler Begriff des chinesischen Taoismus; der Urquell aller Erscheinungen, das vollkommene Sein, die höchste Wirklichkeit.

Zazen: Meditation im Sitzen.

Zazenkai: ein kürzeres (meist eintägiges) Treffen von Zen-Anhängern zum Zweck der gemeinsamen Zen-Übung.

Zendo: Halle oder Raum, in dem Zazen geübt wird.